KB203909

하나님과 세상 광야를 건너가는
코람데오 사람들

하나님과 세상 광야를 건너가는
코람데오 사람들

초판 발행 2021년 5월 24일
재판 발행 2021년 9월 21일

지 은 이 김용갑·방현승·백지연·안상미·유해무·윤명례·이경빈이·이재국·
이황수·임재승·임하네·정돈수·최지훈·황희민·임병해

펴 낸 곳 **코람데오**
등 록 제300-2009-169호
주 소 서울시 종로구 세종대로 23길 54, 1006호
전 화 02)2264-3650, 010-5415-3650
　　　　　FAX. 02)2264-3652
E-mail soho3650@naver.com

ISBN | 978-89-97456-95-6 03230

값 12,000원

하나님과 세상 광야를 건너가는
코람데오 사람들

김용갑 · 방현승 · 백지연 · 안상미 · 유해무 · 윤명례 · 이경빈이 · 이재국 ·
이황수 · 임재승 · 임하네 · 정돈수 · 최지훈 · 황희민 · 임병해 공저

코람데오

머리말

하나님 나라 지경을 넓혀 가는
작은 제자들!

십자가 구원 사역을 이루어 가시는 예수 그리스도의 제자 된 도리를 다하려는 분들의 신앙현장 체험담을 담고 있다.

이들은 프랑스의 종교개혁가 칼뱅(Calvin, Jean 1509~64, 『기독교 강요』 등 저술)이 주창한 신학 사상의 하나인 '하나님 면전에서, 하나님 앞에서'의 뜻을 지닌, 멋지기도 하고 두렵기도 한 명칭 '코람데오(Coram Deo)' 이름으로 살아가는 분들이다.

각박하고 혼탁한 세상에서 '봄에 부화 된 병아리를 가을에 세어 보듯', 이해타산에 어리숙한 분들이다. 기독교 용어로 '행동하는 신앙'을 모토로 삼는 분들이다.

성경을 봉독하고 기도드리며 묵상하여 깨달은 바를, 자신의 처지와 형편에 맞게 실천하는 기독교의 양심들이다. 연령이나 직업, 지역, 교단, 신급도 제각각이고 신앙의 연륜도 다르다. 하나님을 경외하고 예수님의 삶과 인격을 흠모하여 나름대로 열심히 노력함과 코람데오라는 이름으로 살아감을 공통분모로 한다. 성공이나 부귀, 명예보다는 섬김과 나눔, 낮아지고 비움을 즐거움으로 여기는 분들이니 세속으로부터는 비교적 자유한 영혼의 소유자들이다.

어떤 회사나 조직, 단체의 일원으로서가 아닌, 평신도 개인 자격으로 자발적인 사역을 펼쳐가는 분들이어서 그 가치가 더하다.

날이 갈수록 교회가 사회의 지탄의 대상이 되고, 크리스천들이 모욕을 당하고, 험담을 듣는다. 믿는 우리들이 성경 말씀대로 바르게 살지 못해서다.

이런 시대에 연약한 신앙이지만, 부족한 대로 하나님의 뜻을 구하고 성령님의 인도를 받아서 기뻐하시는 방향으로 '우보천리' 걸어가는 이분들, 정말 소중하게 여겨지고 자랑스럽다. 하나님께서 분명 기뻐하실 것이다.

이 책은 양심에 어긋나지 않고 올바른 상식과 인덕을 유지하며, 하나님 나라의 지경을 하루하루 넓혀 가는 이분들 삶의 철학과 행함 있는 믿음을 응원하고 지지하며 격려해 드린다는 취지로 기획되었다. 남들이 가지 않은 길이어서 서툴고 시행착오가 잦고 힘들지만, 하나님 원하시는 방향으로 길을 만들어 가는 튼실한 일꾼들! 이 책의 필자 분들 앞날에 주님의 보호 인도하심과 복 내려 주심이 늘 함께하실 것이다.

깨어 있는 영혼으로 하나님의 때를 기다리며 이분들처럼 '진녹색 순교'적 일상을 영위하는 크리스천들이 늘어나기를 바란다!

녹록치 않은 현실 삶에서 아름다운 생활 신앙 체험담을 정성껏 써 주신 김용갑 집사님, 방현승 대표님, 백지연 권사님, 안상미 전도사님, 유해무 박사님, 윤명례 원장님, 이경빈이 원장님, 이재국 목사님, 이황수 목사님, 임재승 목사님, 임하네 선교사님, 정돈수 목사님, 최지훈 목사님, 황희민 관장님께 마음을 다하여 감사드린다.

이제껏 가꾸어 오신 '사도행전 29장'의 사역지며, 생업의 현장이 크신 은혜 안에 내실 있게 발전하기를 간구한다.

이 책이 나오기까지 여러모로 성심을 다하여 힘을 모아준 염서현 선생님, 김남희 작가님, 유다운 기자팀장님, 노연주 전도사님, 강지현 선생님, 최미선 실장님, 박희연 화가님, 박은주 디자인팀장님, 한희수 수필가님도 고마운 일꾼들이다. 문서선교 사역을 위해 합심하여 기도하며 각자의 달란트를 기쁘게 투여해 주신 노고에 진심으로 감사드리고, 하나님께서 지금에 꼭 필요한 복들을 적절히 주시길 원한다.

독자분들께는 지금 자신의 자리에서 하나님을 기쁘시게 해드릴 수 있는 일을 구체적으로 작게라도 시작해 보시길 부탁올린다. 묵상하신 깨달음, 경청한 말씀을 삶의 현장에 적용하여, 예수님의 손발 역할을 잘 해내기 위해 순간마다 노력하는 역량있는 제자들이 되시면 좋겠다.

이 책 뒷부분의 부록 ② '공익법인과 사회복지기관의 자원봉사·후원 참여 안내'를 살펴보시고, 적합한 활동을 해보시길 권면해 드린다. 자원봉사와 사회복지 활동에 참여하는 일이 예수 그리스도의 절대적 세로의 사랑을, 현실에서 가로의 사랑으로 승화시키는 사랑실천이 될 것이다.

그 일을 기쁨으로 감당할 때, 내면의 희락과 행복감을 소유하는 역사가 일어나고, 자녀들과 후배들에게도 귀감이 되실 것이다. 소금과 빛의 사명을 감당하려는 부단한 노력은 나를 변화시키고 주어진 자리를 밝힌다. 세상을 떠나 천국 입성하실 때에는 아름다운 뒷모습을 남기게 될 것이다. 머리의 수많은 지식 자랑, 그럴듯한 립 서비스로는 결코 아무것도 일어날 수 없다.

코람데오 삶을 노력하는 하나님의 자녀 된 도리, 부모님께서 축복의 간원을 담아 지어 주신 뜻깊은 이름에 상응하는 삶을 영위한다면 얼마나 아름다운 인생인가!

『코람데오 사람들』 제작 1기 편집 팀 올림

차례

크신 은혜 안에 순항하는
'코람데오바이블' 앱
– 손끝과 머리와 온몸으로 만난 주님

김용갑 집사(코람데오스터디바이블 앱 개발자)

손끝

인간은 감각적인 존재다. 종이의 차분한 빛깔을 눈에 담고 책장을 넘길 때의 촉감을 독서에서 제외할 수 없는 것처럼, 학교에서 배운 지식을 떠올릴 때 교과서를 올려놓은 책상과 의자, 아이들의 숨소리, 교실로 들어오는 햇볕과 바람을 같이 떠올리는 것처럼 말이다. 회사에서 애플리케이션 개발자로 일하면서 그 사실을 거듭 떠올린다. 앱의 기능과 디자인은 사람이 감각하기 편하게 하는 것을 잊으면 안 되니까.

하나님도 우리의 그런 점을 알고 계시는 것 같다. 그래서 예수님을 보내셨고, 사람들은 예수님을 보고 만지기도 했다. 예수님은 손을 대어 환자들을 치유하셨고, 자기 발에 향유를 붓는 여인의 손길을 거절하지 않으셨고, 직접 제자들의 발을 씻어주기도 하셨다. 그래서 크리스천들은 예수님의 영을, 정신을 구한다고 하지 않고, 그분의 '얼굴'을, 그분의 '손'을 구한다고 말하는 것 아닐까? 인간의 모습으로 오신 예수님께서는 아버지 하나님의 영혼과 의지에 완전히 순복하며, 몸으로 그 영혼과 의지를 잘 보여주는 생을 사셨기 때문이다.

나도 예수님을 묵상할 때, 마주 잡은 손의 모양과 온기를 떠올리게 된다. 예수님은 누구보다 먼저 내게 손 내밀어 주셨고 단 한 번도 그 손을 거둔 적이 없으셨다. 내가 그분의 손을 번번이 놓던 그 순간에도.

초등학교 때는 친구들을 따라 교회에 나가게 하셨다. 하지만 진지한 신앙생활보다는 또래 친구들과 놀 수 있는 시간을 즐기느라 오래가지 못했다. 중학교에 들어가게 되자 나는 학업을 핑계로 교회를 떠났다.

내가 다시 교회를 가게 되었을 때는 입대 후였다. 모태신앙인 군대 동기가 나를 전도했다. 독실한 크리스천이던 그 친구는 휴가 때 푼돈인 병사 월급을 쪼개서 성경책을 내게 선물해 줄 정도로 전도에 열심이었다. 그 열정에 친구 따라 강남 가듯, 군 교회를 다녔다. 제대하고 복학해서도 나름 출석 교회를 정해놓고 열심히 다녔다. 하지만 그마저도 관성에 따른 것이라 이내 그만두게 되었다. 새벽 기상과 점호가 갈수록 희미해지는 것처럼 말이다. 다시 돌아온 사회의 맛이 달콤했다. 오랜만에 만나는 친구들과 어울려 노는 것도 즐거웠다. 일 년이나 넘게 교회를 잊고 살았다.

교회 전도사님의 끈질긴 연락에도 굴하지 않던 내가 다시 교회를 찾게 된 이유는, 같은 학교에서 만난 여자 친구 때문이었다. 여자 친구도 군대 동기 못지않게 독실한 크리스천이었고, 내가 교회에 가지 않는 것을 몹시 안타까워했다. 여자 친구는 "다시 하나님 만나야지."라고 줄기차게 강권했고, 함께하는 미래를 약속하고 나자 더는 그 말을 거역할 수 없었다. 결혼하고 나서야 나는 본격적으로 교회생활을 하게 되었다. 사실 이때까지만 해도 하나님과의 인격적인 만남은 거의 없었고, 예배당만 형식적으로 오갔다. 간절하게 주님을 찾는 기도를 해본 적도, 주님이 말씀하시는 것을 알기 위해 개인적으로 성경을 찾아본 적도 없었다. 전형적인 '선데이 크리스천'이었다. 바쁜 회사 업무를 핑계로 예배에 빠지는 일도 다반사였다.

큰아이가 태어났고, 그 아이가 선천성 심장질환을 앓게 되고 나서야 주님 발 앞에 엎드려 간절히 기도하기 시작했다. 아이의 연약함이 내 고통처럼 느껴졌다. 주님은 우리 가족을 불쌍히 여기셔서 몇 번의 큰 수술에도 불구하고 중학교 3학년이 된 지금까지 큰아이를 지켜주고 계시다. 주님이 아이를 보호해 주시는 것을 느끼고 나서야 뒤늦게 주님이 내게 항상 손을 내밀어 주셨음을 알게 되었다. 교회를 떠날 때마다 사람을 보내주셨고, 믿음이 여물지 않았을 때조차 기도를 들으시어 내가 사랑하는 사람들을 지켜주셨다. 어떨 때는 그 손을 너무 약하게 붙잡았고, 대부분은 그 손길을 계속 뿌리치며 신앙공동체 바깥에 있던 게 나였음에도 말이다. 하나님은 과연 어떤 분이시기에 내게 이런 기회를 선사하시는지 궁금해졌다. 마침 출석 교회에서 양육과정을 하고 있었다. 존귀하신 주님을 알고 싶다는 생각에 그 전에는 도전조차 하지 않았던 성경통독을 시작했다.

성경을 공부하고 관련 도서를 찾아보면서 성경의 여러 가지 의미들에 대한 다양한 해석을 볼 수 있었다. 성경도 역본별로 표현이 조금씩 달랐다. 그래서 저절로 원어 성경에서는 어떻게 쓰여 있는지 궁금해졌다. 히브리어, 헬라어 성경은 종이책으로는 제법 가격이 나갔기에 외국에서 개발된 원어 성경 애플리케이션을 찾아보았다. 굉장히 좋은 앱이지만, 기능이 너무 많아서 오히려 활용하기가 불편했다. 이럴 바에야 차라리 공부할 겸 내가 만들어 보는 것도 좋지 않을까 하는 생각이 들었다. 원래 회사에서 개발자로 일하기도 했으므로 '스트롱코드'를 활용하면, 히브리어, 헬라어에 아주 정통하지 않아도 원어 대조를 할 수 있기 때문이다. 그렇게 해서 '코람데오스터디바이블'(이하 '코람데오바이블')은 내 자습용으로 먼저 기획되었다.

하지만 내 계획이 주위에 차츰차츰 알려지면서 지인들이 앱을 여러 사람에게 공유하도록 독려했다. 아는 집사님의 권유로 앱을 구글 플레이 스토어에 올렸고, 의외로 많은 사람들이 이 서비스를 이용하기 시작했다. 그중에는 목회자 분들도 적지 않았다. 그 목사님들께서 직접 피드백을 주시기도 했고, 앱에 잘못 등록되어 있는 단어들과 그 외의 오류들을 차례로 정리해 메일로 보내주시기도 했다. '코람데오바이블'에는 많은 사람들의 도움이 필요했다. 나의 원어 실력이 너무 부족해 히브리어가 한글과 달리 오른쪽에서 왼쪽으로 기술되는 것도 모를 정도였기 때문이다. 다행히도 주님의 도우심으로 여러 사람들이 나의 부족함을 메워주었다. 그렇게 코람데오바이블은 만 명도 넘는 사람들과 함께 세 번의 대대적인 업데이트를 거치며 3년 넘게 순항하고 있다. 수익 창출을 하지 않는 무료 앱이라 그럴지도 모른다. 하지만 앱 개발만 하는 것이 아닌데도 내가 시간을 쪼개어 시스템을 보완할 여유를 주심은 전적으로 하나님의 은혜.

머리

나는 하루 일과를 좀 일찍 시작하는 편이다. 사람들이 붐비는 출근 시간을 피해 여유롭게 시간을 활용하고 싶어서다. 조금 일찍 사무실에 출근해서 성경 묵상을 하고 책을 본 뒤에 업무를 시작한다. 같은 교회 교우들이나 목사님들이 장난 삼아 "신학할 거냐?"고 놀릴 정도로 책을 통해 '하나님을 아는 지식'을 쌓는 데 아주 관심이 많다. 내 자리 서가의 절반이 성경주석과 신앙 서적일 만큼. 하나님과 인격적인 관계를 맺기 시작했을 때, 나는 새신자로서 양육을 받고 제자훈련을 하고 있었다. 그만큼 나는 공부를 통해 하나님을 알아간 쪽에 속한다. 다른 사람들처럼 극적인 회심이나 놀라운 체험을 하지는 못했다(언젠가 교회 구역 식구들이랑 교제하는 시간에 각자의 경험을 나눴는데, 뜨거운 눈물의 회심 경험이 내게는 없어서 당황한 적도 있었다). 아이의 건강문제가 시련이자 신앙적 체험이라면 체험이었지만, 아이의 연약함이 매우 특이하고 대단한 고난거리라는 생각은 들지 않았다. 세상에는 몸이 약해서 도움을 받아야 하는 사람들이 많다. 또 아무리 강하더라도 다른 사람의 도움 없이 살아갈 수 있는 사람은 없다. 다들 다른 사람들이 마련해 놓은 길을 걷고, 다른 사람들이 만들어 놓은 집에 살고, 다른 사람들이 만든 음식을 먹는다.

하나님께서 그의 마음을 부드럽게 하셔서, 주어진 타인의 호의가 없다면 어떤 인간도 생존할 수 없다.

인간은 이렇게 다 의존적인 존재고, 의존할 대상은 하나님이시다. 나는 그 사실을 서서히 자연스럽게 거부감 없이 받아들이게 되었다. 사람은 누구나 다 조금씩 달라서 하나님께서 만나주시는 방식도 다 다른 것 같다. 뜨거운 체험으로 만나주시는가 하면, 나처럼 천천히 자연스럽게 만나주시기도 한다. 주님이 그렇게 각자에게 다른 방식으로 임재하시는 걸 보면, 그분이 얼마나 크신 분인지를 짐작할 수 있다.

　그런 점에서 나는 책을 통해 주님을 만나는 것이 좋다. 여러 저자들이 만난 하나님의 다양한 모습들을 보고 깨닫는 것이 즐거워서다. 이재철 목사님의『새신자반』,『성숙자반』과 같은 단단하고 논리적인 책을 읽으며 신자로서의 기본적인 자세를 다시 떠올리며 반성한다. 김남준 목사님의『게으름』도 가슴을 친다. 아이들과 같이 읽던 존 번연의『천로역정』을 보면서 크리스천으로서의 내 삶이 한 편의 모험담 같다는 생각을 하며 미소 짓기도 한다. 이렇듯 각 사람이 보는 하나님의 모습, 성도의 삶에 대한 통찰이 햇살처럼 다채로운 빛이라는 사실에 감사함으로 하루를 시작한다. 비슷한 일들의 연속인 것 같지만, 주님의 허락하심 안에서 매일은 새로운 성취나 다름없는 걸 느끼면서.

온몸

　업무를 끝내고 나면 잠시 사무실에서 코람데오바이블의 시스템을 점검하고 오류를 수정하는 시간을 가진다. 되도록 자주 하려고 하지만, 회사 업무 등으로 시간을 내기가 쉽지 않다. 그래서 매주 수요일 저녁을 '코람데오 타임'으로 정해서 그 시간에는 되도록 다른 일정을 잡지 않고 프로그램을 개선하려고 노력한다. 불안정한 부분들이 하나둘씩 수정되고 나면 이용하시는 분들이 '하나님 앞에서' 하나님과 함께하는 거룩한 묵상의 시간을 가지지 않을까. 기쁘고 보람이 있다. 어느 책에서 봤는지는 정확히 기억나지 않지만, 라틴어로 '코람데오'가 '하나님 앞에서'라는 뜻이라는 내용을 읽고, 성경 앱을 개발하면 꼭 '코람데오'라는 이름을 써야겠다고 다짐했었다. 삶의 한순간 한순간을 하나님 앞에서 하나님이 보신다고 생각하고 산다면 그것이야말로 크리스천으로서 가장 아름다운 인생이 아닐까? 하나님이 보신다는 생각으로 살아가는 나를, 하나님께서 '보시기에 좋았더라'라고 하신다면 얼마나 좋을까? 또 그것이 그리스도의 몸 된 교회공동체의 삶이 된다면!

나는 크리스천의 삶을 거창하게 정의하지는 않지만, 좀 더 조심스럽게 생활하려고 노력한다. 쉽지는 않지만 매사에 내 감정대로 행동하지 않고, 다른 사람을 온유하게 대하려고 노력한다. 회사에서는 내가 크리스천임을 아는 사람들이 많아서 내가 잘못하면 하나님이 욕먹는다고 생각하며 생활한다. 하나님 앞에서, 또 세상 앞에서 살게 되는 것이다.

그런 식으로 살다 보면 믿지 않는 사람들이 하나님께로 인도될 때가 있다. 예전에 같이 일하던 후배가 어려운 시간을 보냈었다. 아버지는 돌아가셨고 어머니는 병상에 계셨다. 언젠가 시간을 내어 둘이 만났는데, 그 친구가 "신앙생활하면 뭐가 좋냐. 이사님 보니까 나도 종교생활을 하고 싶다."라고 말하는 것이었다. 뭔가에 매달리고 싶은데, 나를 보고 하나님을 찾고 싶다는 생각이 들었다면서. 내게도 인생의 굴곡이 있었지만 모든 생활 뒤에 계신 하나님을 바라보며 지냈고, 내가 사회에서 부여받은 모든 역할 뒤에 있는 진짜 내 모습을 자주 되새기곤 했다. 아마 후배는 거기서 오는 편안함 같은 것을 느낀 모양이었다. 그는 요새 집 근처 교회에서 열심히 믿음생활을 하고 있다. 심지가 단단하고 속이 깊은 그 친구는 나보다 더 근사하게 사람들을 하나님께로 인도하는 생활을 하고 있으리라고 짐작한다.

하나님과 함께하면 모든 순간이 감사하다. 형편이 여유로우면 여유로운 대로, 빠듯하면 빠듯한 대로 별 탈 없이 살아가게 하심에 감사하다. 아이들과 재미있게 놀 수 있음에 감사하다. 매 끼니를 챙겨 먹을 수 있고, 할 일이 있고, 숨 돌릴 수 있는 저녁이 있게 하심도 감사하다. 그저 나 혼자 사용하려고 했던 코람데오바이블이 여러 사람들에게 공유되고, 생각보다 오래 유지되게 하시는 것이 무엇보다 감사하다.

조금 욕심을 부려보자면 개역개정과 새번역과 같은 성경 역본들이 추가되었으면 좋겠다. 이 두 역본을 편찬한 대한성서공회에 문의하니, 앱에 이 역본들을 추가하려면 저작권료를 내야 한다고 했다.

그 저작권료라는 것이 나 같은 개인 개발자가 감당하기에는 생각보다 큰 액수였다. 그래서 수익을 내지 않는 무료 앱임에도 부득이하게 광고를 붙이게 되었다. 광고비로 저작권료를 충당하려는 계획에서였다.

하지만 독자들의 가독성을 해치지 않는 선에서 광고 몇 개를 붙이는 것으로는 저작권료를 충당하기가 어려웠다(앱이 한 번 다운로드가 되면 또 그에 따라서 저작권료를 추가로 지불해야 한다). 이런 것이 많은 성경 앱들이 유료인 이유다(몇 개의 성경 앱을 다운로드받아 비교해 보면 유료 앱에는 개역개정과 새번역이 있고, 무료 앱에는 없을 것이다).

유료 성경 앱들이 나름대로 제 기능을 해주고 있지만, 원전 대조 성경을 표방하는 코람데오바이블은 되도록 무료로 운영하려고 한다. 시중에 나와 있는 원어 대조 성경 대부분이 다소 부담스러운 가격대를 보이고 있어서다. 어찌 보면 그것들도 들인 정성에 비하면 비싸지 않은 것이

겠지만, 그런 책들은 경제력이 있는 분들이 구입하시면 좋겠고, 코람데오바이블은 경제적인 부담 없이 성경 공부를 할 때 이용하시면 좋을 것 같다.

현재 광고비와 기타 현실적인 아이디어를 통해 개역개정 역본 사용을 준비 중이다. 또한 지금은 안드로이드 핸드폰에서만 사용 가능한 코람데오바이블을 PC 버전과 아이폰 버전으로도 준비 중이다. 그 외에도 종종 나타나는 원전 데이터의 오류를 교정하기 위해서 최근에는 헬라어 공부를 시작했다. 많은 기도를 부탁드린다.

그래도 무엇보다 내 신앙이 자라는 것이 먼저다. 새로운 교회에서 새 가족으로 양육되면서부터 나는 해마다 한 번씩 성경을 통독하고 있다. 처음 성경을 통독할 때는 성경의 수많은 인물들, 족보들, 현대 사회와는 다른 이질적인 배경과 역사 등에 막혀 어려움을 겪었다. 하지만 한 번 통독하고 나니, 다음 통독은 쉬워졌다. 성경의 내용을 어느 정도 파악한 상태에서 다시 보는 성경 구절들은 더 깊이 있고 새로운 맛으로 다가왔다. 앞뒤 문맥을 살펴보지 않고 조각조각 알고 있었던 때와는 달랐다. 그런 의미에서 성경통독은 모든 크리스천이 목표로 삼기에 부족함이 없다는 생각이 든다. 많은 크리스천이 성경통독을 다짐하시고 되도록 뜻이 맞는 사람들끼리 성경통독하는 과정을 나누며 의지를 굳게 하셨으면 좋겠다.

내 주변에는 일 년에 3, 4번 성경통독을 하시는 분도 있고, 바쁜 진료 업무 중에도 틈틈이 원장실 책상에서 필사하며 성경을 읽는 의사 선생님도 계시다. 이들의 열심을 듣고 보다 보면 따라할 수밖에 없다. 나도 주변 분들을 본받아서 가능한 한 매일 성경을 읽고 좋아하는 구절을 필사한다. 특히 갈라디아서와 로마서를 좋아해서 두 서신서를 반복적으로 읽고 필사하곤 한다. 내 눈으로 말씀을 보고 입술로 읽으며 손으로 옮기는 시간은 가장 느린 읽기지만, 가장 적극적으로 말씀을 받아들이는 순간이다. 몸과 마음이 하나가 되어 말씀을 본다.

다들 각자의 방법을 동원해 최대한 적극적으로 성경을 읽게 되었으면 좋겠다. 코람데오바이블도 그 도구 중 하나다.

코람데오바이블은 성경을 대신하는 것이 아니라, 성경을 읽을 때 함께하는 보조 도구로 개발되었다. 원어의 뜻을 참고하면서 자신의 모든 지성과 영성을 동원해 성경을 해석하기를 원하는 마음으로 개발했다.

감사하게도 내게 여러 조언을 아끼지 않으시는 코람데오바이블 이용자 분들은 하나님의 음성에 대한 사모함과 열심으로 치열하게 말씀을 보시는 것 같다. 우리 개개인이 말씀을 읽고 자기 안에서 하나님을 묵상한다면, 모자이크처럼 찬란하고 아름다운 하나님의 모습을 더 잘 알게 될 거라고 본다. 코로나로 인해 성도가 모이고 교제하기 어려운 시기지만, 광야 속에서 하나님을 홀로 직면한 믿음의 선조들처럼 스스로 하나님을 알아가기에는 좋은 시간인지도 모른다. 다 같이 모여 소리쳐 기도하고 찬양하는 것이 익숙해질 때쯤에는 우리 각자가 하나님을 대면하여 알게 됨으로 더 성숙한 모습이기를 기도드린다.

창조세계라는 주님의 작품

방현승(「월간 코람데오」 프로듀서, 스타플레이스이엔티 대표)

창의적인 것을 만들어야 하는 직종에 있지만 '영감'이니 '아이디어'니 하는 말들이 종종 낯간지러울 때가 있다. 어떨 때는 그 말들이 지나치게 낭만적으로 들리기도 한다. 꼭 어떤 진통 없이 한 번에 떠오르는 생각이어야 할 거 같고 처음부터 누가 봐도 반짝여야 될 것 같은 느낌이다. 하지만 무언가를 만들어본 사람이라면 이런 입장에 별로 동의하지 않을 것이다. 어느 책에서 보니 좋은 착상이 떠오를 때는 한껏 몰두하고 나서, 잠시 이완하고 휴식을 취한 다음이라고 한다. 그 이야기에 따르면 밥을 먹다가, 산책을 하고 나서 아이디어가 떠올랐다고 하는 것은 그냥 즐겁고 마음이 편안할 때 찾아온 행운이 아닌 셈이다. 밥을 먹고 산책을 하기 전에 고심하고 노력하던 시간이 있어야 좋은 발상이 나온다. 여태껏 연극 및 공연을 기획하고 음반 녹음에 관여할 때의 내 모습도 마찬가지였다. 그러니 내가 '월간 코람데오'라는 CCM 음반을 기획하게 된 것도 단지 별안간 생각난 것이라기보다는, 나의 내면에 있었던 영적인 갈망과 함께 주님이 주시는 생각과 여러 상황이 맞물려 가능했다는 생각이다.

내가 속해 있는 예원교회 청년부의 명칭이 '코람데오'라는 것부터가 어떤 전조라 할 수 있을까. 엔터테인먼트 회사를 세운 시기와 교회를 옮겨온 시기가 엇비슷했지만, 그동안 나름대로 예배를 충실하게 드리려고 노력해왔다. 좀 슬프기도 한 말이지만, 2020년에 들어와서는 코로나19 때문에 준비했던 것들이 차례로 미뤄지니 더욱더 예배에 집중하지 못할 이유가 없었다. '월간 코람데오'를 고안했을 때도 나는 청년예배에서 정성민 목사의 설교를 듣고 있었다.

선포되는 하나님의 말씀을 듣고 위로를 얻으면서, 더 많은 사람들이 이런 말씀을 들었으면 좋겠다는 생각이 들었다. 세상에서의 평가를 받는 것에만 급급한 나머지 자기 자신을 그 정도의 존재로, 평가받아야만 되는 존재로 축소시키는 사람들에게 그것이 전부가 아니라는 걸 알려주고 싶었다. 아마 노래의 가사가 된다면 다수의 사람들이 들을 수 있지 않을까. 음반 프로듀서임에도 교회음악을 한 번도 작업해본 적 없었기에 거기서 오는 마음의 찔림도 있었다.

물질에서도 십일조가 있는 것처럼 재능에도 십일조를 드려야겠다는 다짐이 섰다. 사업적으로 좋은 상황은 아니었지만, 코로나19 국면이라고 해서 회사의 현상 유지에만 매달리고 싶지는 않았다. 바로 앨범 준비에 들어갔다. 설교 말씀을 요약해 함께 동역하고 있는 최병규 집사와 함께 가사를 쓰고, 작곡가 탑크라스와 곡 작업을 하고, 소속 가수 주은성 씨에게 곡 녹음을 부탁했다.

그렇게 월간 코람데오 첫 번째 음반이 2020년 6월에 발매되었다. 곡의 제목은 '정상'이다. 세속적인 성공만을 추구하는 길에서 벗어나 그리스도의 제자가 되는 삶이 정상이라는 내용을 담고 있다.

나름대로 주님께 영광 돌리려는 이런 시도가 주변에 알려지면서 여러 분들이 도움의 손길을 내밀어주셨다. 두 번째 곡은 정성민 목사가 직접 가사의 초안을 써주셨고 같은 교회 지체인 찬양 사역자 최병규 집사가 작업 전반에 참여했다.

'월간 코람데오' 두 번째 음반은 이름에 걸맞게 첫 번째 음반이 나온 지 한 달 만에 발매되었는데 이런 도움이 없었더라면 중간에 꽤 어려움을 겪었을 것이다. 첫 음반과 같이 싱글이며, 곡의 제목은 '때문에'이다. 인간관계 등의 문제로 상처받고 방황하는 청년들에게, 당신의 문제를 그리스도께서 이미 해결하셨기 때문에 두려워할 필요가 없다고 위로하는 곡이다.

'월간 코람데오' 세 번째 음반은 특별히 객원 보컬로 CCM 아티스트 윤혜지 씨가 함께 해주셨다. 수록된 '다움'이라는 곡은 하나님께서 주신 본연의 모습이야말로 진정한 나 자신이라는 의미를 담고 있다. 특별히 가사의 의미에 집중하면서 이루어진 녹음을 통해서 순간순간 주님의 은혜를 의식하는 귀한 시간이었다. 다른 이들에게 하나님의 사랑과 은혜를 전하려고 시작한 일이지만, 주님은 먼저 작업하는 나의 마음을 움직이셨다. 여러 사업들로 어지러운 가운데서도 주님을 따르는 일이 먼저임을, 이미 주님 안에서 내 모든 문제가 문제 아님을 느끼게 되었다.

작업을 하면서 스튜디오 안에, 회사 안에 언제나 나와 함께 하시는 하나님께 다시 한 번 감사드렸다. 세상 한가운데서 일하고 있지만 나는 한 번도 하나님과 분리되어 있다고 느껴본 적 없었다는 걸 깨닫는 작업이었다. 이번에도 그런 것이다.

엔터테인먼트 업계와 교회 공동체 사이에서 큰 이질감을 느껴본 적은 없다.

물론 업계 내부의 부조리와 일부 구성원들의 개인적 비위와 일탈이 없는 것은 아니다.

그러나 이곳도 사람 사는 곳이고, 당연히 하나님을 믿는 사람들도 많다. 내가 콘서트를 기획한 가수들, 제작한 연극과 쇼에 출연한 배우들 중에서도 크리스천들이 꽤 있었다.

그들은 그들 나름대로, 자기 달란트로 하나님께 영광 돌리기 위해 최선을 다한다. 치열하게 자기 재능을 선보이기 위해 노력하고 실생활에서도 모범을 보이려고 한다. 그게 여러 사람들의 귀감이 된다.

이곳이라고 해서 규칙을 어겨가며 자기 욕망대로만 하는 것을 좋게 보지 않는다. 교회를 포함해 사회 어딜 가나 그렇듯이 보이지 않는 데서 마음대로 행동하고 앞에서는 사람 좋은 얼굴을 하고 있는 것이다. 바르게 살려고 하는 사람을 차마 대놓고 함부로 대할 수 없다. 비웃으면서도 속으로는 그들의 강한 내면을 두려워 한다. 돌아보면 삶의 모든 순간에서 하나님의 사랑 안에서 보살핌을 받으며 살아왔다는 걸 다시 한번 느낀다. 그 덕분에 감사하게도 나는 업계에서 신앙적인 신념들에 크게 거스르는 상황을 겪지 않고 경력을 쌓을 수 있었다.

반대로 예술 분야 종사자들에 대한 신앙인들의 선입견에 대해서도 별로 상처받지 않고 지냈다. 이쪽에 종사하시는 크리스천 분들은 문화적으로 보수적인 교인들에 의해서 이리저리 평가받는 것에 속상하다고들 말한다. 판타지 요소가 들어간 드라마를 쓴다든가, 조용한 찬송가와는 다르게 음량이 큰 밴드 음악을 작곡한다든가, 화려한 패션을 한 가수와 댄서들과 어울려 다닌다든가 하면 그 믿음을 의심받고 정죄당한다는 이야기들. 그런 얘기를 들으면 같은 입장에서 안타까운 마음이 든다.

나는 대놓고 그런 의심과 정죄를 받은 편은 아니지만, 들었어도 아마 다소 무던한 성격 탓에 그냥 넘겨버렸을 것 같다. 사람들의 평가는 별로 중요하지 않으니 말이다. 연약하고 고정관념이 있는 인간, 너무 많은 한계를 가지고 있는 인간은 타인은커녕 자기 자신조차도 다 알지 못한다. 그런 사람의 말 한 마디 한 마디를 무겁게 받아들일 이유가 없다. 정 화가 나면 삶으로 보여주면 될 일이다. 당신이 함부로 판단하는 내가 이렇게 살아간다고. 그렇게 생각하면 마음이 편하다. 너무 신경 쓰지 않고 애쓰지 않는다.

몸에 힘을 풀어야 물살을 가르고 헤엄칠 수 있는 것처럼 내가 뭔가를 해야 한다는 강박관념과 기합을 빼야 한다. 세상 사람들이 말하는 '교회 오빠' 스타일의 온유한 신앙인이 될 필요도 없고, 일부 신앙인들이 말하는 거룩한 모습을 흉내 낼 필요도 없다. 나의 행함으로 하나님을 기쁘시게 해야 한다는 강박은 불필요하다 못해 해롭다. 그저 날마다 주님 앞으로 나아가고 주님과 함께 하는 즐거움을 느끼면 그만이다.

자연스러운 상황 속에서 주님과 함께 하는 즐거움이 생긴다고 믿는다. 그렇게 믿기까지도 그저 자연스러웠다. 극적인 회심 같은 건 없었다.

목회자인 아버지의 아들로 세상에 나왔으니 완벽한 모태신앙이라 할 만 했다. 그렇다고 모태신앙으로서 익숙한 신앙생활에 대한 싫증이 없지 않아 있었다. 아이들 특유의, 익숙한 믿음 생활에 대한 싫증이 없었다면 거짓말이다. 나는 익숙한 신앙생활 속에서도 예수가 그리스도라는 당연한 진리를 의심해 본 적이 없다.

다른 사람들은 예수님을 인격적으로 만난 시기를 정확하게 짚어서 잘 이야기 하던데, 나는 딱 어느 한 장면을 꼽을 수가 없다. 매주 드리는 예배 속에서, 교회 학교 행사 속에서, 수련회나 부흥회에서, 예배가 끝나고 드리는 개인기도 시간에도 늘 인격적으로 함께 하신 예수님을 두려워 하기도 기뻐하기도 했었던 것 같다.

다른 분들이 보았다 하는 강한 음성, 초월적인 기적의 모습은 아니었지만, 내게 들려주시는 세밀하고 친밀한 음성이 좋았다. 아버지와 같은 편안한 모습으로 주님은 내 삶을 계속 보호하시는 것 같다. 방황의 시기도 있었지만, 그 시간에도 예수님이 계시기에 아직 끝이 아니라는 느낌이 들었다.

≪호밀밭의 파수꾼≫에 나오는 장면처럼 벼랑 끝에 서 있는 파수꾼이 내가 아무리 뛰어놀아도 안전하게 지켜주시는 것 같다. 나에게 하나님은 뮤지컬이나 연극을 본다고, 학교 규정대로 머리를 만지지 않는다고, 되는대로 옷을 입고 친구들과 어울린다고 해서 혼내는 엄격한 분이 아니었다. 그래서 목사의 아들인 내가 엔터테인먼트 업계에서 일하게 되지 않았을까, 싶다.

의외로 많은 크리스천 아티스트들이 유년의 예배를 추억한다. 가수들은 찬양 시간의 특송을 말하고, 배우들은 성극을 준비하던 시간들을 이야기한다. 다른 무엇을 목적으로 했다면 그 정도로 열심을 내지 못했을 것이고, 그 정도로 수줍음을 이겨내며 앞에 나서지도 않았을 것이다. 찬양을 준비하고 연극을 준비하며 배운 열심과 뿌듯함, 그것이 하나님의 마음을 조금이나마 이해하는데 보탬이 된다고 하면 과장일까.

하나님은 그분의 능력을 발휘해 이 창조세계를 만드셨고 인간이 살기 좋게 조성하셨다. 마치 관객 앞에 작품을 내어놓는 미술관처럼, 또는 극장처럼. 그래서 그들이 주어진 것을 감각적으로 마음껏 누리게 하셨다. 인간은 에덴을 거닐고 식물들과 동물들을 각기 구별할 때까지 보았을 것이며 과일나무의 열매를 맛보았을 것이다.

그때 하나님은 공연 관계자들이 관객들이 공연에 기뻐하길 바라듯 인간의 기쁨을 기대하시고, 그들이 웃을 때 같이 웃으셨을 것이다. 상상하면 절로 뿌듯해진다. 어찌 보면 하나님이 이런 예술가적인 면모를 보이시기에 일부 사람들의 생각과는 다르게 기독교 예술이 그렇게 두터운지도 모른다. 미켈란젤로의 그림, 바흐의 음악, 단테의 문학 등 가장 유명한 예술 작품들은 다 하나님을 찬미하는 것으로부터 나왔다.

많은 아티스트들이 교회에서의 예술에 빚지는 것과 같이, 나도 하나님께 영광 돌리는 목적 아래서 이루어진 찬송과 몸 찬양과 성극을 좋은 기억으로 간직한 채 어른이 되었다.

공연 기획 아르바이트로 업계에 입문하여 콘서트 기획자로 현장에서 다양한 경험을 쌓다가 〈비보이를 사랑한 발레리나〉의 최초기획에 참여하고 국내 마케팅을 총괄하며 성공의 기쁨을 누렸다. 무대에서 비보잉 댄스와 발레를 선보이는 뮤지컬로 다양한 장르의 혼합이라고 생각하면 된다. 길거리 춤은 예술 작품으로 담기 어렵다고 말하는 사람들도 있었지만 새로운 요소들의 결합은 익숙한 것들의 지루함을 없애주었다. 이 초년의 성공 경험은 내가 이 업계에서 살아오면서 많은 벽 앞에서도 자신감을 잃지 않게 됐던 원천이 됐다. 그 역시도 주님의 은혜가 뒷받침해준 결과였음을 이제는 안다.

이후로도 힙합, 랩, 디제잉 등을 망라한 종합 힙합 쇼인 〈B-SHOW〉의 기획총괄로 오픈런 공연을 이어갔고 다이나믹듀오, 박효신, 박정현, 김

조한 씨와 같은 유명 가수의 라이브 공연과 매니지먼트 업계에서 일을 하며 나름 화려한 20대 시절을 보냈던 것 같다.

30대에는 새로운 세계에 대한 갈망으로 잠시 하던 일을 접고 보험 업계에서 일을 했다. 한 사람, 한 사람 상대하면서 타인을 어떻게 대해야 하고 어떻게 관계를 맺어야 하는지를 배웠다. 엔터테인먼트 업계에서 가장 중요한 게 사람을 어떻게 대하여 그의 잠재력을 극대화할 것인가 일텐데, 상황 속에서 얻어지는 지혜와 주님이 주시는 깨달음으로 예전보다 훨씬 성숙한 인간관계에 대한 눈이 트였다. 돈이 돌아가는 것도 이전보다 더 잘 알게 되었다.

다시 업계로 돌아와서 2015년부터는 가수 조관우의 음반을 기획하고 제작했으며 2017년에 현재의 회사인 '스타플레이스이엔티'를 설립했다. 회사에서 책임 있는 직책을 맡았으니 호밀밭에서 뛰어놀던 아이가 다 커서 그곳을 벗어나야 하는 것일까, 싶을 때도 있다. 그렇지만 온전한 유년의 기쁨에서 굳이 졸업하고 싶지는 않다. 얼추 커버린 나는 그곳에서 뛰어놀 뿐만 아니라 나를 지키시는 그분께 내 생활을 드리고 싶어진다. 교회에서 진행하는 말씀 훈련에 참여하려는 한편, 하루에 시간을 정해 기도하며 나아갈 길을 구한다. 거룩하고 성결하려는 노력이 너무 쉽게 인간적인 것으로 변하고 한계에 부딪히기 마련이다. 내가 그 속에서 지치고 힘들더라도 다시 하나님께 방향을 맞추려고 한다. 그래야 내가 하는 사업도 하나님께로 향할 수 있기 때문이다.

문화콘텐츠로도 사람들을 하나님께 돌이킬 수 있을까? 콘텐츠를 만드는 사람으로서 이런 고민을 계속하고 있다. 내 커리어 초반의 프로젝트라면 앞서 말한 대로 〈비보이를 사랑한 발레리나〉와 〈B-SHOW〉가 있을텐데, 전자가 비보잉과 발레를 결합한 종합 콘텐츠, 후자가 비보잉, 랩, 디제잉을 포괄하는 힙합 쇼라는 점에서 예전부터 나는 여러 분야를 융합한 '콘텐츠' 자체에 관심이 많았다. 어떤 공연을 설명할 때 뮤지컬이나 연극과 같이 한정된 장르로만 이야기하는 것이 답답하게 느껴졌다. '콘텐츠'라는 틀은 장르에 대한 충실성이라는 낡은 범주를 넘어서서 잘 만들어진 작품인지를 평가하는 새로운 범주라는 생각이 들었다.

그 이외에도 다양한 프로젝트를 하면서 콘텐츠 기반의 엔터테인먼트에 대한 갈망이 커져갔다. 유튜브와 넷플릭스를 비롯한 뉴미디어가 부상하는 상황에서, 콘텐츠 자체의 힘이 막강해지기도 했으니 나름 승산이 있다고 판단했고 그런 확신에 따라 회사를 세운 것이 크다. 하지만 회사를 세우는 일이 굉장히 큰일인만큼 하나님께서는 상황적으로 기도를 많이 하게 하셨다. 새롭게 시작하는 사업이었기에 내 안목을 뛰어넘는 지혜를 구해야 했다. 회사를 세우고 나서도 경영에 있어 여러모로 구할 것이 많았다.

또 코로나 상황이라는 변수 앞에서 작아지는 마음을 추스르기 위해서라도 주님 앞에 나아가야 했다. 그렇게 기도하며 힘들지만 사업체를 꾸려가고 있다. 우리 회사는 가수, 뮤지컬 배우, 성악가, 스포츠 해설위원, 아나운서 등 다양한 분야의 아티스트로 소속되어 있어 세심한 매니지먼트가 필요하고 이들이 부각될 수 있는 콘텐츠를 만드는데 주력해야 한다. 그래서 웹 드라마, 온라인 콘서트를 진행하고, 뮤지컬 리뷰 채널, 프로야구 리뷰 채널 등을 만들어 운영하고 있다. 또 코로나19를 맞이하면서 대면하기 어려운 시국이기에 소규모 교회의 온라인 예배 시스템을 구축하고 교육을 하는 일도 하며 온라인에 교회를 설립한다는 비전으로 프로젝트를 진행했었다.

이제 사업체를 유지하는 한편으로, 하나님을 전할 수 있는 질 좋은 콘텐츠를 더욱 많이 만들어야 할 때다. 기독교적이고 교회적인 색채가 강하게 들어간 것도, 보다 일반 대중에 호소할 수 있는 경계에 있는 것도 다 필요하다고 본다.

어느 쪽이 되었든 작품성을 잃지 않으면서도 세상과 인생의 의미를 생각하고 자기중심적이며 물질 중심적인 가치관이 진리가 아님을 깨달을 수 있는 콘텐츠로 하나님을 전하는데 도움이 되었으면 한다. 그럴 때 필요한 것이 실력일 것이다. 세상에서 일을 할 때 필요한 실력과 믿음의 실력. 그 둘을 같이 하기란 쉽지 않다. 세상에서 일을 할 때의 실력이 좋다는 이유로 믿음을 다질 생각을 못하고, 믿음 생활을 한다는 이유로 실력 쌓는 일을 소홀하게 여길 때는 얼마나 많은지. 나약한 마음은 자신을 위하여 적당히, 내가 편한 선에서 살라고 유혹하지만 이미 그 길로 빠지지 않아야 한다는 걸 너무 잘 안다.

그렇기에 주님의 도우심이 무엇보다 간절하다. 여러 면에서 나는 부족한 사람이고, 언제나 하나님을 기쁘시게 만은 할 수 없는 불완전한 존재라는 점에서 주님의 손길이 긴급한 자다.

주님이 사랑의 손길로 내게 상황을 이길 힘을 주시길 원하며, 주님을 닮아가게 하시길 원한다. 인격적이고 늘 사랑하시는 그분의 성품을 닮기를 바라는 한편, 자신이 지으신 창조세계를 누구보다 더 즐겁게 바라보시고 놀랍게 운행하시는 그분의 능력도 매우 미약하게나마 닮았으면 좋겠다.

여러 가지 좋은 콘텐츠들이 넘쳐나는 세상이지만, 그중에서도 가장 뛰어난 것은 주님이 만드신 창조세계이며, 우리를 위해 오신 예수님의 구속 서사다. 창조세계라는 주님의 작품이야말로 성도로서, 또 콘텐츠 기획자로서 내가 마땅히 연구해야 하는 것이자, 평생 연구해야 할 것이라고 생각한다. 그 연구와 공부에 소홀하지 않게 마음을 굳세게 하고 앞으로 나아가려 한다.

예쁜 얼굴의 전도지로 살아가기!

– 과부를 사랑하시는 낮은 자의 하나님

백지연(코람데오 플라워 대표)

새하얀 함박눈이 내리던 어느 겨울, 아직 새해 달력도 넘겨보지 못한 이른 1월에 세 명의 청년이 우리 꽃집으로 찾아왔다. 이유는 간단했다. 코람데오의 삶을 살고 있는 사람들의 이야기들을 모아 책을 출판하고 싶다며 '코람데오 플라워' 상호를 사용하고 있는 우리 꽃집까지 찾아온 것이다. 그저 꽃집만 운영하던 내게 인터뷰는 조금 긴장되는 일이었다. 그러나 두 시간 동안 시간 가는 줄 모르고 예수님 이야기를 늘어놓은 걸 보니, 나도 꽤나 즐거운 시간을 보낸 듯하다.

'코람데오'는 '하나님 앞에서, 하나님의 임재'라는 뜻을 가진 라틴어다. 사실 우리 꽃집의 원래 이름은 '그린 하우스'였는데, 성경적인 상호를 쓰고 싶어 친한 권사님께 도움을 청했더니 기도하시고 '코람데오'라는 이름을 건네주셨다. 그렇게 해서 이곳 세곡동으로 자리를 옮긴 후부터 '코람데오 플라워'가 되었다. 하나님의 임재가 가득한 꽃집이 된 이곳에서 나는 더 이상 거짓말을 못하게 되었다. 주님이 주인이신데, 하나님이 다 보고 계실 텐데 어떻게 거짓말을 할 수 있겠는가.

우리 꽃집은 주로 주문 들어온 꽃을 준비해 배달하거나 집에서 키우기 어려운 다육이들을 대신 맡아주는 '다육이 키핑장'을 운영하고 있다. 이렇게 매일을 하나님이 주신 일감만큼 정직하게 꽃집을 운영하니, 비록 돈 많은 부자는 못 될지라도 지금껏 굶는 일은 없다.

지금 꽃집은 사업장이자 내가 거주하는 집이다. 두 아들과 반려견 '노니'와 함께 생활한다. 처음에는 주택이 아닌, 이곳이 무섭기도 했다. '누군가 비닐을 찢고 들어오면 어쩌나!' 하는 불안감 때문이다. 그러나 넓은 비닐하우스에서 꽃들과 함께 소음 걱정 없이 크게 기도하고 찬양할 때면 그렇게 행복할 수가 없다. 그런 의미에서 '코람데오 플라워'는 참 잘지은 이름 같다. 내가 좋아하는 하나님과 꽃이 모두 들어가 있으니 말이다. 나는 언제나 이렇게 하나님을 기쁘시게 하는 삶을 살고 싶다.

꽃집을 운영하다 보면 손님들에게 식물을 추천해 줄 일이 생긴다. 얼마 전에는 한 손님에게 '라울'이라는 다육식물을 권했다. 라울은 햇빛이 적은 곳에서도, 물을 매번 충분히 주지 않아도 잘 자라며 연둣빛에 동글동글한 잎을 낸다. 화분을 들고 가게를 나가는 손님의 웃음소리가 잘게 흩어졌다. 그때 하나님의 은혜와 역사가 아주 세미하게 보일 때라도 내 신앙이 잘 자라 성숙했으면 좋겠다는 생각이 들었다.

심령이 가난한 자에겐 복이 있나니

나는 아픔 속에서 주님을 보게 되었다. 평소와 다름없던 어느 날, 중국으로 출장 가 있던 남편의 사망 소식을 들었다. 얼마나 울었는지, 시신을 찾아오려고 생애 처음 여권 사진을 찍는데 살아 있는 사람의 얼굴이 아니었다. 송장이나 박제된 동물 같달까. 나는 겨우 서른일곱이었고 가정을 챙기느라 세상 물정을 잘 몰랐다. 남편은 그런 나를 지켜주는 든든한 울타리 같은 사람이었는데, 그 울타리가 사라졌으니 두려웠다. 평생을 의지하고 지내자던 사람이 떠나버려서 살아갈 소망도 잃어버렸다. 나는 살아 있지만, 죽은 것과 같은 우울증 환자였다.

그래도 삶은 계속되었다. 아무리 비통했어도 내가 두 아들의 엄마라는 사실이 변하지는 않았다. 애써 괜찮은 척 아들들을 돌보다가도, 아이들이 학교를 가면 무거운 이불을 뒤집어쓰고 소리 내어 울었다. 날마다 그랬다. 정신을 못 차리던 나와 달리 당시 초등학교 3학년, 4학년이었던 아이들은 교회를 다니며 자신들의 생활을 오롯이 꾸려가고 있었다. 믿음이 있다기보단 교회에 친구들이 있어서 시작한 신앙생활이더라도 말이다.

장례를 치르고 세상에 나 혼자밖에 없다는 생각이 들어 무너질 것만 같았을 때, 아들들이 다니던 교회에서 소식을 듣고 10만 원을 보내주셨다. 20년 전의 일이니, 작은 교회치고는 꽤 큰돈이었을 것이다. 사랑의 빛처럼 느껴졌다.

얼마 지나지 않아 둘째가 "엄마, 같이 교회 가자."라고 말했다. 처음에는 거절했다. 장손 며느리로서 제사를 지내야 된다는 생각에서였다. 그러자 아들은 "엄마, 그럼 딱 한 번만 가봐."라고 말했고, 나는 정말 한 번만 갈 생각으로 그 다음 주에 교회로 발걸음을 옮겼다. 사실 중학교 때까지 교회를 다니긴 했지만, 이후로는 자연스럽게 교회를 떠나 살았기에 아들의 기분을 맞추어 주려는 마음만 있었다.

하지만 하나님은 자신이 택한 자를 절대로 놓치지 않으신다. 예배당에 들어서자마자 내 마음의 음성인지, 성령님의 감동이었는지 "왜 이제야 왔니? 많이 기다렸단다. 어서 와." 하는 소리가 들렸다. 그때부터 흐른 눈물은 예배 시간 내내 멈추지 않았다.

마침 설교 본문도 과부가 나오는 룻기였다. 심령이 가난한 게 이런 걸까. 설교 내용이 모두 다 내 이야기 같았다. 마음이 갈급하니 마치 뿌리가 있는 식물처럼 목사님 말씀을 모두 흡수해 버렸다.

그렇게 나의 신앙생활이 시작되었다. 남편 없는 빈자리에 하나님이 들어와 주셔서 내 남편이 되어주셨다. 지금 생각해 보면 기댈 사람이 없으니 예수님도 빨리 만날 수 있었던 것 같다.

한 영혼을 향한 하나님 마음

당시 목사님은 초신자인 나를 위해 매주 쉬운 신앙 서적을 빌려주셨다. 한 권을 다 읽고 반납하면 바로 새로운 책을 빌려주시는 게 참 재미있었다. 책 내용 역시 너무 흥미로웠다. 평소에도 책을 좋아했지만, 신앙 서적을 읽게 된 후에는 다른 책들은 눈에 들어오지도 않았다.

그중 『정말 천국은 있습니다』라는 책을 접하면서 자연스럽게 천국과 지옥에 대해서도 알게 되었다. 그 순간, 남편이 걱정되었다. 교회 사모님께 "우리 남편은 예수님을 안 믿었는데 어떻게 되나요?"라고 묻기도 했다. 그때 마음이 너무 힘들었다. 하지만 하나님은 나의 낙심되는 마음을 '사람은 예수 없이 죽으면 안 된다.'는 마음으로 바꾸어 주시면서 전도할 열정을 불러일으키셨다. 영혼을 향한 간절한 마음이 생긴 것이다. 그때부터 전도하기 시작했다.

최근에는 교회에서 새벽마다 전도를 나간다. 중보기도 위원장이어서 코로나19 전까지는 월, 수, 금요일에는 교회에 남아 기도하고(지금은 집에서 중보기도를 한다.) 화, 목요일에는 교우들과 함께 모란역으로 나가 전도를 한다.

겨울엔 날씨가 너무 추워서 장갑을 껴도 손이 꽁꽁 얼지만, 그래도 정말 좋다. '오늘은 어떤 말씀으로 전도를 할까?' 고민한다. 성경 말씀을 들어 기도하고, 성경 말씀을 들어 전도하라고 훈련받았기 때문이다. 마스크와 티슈를 건네며 "예수님 믿으세요!"라고도 전한다. 그들이 받든, 받지 않든 그건 중요하지 않다. 받지 않아도 말씀만은 선포한다.

"하나님이 세상을 이처럼 사랑하사 독생자를 주셨으니 이는 그를 믿는 자마다 멸망하지 않고 영생을 얻게 하려 하심이라."(요 3:16)

추운 새벽이지만, 짧은 시간이라도 전도하고 오면 너무 행복하고 즐겁다. 예수님을 전하면 받는 사람도 살지만, 전하는 내가 살아나기 때문이다. 전도를 하면서 나는 예수 그리스도를 끝없이 고백하고, 그 고백을 내 귀로 먼저 듣는다. 주님의 이름을 부를 때, 내 마음은 주님께 맞추어지고 주님의 은총과 사랑을 느끼며 감사하게 된다. 그러니 나를 위해서 전도한다고 해도 무방하다. 부족하지만, 하나님 나라 가는 그날까지 순종하며 전하고 싶다.

그렇다 해도 전도가 마냥 쉽지는 않다. 특히 "낙타가 바늘귀로 들어가는 것이 부자가 하나님의 나라에 들어가는 것보다 쉬우니라."(눅 18:25)라는 말씀처럼 세상에서 잘나가는 사람들, 건강하고 부족함 없는 친구들은 전도하기 힘들다. 그래도 약한 자들, 살날이 얼마 안 남은 사람들은 좀 다르다.

한번은 말기 암인 동창을 병문안하러 갔다. 가기 전에 정말 기도를 많이 했다. 병실에서도 병상에 누워 있는 마른 뼈 같은 친구의 손을 꼭 잡고 다른 친구들이 보든 말든 "예수님 믿게 해달라."고 정말 간절히 통성으로 기도했다. 처음에 친구는 예수님을 받아들이지 않았다.

나는 그후로 계속 친구를 찾아갔다. 혼자선 안 되겠다 싶어 말기 암 환자 권사님 중 전도에 힘쓰시는 분께 도움을 청했다. 흔쾌히 수락해 주셔서 함께 복음을 전하니 친구 부부가 바로 같이 영접했다. 처음 실패로 포기했다면 한 영혼을 놓칠 뻔했다.

이후 세례를 받기 위해 교구 목사님께 부탁드렸는데, 하필 장례예배가 있어 불가능하다고 하셨다. 다른 날로 옮길까 하다가, 감사하게도 강남 선한목자교회 목사님께서 맡아주셔서 병상 세례예배를 진행했다. 세례를 받은 친구는 그 다음 날 하나님 품에 안겼다. 세례를 받지 못했다고 천국에 가지 못하는 건 아니지만, 다시 한 번 하나님의 선한 일하심에 감사하지 않을 수 없었다.

전도를 하며 한 영혼이 주께로 오기까지는 방해가 많다는 것을 느낀다. 당연한 일이다. 사단이 영혼을 뺏기는 일이니 어떻게든 막고 싶을 것이다. 그래서 나는 꼭 말씀으로 기도하고 간다. 암송은 잘 못해서 꼭 필요한 말씀만 따로 적어서 준비해 간다.

"내가 너희에게 뱀과 전갈을 밟으며 원수의 모든 능력을 제어할 권능을 주었으니 너희를 해칠 자가 결코 없으리라."(눅 10:19)

"믿는 자들에게는 이런 표적이 따르리니 곧 그들이 내 이름으로 귀신을 쫓아내며 새 방언을 말하며 뱀을 집어올리며 무슨 독을 마실지라도 해를 받지 아니하며 병든 사람에게 손을 얹은즉 나으리라 하시더라."(막 16:17-18)

나는 이 말씀들이 너무 좋다.
"지금 이 시간 믿음의 손을 얹어 기도합니다. 하나님, 이 영혼을 꼭 만나주세요!"

모든 상황 속에서 주의 얼굴 구할 때

내가 누구를 위해서 기도할지라도 하나님께서는 먼저 나를 만나주신다.

내 기도의 역사는 십오 년 전, 처음 신앙생활할 때 같이 시작되었다. 교회에서 에베소서의 말씀이 코팅된 기도용지를 받았다. 솔로몬이 하나님께 일천 번제로 소를 드린 것처럼 기도의 일천 번제를 드리자는 의미에서였다. 내용의 뜻은 모르지만, 그저 신나고 재미있었다.

기도문을 삼각형으로 접어 차 운전대 앞에 올려놓고 주문받은 꽃을 배달하러 갈 때마다 큰 소리로 읽었다. 의미도 모르고 달달 외웠던 말씀의 능력은 일천 번제의 기도를 다 마친 후에 일어났다.

죽으면 죽으리라는 마음의 외침이 있던 그때 꿈을 꾸었다. 내가 사는 동네의 어떤 비닐하우스가 보였다. 그 앞에 마귀가 사람의 모습으로 총을 들고 서 있었다. 그러고는 예수 믿는 사람은 나오라고 말했다. 아직 신앙이 어렸던 나는 '내가 나가야 하는데. 예수님을 부인하면 안 되는

데.'라고 생각하면서도 무서워서 나가지 못하고 있었다. 그때 교회 사찰 어르신인 권사님 한 분이 "나 예수님 믿는다!"라며 나가시는 것이었다. 그래서 나도 예수님을 믿는다며 마귀 앞으로 나갔다. 하나님께서 보내주신 동역자를 통해 담대할 수 있었던 것이다. 그후 마귀의 입에서 불이 뿜어져 나왔다. 나는 큰 소리로 "더러운 귀신아, 예수 그리스도의 이름으로 떠나갈지어다!"라고 외쳤다. 꿈속에서 마귀를 만나거나 가위를 눌리면 목소리가 나오지 않는데, 이때는 아주 강력한 음성으로 선포했다. 마귀는 다음에 또 올 거라며 도망갔다. 패배하여 사라진 게 아니라, 다시 올 거라는 여운을 남겼다.

　예수님의 이름에는 권세가 있다. 그날 이후로 예수님의 이름을 절대로 놓치지 않고 어떤 상황에서도 '믿음'을 지켜야겠다는 마음이 생겼다.

　이런 일도 있었다. 교회의 성전 건축을 위해 때마다 기도하던 시절이었다. 나의 꼿꼿이 스승이신 교회 집사님이 계셨다. 이 집사님의 미용사 친구가 대뜸 우리 집에 찾아와 성경 공부를 하자고 했다. 나는 의심 없이 승낙했고 그 다음 날 꿈을 꾸었다. 꿈에서도 미용사가 우리 집에 와서 성경 공부를 하자고 했다. 그때 나와 함께 계시던 집사님이 "네가 여기 왜 왔어?"라며 무섭게 소리를 지르시는 것이었다. 일천 번제 기도 후, 꿈에서 담대함을 전해준 권사님이 생각났다. 미용사는 깨갱거리더니 "우리 선생님이 싫어하니까 가라."는 내 말에 아니라며 "저쪽 방에 가서 공부하자."고 했다. 방에 들어가 성경 공부를 하는데, 그 미용사가 갑자기 벌레로 변했다. 아주 작은 벌레였다. 그래서 파리채로 잡아 죽였다. 지금도 기억이 생생하다.

내가 얼마나 미련하면 하나님이 꿈으로 알게 하셨을까. 약속한 날 미용사에게 전화가 왔다. 나는 하나님이 가지 말라고 하셔서 안 가겠다고 말했다. 그후 두 번 다시 연락이 오지 않았다.

내 아들의 문제도 하나님께서 친히 개입하셨다. 중학생이었던 큰아들은 예민한 사춘기 시기를 아빠 없이 지내다 보니 방황했다. 같은 반 아이와 싸워서 상대의 고막을 터지게 했다. 학교 교무실로 오라는 호출을 받았다. 이럴 때 남편이 있었다면 나도 의지가 되었을 텐데. 전화를 끊고 두려운 마음에 눈물부터 났다. 인간적인 생각이 몰려들던 찰나, 문득 '아, 나한테는 하나님이 계시지!' 하는 생각이 들었다. 그때부터 울며 기도하기 시작했다.

'하나님, 그 아이 부모가 학교에 왔다고 하는데, 저는 못 만나겠어요. 하나님이 먼저 만나주세요. 그분들의 속상한 마음을 부드럽게 만져주시고 잘 해결될 수 있게 해주세요.'

그렇게 눈물범벅으로 기도하며 학교에 가니, 하나님께서 이미 마음을 감동시키신 모양인지 부드러운 표정의 아이 아버님이 날 맞이했다. 저간의 사정을 들으셨는지 아이 아버님은 우리 아들에게 "어머니와 선생님께 감사해야 한다."며 한참 연설을 하셨다. 조용히 문제가 마무리되었다. 하나님이 이미 그분의 마음을 만지신 것이다.

그것으로 아이들 간의 다툼은 무사히 종결되었지만, 다친 아이를 치료해 줘야 하는 문제 때문에 다시 걱정에 휩싸였다. '상해로 들어가면 비싸다던데…… 300만 원은 나올 텐데. 지금 내 수중에는 30만 원이 전부네…….' 염려가 되어 화요일에 전도도 못 나가겠다고 하나님께 떼를 쓰

예쁜 얼굴의 전도지로 살아가기! **39**

기도 했다. 나는 또다시 무릎을 꿇을 수밖에 없었다.

'하나님, 월요일에 다친 아이랑 같이 병원에 가는데, 치료를 싸게 잘 해주실 순 없을까요?'

정말 막무가내로 기도했다. 그래도 하나님은 과부의 기도를 들어주시지 않을까? 절박한 마음이었다. 떨리는 마음으로 다친 아이를 데리고 병원으로 향했다.

의사 선생님께 이런저런 사정을 이야기하자 정말 감사하게도 자신도 자녀를 키우는 입장에서 엄마의 마음을 잘 안다며 싸게 할 수 있도록 도움을 주셨다. 300만 원도, 30만 원도 아닌, 3만 원에 말이다. 그 덕분에 아이 약도 사주고 용돈도 줄 수 있었다. 정말 하나님이 하셨다!

대신 한 달 동안 아이가 감기에 걸리면 안 된다는 조건이 붙었다. 원래 귀가 안 좋아 인조 고막을 했던 터라 또 터지면 곤란하다는 것이다. 한 달 동안 다시 간절히 기도했다. 한 달이 지나도 연락이 없던 걸 보니, 감기 안 걸리고 잘 지내고 있다고 믿는다. 나는 아이의 문제가 해결된 다음부터 다시 기쁨으로 전도를 나갔다. 활짝 핀 얼굴을 전도지처럼 들고 말이다.

이렇듯 하나님과 동행해 온 나의 삶에 기도는 빠질 수 없는 중요한 것이다. 예수 믿는 자들에게 기도가 빠져서는 안 된다. 기도는 하나님과의 만남이니까. 나는 항상 내 기도의 깊이가 더 깊어지길 소망한다.

하나님을 더 깊이 만나, 더 많이 알기를 원한다. '과부의 하나님' 되신 주님께서 나를 아시는 것에는 미치지 못하겠지만, 나를 사랑하시는 그분의 사랑과 품성을 알게 된다면 더욱 기쁘겠지. 또 기도는 부족한 인간이 하나님의 지혜를 힘입게 하는 도구이기도 하다.

"하나님, 솥을 주세요!"
더 깊은 기도로 하나님을 더 깊이 만나다

교회에서 여선교 회장을 맡았던 적이 있다. 그때 교회에서는 대규모 식당 공사를 해서 목사님과 성도들 500여 명의 식사를 해결해야 하는 문제가 있었는데, 음식도 할 줄 모르면서 '안 되면 되게 하라.'는 믿음으로 우리가 하겠다고 손을 번쩍 들었다. 주변 집사님 몇 분을 모시고 고민하다가 우리는 국밥을 하기로 했다. 그릇은 일회용을 사서 쓰면 되는데, 500인 분 국을 끓일 솥을 구할 수가 없었다. 당시 회장이었던 나는 부담과 걱정이 많이 되었다. 나는 바로 기도했다. '주님 500여 명을 먹여야 합니다. 하나님, 솥 주세요!' 그렇게 기도하다가 문득 한 생각이 스쳤다. 옆집에 해마다 개고기를 먹는 집이 있어 큰 솥이 있던 게 생각난 것이다. 바로 달려가 그 집에서 큰 솥 2개를 빌릴 수 있었고, 무사히 목사님과 성도들께 식사를 대접할 수 있었다.

그때 나는 '우리 하나님은 기도하면 이것까지 생각나게 하시는구나.'라고 깨달았다. 우리가 기도하지 않을 땐 모른다. 그러나 하나님은 가끔 잊고 있던 생각도 밀어 생각나게 해주신다. 그래서 기도가 이렇게 중요하다. 고민할 것 없이 기도하면 된다. 그렇게 기도하다 보니 매번 삶이 간증이 될 수밖에 없다.

사업보다 더 소중한 영혼

남편과 같이 운영하던 꽃집을 혼자서 꾸려온 지도 벌써 이십 년이 넘었다. 오랜 시간이 지났지만, 감사하게도 꽃집을 운영하는 게 아직도 행복하다. 하나님 덕분이다. '지금까지 지내온 것, 주의 크신 은혜'라 생각해서인지 일에 대한 욕심보다 그저 하나님이 망하게 하지 않으실 거란 믿음으로 운영해 왔다.

사업을 어떻게 키울까 궁리할 시간에 새벽예배를 가고 전도를 하고 교회 사역을 한다. 그렇게 해도 헌금도 내고, 먹고 살 만해서 감사하다. 유지만 해도 충분히 감사한데, 하나님께서는 지경을 넓혀 주시기까지 하셨다. 위례에서 삼십 년을 살며 꽃집을 운영하다가 동네가 재개발에 수용되어 갈 곳 없어 고민하던 차에 성남의 선한목자교회에서 만난 권사님 소개로 강남 세곡동에 있는 화원으로 이전하게 되었다. 넓은 화원과 딸려 있는 황토집도 마음에 들었지만, 사역자들에게 밥을 대접하며 기도와 은혜를 쌓아가셨을 권사님의 흔적이 느껴지는 것 같아 너무 좋았다. 하나님께서 십 년 전, 절반이 잘려나간 비닐하우스에서 가게를 운영하던 시절부터 내게 주셨던 말씀의 응답임을 확신했다.

"네 장막터를 넓히며 네 처소의 휘장을 아끼지 말고 널리 펴되 너의 줄을 길게 하며 너의 말뚝을 견고히 할지어다."(사 54:3)

나는 꽃 중에 빨간 장미와 하늘색 옥시꽃을 좋아한다. 칙칙해진 주변 꽃들을 생동감있고 밝게 해주는 역할을 해주어 더 마음이 간다. 하나님 앞에 내 인생도 그러했으면 좋겠다. 마지막 때, 종말의 때라고 불리는 음산해진 이 시기에 하나님을 믿는 나로 인해 내 주변이 환하게 밝아졌으면 좋겠다. 더불어 그리스도의 향기까지 난다면 더할 나위 없으리라!

나는 오늘도 우리 꽃집을 거쳐 가는 모든 사람들을 위해 하나님께 기도드린다.

'하나님 이분들이 모두 예수님 믿게 해주세요. 생명이신 예수님을요.'

그렇게 하나님 나라 가는 그날까지 순종하며 코람데오, 하나님 앞에서 정직하게 살다 가길 소망한다.

봄이면 꽃집 앞에 노란 꽃들이 가득 피어나 눈을 환히 밝힐 것이다. 주님이 주신 햇살처럼 빛나는 꽃들의 물결, 그것들은 고개를 들어 주님을 바라보게 한다.

'센 사람' 다듬어
선교도구로 쓰시는 은혜!

안상미 전도사(코람데오헤어 대표)

달라지지 않아도 주님만 계시면 된다

하나님은 저마다 다른 방식으로 사람을 만나주신다.

그분은 당신을 만나기 위해 당신만을 위한 방법을 사용하실 것이다.

주님은 '센 사람'에게는 다른 우회적인 방법을 사용하지 않으신다. 바울을 회심시키기 위해서 다른 믿음의 사람들을 보내지 않으셨다. 예수님이 친히 직접 가서 말씀하셨다.

내 경우에도 그랬다. 나는 하루아침에 예수님을 영접했다.

체육대학을 졸업하고 보험 영업, 헬스 트레이너, 스키 강사 등 여러 일을 했다. 모두 적성에 맞았고 실적도 좋았다. 스물일곱에 월 천 칠백, 천 팔백만 원을 벌었다. 고소득에 자유롭고 건강한 생활. '이게 삶이라면 인생은 아름답고 세상은 찬란하구나'하는 자신감에 차 있었다. 그렇지만 운 좋게 빨리 얻은 성공은 무너지는 것도 빨랐다. 경력은 다 무너질 위기였고 재정은 악화되었다. 인간관계도 무너졌다. 사랑하는 사람을 만나 결혼을 했지만 즐거움은 잠깐이었다. 육아는 너무 힘들었고 시댁과 관계도 어려움을 겪었다. 당시 나는 세 살짜리, 한 살짜리 애들을 보면서 혼자 죽을까, 같이 죽을까 생각했다.

그러던 어느 날 밤에 너무 답답해서 기도를 드렸다. 기도를 어떻게 하는지 잘 모르는데, 그마저도 어렸을 때 교회학교에 가지 않았다면 하지 못했을 것이다. 하나님께서 진짜 살아 계시냐며, 너무 힘든데 그냥 자다가 죽든지 아니면 교회에서 말하는 평강이라는 거 나한테 좀 주실 수 있냐며 베개가 젖도록 울면서 잠이 들었다.

다음 날 아침에 거짓말처럼 마음이 편안해졌다.

아무것도 달라진 게 없었는데도 그랬다. 남편을 포함해 시댁과 친정 식구들 중에서 내 상황을 도와줄 사람도 없었는데, 여전히 애들 키우는 건 힘든데, 주변 사람들이 나에 대한 오해를 푼 것도 아니고 재정이 나아지지도 않는데 갑자기 모든 것들이 기뻤다.

남편은 어수룩해보여도 가정을 위해 성실하게 일하고, 양 집안 부모님도 건강하셔서 우리가 부양하지 않아도 되니까 감사했다. 애들은 어려서 손이 많이 가지만 귀엽고 착한 내 아이들이니 잘 키워볼 수 있겠다는 생각이 들었다. 재정 상태는 안 좋고 직업 상에 어려운 일들도 있었지만 나는 아직 젊으니까 상황이 좋게 흘러가도록 변화시킬 수 있을 거라고, 자신을 격려하게 되었다. 하루 아침에 불평의 조건이 감사의 이유로 바뀌었다.

드디어 내가 미쳤나, 싶었는데 어제 드린 기도가 기억났다. '아, 하나님과 나만 아는 그 기도가 이렇게 응답되었구나!' 어느 누구의 개입도 없었기에 백 퍼센트 확신할 수 있었다.

나는 이게 참 다행이라고 생각한다. 내면이 아니라 상황이 먼저 달라졌다면 외부적인 조건에 따라 흔들리는 신앙을 가지게 되었을지도 모르니까. 잘될 때는 하나님께 감사하고 평안을 누리나, 안될 때는 하나님을 원망하고 멀리했을지도 모르니까. 그런 믿음은 자기 성공과 안위를 위해서만 신을 찾는 미신적인 믿음과 다를 게 없다.

주님이 주시는 평강은 먼저 죄에서 해방된 영혼의 자유에서 나온다. 그것만 있으면 된다. 성공하지 않아도 건강하지 않아도, 누가 알아주는 사람 없어도 주님만 계시면 된다. 아무것 없어도 예수님만 있다면 우리는 성공한 인생이고, 하나님 나라를 누리는 사람들이 된다.

주님은 자유케 하신다

나는 주님이 사람을 자유롭게 하시는 게 너무 좋다.

인간은 대상을 자기 기준에 따라 일반화시키지만, 하나님은 그렇게 역사하시지 않는다. 길에 핀 꽃들과 물가의 돌들은 다 각기 다른 색과 모양을 가지고 있다. 어제의 하늘과 오늘의 하늘 색이 다르고, 시시각각 흘러가는 구름도 어느 하나 같지 않다. 주님은 사람도 각기 다르게 지으셨다. 그리고 각자의 기질과 개성을 사역의 도구로 사용하신다.

어려서부터 나는 성격이 셌다. 공부는 나름대로 열심히 했지만 모범생으로 살지는 않았다. 불량한 아이들과 많이 어울렸다. 그 와중에 그 친구들이 어떻게 조직폭력배의 삶으로 넘어가는지도 봤다.

폭력배, 성매매 종사자들이 나에게 기도를 요청한다. 미국 선교를 하면서도 멀쩡한 사람들보다는 마약중독자, 노숙자, 범죄로 내몰리는 빈민들이 눈에 더 들어왔다.

주님이 왜 다른 사람들도 있는데 믿은 지 10년 좀 넘는 나를 사용하시는지 생각해 본 적이 있다. 성품이 온화한 것도 아니고 전도사여도 신앙 경력이 짧아 교회 문화가 익숙하지 않은데……. 그러다 하나님은 나 같이 강한 성격의 사람도 필요로 하신다는 결론을 내렸다.

성격이 부드럽고 교양있는 사람들이 차마 두려워서 가지 못하는 사회의 어두운 곳에 찾아가 구원의 은혜를 전하라고 하나님은 나를 부르셨다. 또 부드럽게 회유하기보다 강하게 직언할 사람을, 세련된 사상 대신에 말씀 본위를 내세우라고 나를 찾으신 것 같다.

부족하게나마 나는 성도의 삶이 무엇보다 하나님 말씀에 우선해야 한다고, 일시적인 열심이 아니라 하나님의 도우심을 구해야 한다고 말해 왔다. 우리는 너무 자주 하나님 말씀을 잊고 주변적인 것들로 생각과 생활을 채울 때가 많다. 학교에는 최신 신학에 정통하면서 성경 본문은 잘 모르는 사람들이 있었고, 교회에는 하나님의 도우심을 구하고 말씀에서 그분의 뜻을 찾기보다 자기 노력으로 사역하고 믿음 생활하는 사람들이 많았다.

세련된 학문도 좋고 개인의 행함도 좋으나 하나님의 말씀 없이는 다 헛된 것에 불과하다. 사역지에서 나는 교회학교 선생님들에게 '열심히', '해야겠다' 같은 말을 하지 않게 한다. 모든 일은 주님이 하시는 것이다. 주님이 하라고 하는 것만 할 수 있다. 맡은 일을 부족하게 했다 하더라도 하나님은 당신의 뜻을 어떻게든 이루신다. 손을 놓고 아무것도 하지 말라는 것이 아니다. 다만 인간적 성취가 하나님 사역의 결정적 요소인 것은 아니다. 무언가를 잘하려 하고, 열심히 하려 하는 강박관념을 내려놓고 주님을 바라보라. 그냥 자유롭게 하나님 앞에 있어라. 모든 일을 주님이 하시는 거라면 결과도 주님이 책임지신다.

하나님 사랑을 전해야 한다

성도는 모두 하나님을 전할 의무가 있다.

내 경우에는 미용실을 개업하게 된 것도 일종의 선교 비전이었다.

"보내시는 곳에서 사람들에게 하나님을 전하고 싶다"고 서원을 올려 드렸더니 플라스틱 의자와 '헤어컷 1달러'라고 쓰인 종이 이미지를 보여 주셨다. 선교에 대한 응답으로 미용을 하라고 말씀하신 것이다. "네가 이 일이면 평생 나를 전하면서 밥은 먹지 않겠니." 주님이 이런 마음을 주셔서 마흔 살에 미용을 배워 호기롭게 가게를 열게 되었다. 대형 미용실에서 수습과정을 거치지도 않고 실습도 많이 해보지 않은 상태에서 시작했지만, 감사하게 끊이지 않고 손님들이 오셔서 그분들에게 복음을 전했다.

그 당시 한창 코람데오(Coram Deo)를 묵상중이었다. '하나님 앞에서'라는 뜻을 가진 라틴어다. 나는 하나님이 함께하신다는 '임마누엘'의 은혜가 좋았고, 그분의 너그러우심에 참 감사했다. 그런데 코람데오는 조금 더 두렵고 떨리는 마음을 주었다. 하나님께서는 코람데오야말로 진정한 자유를 누릴 수 있다고 알려주셨고, 내게도 십자가와 같은 생명을 의미하게 되었다.

이후 정신이 번쩍 들어, 연약한 무릎이 세워지는 코람데오의 삶을 살리라 다짐했다. 무엇을 하든지 이름을 정할 때가 온다면 꼭 코람데오로 해야겠다 마음먹었는데, 미용실을 오픈하며 바로 그때가 온 것이다.

혹시나 하여 지인들에게 상호의 세 가지 후보를 주고 기도를 부탁했다. 첫 번째는 '모퉁이 door', 두 번째는 '코람데오', 세 번째는 '육일헤어'였다. 예상대로 코람데오가 가장 많은 표를 얻게 되었고, 하나님의 인도하심이라 생각하여 그렇게 코람데오 미용실을 오픈하게 되었다. 크리스천들 내면에 하나님 앞에서 바르게 살아보겠다는 영적 DNA가 있음을 알게 되었다. 하나님 앞에서 운영되는 미용실이어서 그랬는지, 불리는 이름대로 덕이된 일들이 참 많다. 정말 감사한 일이다!

어느 날 주일 예배를 드리다 "힘 있는 나라에, 힘 있는 기관에 들어가서 외치라"는 말씀을 들었다. 마침 선교에 대한 비전이 떠올랐다.

영어를 하나도 할 줄 몰랐지만 미국에 가야겠다는 마음이 들었다. 먼저 된 자로서, 크리스천 국가로서 세움을 받았으나 연약한 나라들을 위하지 않고 자기가 하나님인 것처럼 가장 높은 바벨탑을 쌓고 바벨론으로 서 있는 곳. '힘 있는 나라' 하면 떠오르는 미국. 그곳에 다시 복음의 씨앗이 뿌려져야 한다.

사실 의정부에 살면서 미군 부대가 근처에 있으니 "난 죽어도 미국 땅 한 번 밟아보고 죽을 거야" 라며 우스갯소리를 하곤 했다. 그 정도로 미국에 대한 선망이 있었지만, 그랬기에 선교지로서 미국에 가는 것은 내 욕심으로 치부했다. 하지만 하나님께서 미국에 대한 영상이나 기타 다른 자료들을 보게 하시며, 내가 가서 할 일을 생각나게 하셨다. 그렇게 미국을 선교지로 삼아야 하나 고민할 때 예배에서 말씀까지 주신 것이다.

목사님은 "보기 시작한 사람이 사명자라고, 다른 사람들은 안 보이는 걸 보게 하시는 건 하나님이 주시는 일"이라며, 순종하라고 말씀하셨다.

말씀에 순종하려 하니 영어도 못하고 돈도 없고 아는 사람도 없었다. 되는대로 미국의 한인이 운영하는 민박집에 전화해서 "예수 믿으십니까" 하고 물었다. 안 믿는다는 답변을 받기 수차례, 드디어 "우리는 예수 없이는 못 살지"라고 대답하는 민박집 사장을 만났다. "하나님께서 나를 미국에 보내려고 하시는 것 같다. 아이들을 둘 끼우고 가는데 난 미국 지리도 모르고 아무것도 모른다."고 말하니 사장은 "가라시면 책임지시겠다는 겁니다. 오시오."라고 대답해주었다.

그 길로 미용실을 휴업하고 비행기 티켓을 끊었다. 아이 둘과 나, 셋이 가는데 왕복해서 이백사십만 원이라는 저렴한 가격. 숙소를 비롯해서 계속 만나게 되는 믿음의 사람들. 또 해야 할 일들. 미국에 있는 동안 하나님의 이끄심을 느끼며 선교를 하고 귀국했다.

미국 선교 때문에 한 달 넘게 일을 쉬어서, 미용실이 거의 반 폐업 상태가 되었다. 하는 수 없이 다른 일을 구해야 했다. 유명 미용실에 운 좋게 취직이 되었다. 규모가 커서 의정부에 분점도 많고 유명인들도 많이 가는 곳이었다. 큰 미용실답게 정기적으로 이름난 강사를 데려다가 소속 직원들을 교육시키고, 체계적인 규칙에 따라 돌아갔다.

거기서도 운 좋게 이 년 넘게 일해야 될 수 있는 '스타일리스트'를 금방 하게 되었다. 짧은 경력 때문에 너무 걱정이 돼서 내 손님이 없을 때

잘하는 선생님들 커트를 뒤에서 보고 배웠다. 그중 솜씨가 가장 좋은 이사에게 섹션 잡는 방법 등을 여쭤보기도 했다. 감사하다고 저녁을 사드렸더니 그분은 "디자이너만 달아도 '나도 할 줄 아는데 네가 뭔데 날 가르치냐'는 마인드인데 안 선생님은 내 장사를 하고 있다가 왔는데도 배우려고 하시는 게 참 좋다."며 응원했다. 그리고는 영국 비달 사순에서 배운 것, 일본 가서 배운 것을 프린트물을 보여주며 알려주었다. 한 달동안 그렇게 배우다가 다른 분점에 디자이너가 필요해서 그곳으로 옮겨갔다.

거기서도 디자이너들의 기술을 눈여겨 보며 배웠다. 덕분에 내 실력도 많이 늘었다.

하지만 내부에서의 경력이 짧아서 자꾸 다른 사람의 자리를 보충해야하는 자리에 가게 되었다. 좀 부당하다고 생각해서 퇴사 후 다른 곳에이력서를 내봐도 나이가 많거나 경력이 없다는 이유로 거절당했다.

원래 있던 자리로 돌아가게 하시는 건가. 장사하던 자리에 와서 재개업했다. 감사하게도 동네에 '그 유명 미용실에서 일하던 애'로 소문이 나서 손님들이 많이 찾아오기 시작했다. 지금은 그 동네가 재개발을 해서지금의 자리로 이전했고, 예전 손님들을 다 데려오지도 못했지만 이렇게 하나님이 도우시는 걸 체험했으니 아무 걱정 없이 일한다.

정성을 다해 머리를 해드리고 복음을 전한다. 때때로 교회에 상처받고 마음을 닫은 분들이 오셔서, 자기 가시를 나에게 보이기도 한다. 부당한 걸 참지 못하는 성격이지만 그런 분들을 대하면 내면의 상처가보여 마음이 아프다. 그래서 하나님에게서 떠났거나 하나님을 알지 못하는 사람들에게는 온유해진다. 아직도 나의 개성을 죽이지는 못했지만, 말씀대로 행하지 성격대로 사람을 대하지 않는다. 그래서인지 평판이 그리 나쁘지 않다. 만약 안 그랬더라도 크게 실망하지는 않았을 것이지만. 현재 가지고 있는 명성이나 물질은 다 썩어 없어질 것들이다. 주님의 말씀만이 영원하나 인간들은 나중에 가면 사라질 것들에 마음을 둔다.

미용 현장에서 손님들에게 복음 전파

미국에 가서도 그런 사람들을 너무 많이 만났다. 기독교 국가라고 하지만 미국에는 병든 사람들이 즐비하다. 돈이 없어서 거리에 내몰리고 범죄행위에 내몰리는 사람들이 넘쳐나지만, 부유한 사람들은 그들에게 가진 것을 내어주지 않는다. 바깥에는 고단한 일상을 잊기 위해서 값싼 마약을 흡입하고 구걸하는 사람들이 있는데, 하루에 상상못할 돈을 허비하는 사람들도 있다. 그런데도 이런 사실을 지적하는 사람들은 별로 없다. 한국도 마찬가지다. 빈부격차와 소외된 사람들의 아픔에 대해 이야기 하는 사람들이 없다.

믿는 사람들조차도 그에 대해 말하지 않는다. '선한 영향력'이라는 좋은 말을 가져다가, 부와 명예를 차지하기 위한 명분으로 삼는다. 돈이 없고 이름나지 않아도 하나님의 자녀이니 존귀하다며, 타인을 축복하지 않는다.

물질적인 기준으로 사람을 판단한다. 집이니 차니, 어느 순간 물질에 대해서만 입에 올린다. 정당한 방법으로 돈을 버는지, 돈을 버는 것을 어떻게 쓰는지 묻지 않는다. 소비하는 것에 너무 몰두한다. 기후문제로 전 지구가 고통을 당하는데도 기독교인들이 과소비를 문제시하지 않는 건 잘못되지 않았나? 마음껏 욕망하고 원하는 대로 물건을 사고 즐기라는 세상의 명령에 따르는 건 큰잘못 아닌가?

크리스천은 인간의 이기심이 보이지 않는 손을 통해 좋은 결과를 낼거라고 믿는 자들이 아니다. 마음껏 욕심내도 되는 사람들이 아니다. 하나님은 악을 행하지 않게 절제할 것을 명령하신다. 개성대로 사용하시나 자기 마음대로 행동하는 걸 허락하지는 않으신다. 지각 없는 사람들처럼 자기 마음대로 살아서는 안 된다. 각자의 소욕대로 행할 때 펼쳐지는 것은 지옥으로 향하는 길이다. 현실 삶에서 누려야 할 것은 물질주의가 아니라, 하나님이 주신 이 아름다운 세상에서 바르게 살아가는 삶과 하나님의 사랑이다. 우리는 그 사랑을 누릴 뿐만 아니라 다른 이에게 전해야 한다.

세상 사람들에게 환경을 파괴하는 소비주의와 물질 축적이라는 우상에서 돌이켜, 하나님께 나아오라고 전해야 한다.

나는 가끔 세상의 사람들을 볼 때면 차에 치이거나, 쓰나미에 집어삼켜지는 사람들을 보는 것 같다. 바로 앞이 죽음인데 알지 못하는 것이 너무 안타깝다. 오히려 복음을 알지 못하는 것이 더 가슴 아프다. 교통사고를 당하거나 쓰나미로 목숨을 잃는다고 해서 지옥이 기다리고 있는 것은 아니다. 하지만 하나님께로 오지 않는 사람은 끝없는 지옥 속에 거하게 된다. 그건 사후의 일이기도 하지만 지금 여기의 일이기도 하다. 하나님을 누리지 못하고 사는 인생부터가 지옥을 맛보는 일이다.

의식하지 못해서 그렇지 사람들은 다 주님의 사랑을 꿈꾼다. 성공, 인정, 인기, 외모, 돈 등 갖고 싶어하는 것들을 왜 가지고 싶어하는지 계속 캐묻다보면 결국엔 완전함과 자유, 행복을 주시는 예수 그리스도가 나온다(심지어 뒷골목 인생이어도 힘들 때는 믿는 사람들에게 연락해 기도를 부탁하는 경우도 있다). 그러나 주님을 알지 못함으로 그들은 하나님이 주신 자유와 평안의 가능성을 누리지 못하는, 축소된 삶을 살게 된다.

미국의 어느 뒷골목에서처럼, 또 한국의 어느 곳에서처럼 청년들 셋이 모여서 하루 종일 가상화폐 수익률만 들여다보는 딱한 삶. 구원의 감격도 없고, 주님과의 친밀한 교제도 없으며, 주님의 나라와 주님의 의를 구하는 거룩한 도전도 없는 삶. 사회가 제시하는 부질없는 충동질과 그런 기준에 맞추려고 아등바등하며 살다, 돈이 주는 기쁨만을 잠깐 체험하는 지루한 생활은 얼마나 지옥을 닮아있는가.

이에 비하여 전도는 그 허무한 인생들을 지옥 불에서 꺼내는 귀한 일이다.

지금도 한 영혼을 구하기 위해서 세계 각지의 많은 선교사, 복음사역자들이 위험을 무릅쓰고 복음을 전한다. 말레이시아에서는 교회 차량이 자주 습격을 당한다. 미국에서도 예수를 믿는다고 하면 총격당하는 일이 일어난다.

우리는 그것에 비하면 얼마나 자유롭게 하나님을 전할 수 있는가. 코로나로 인해서 생활도 신앙생활도 힘들다고 불평하지만, 기독교의 역사를 돌아보면 믿는 사람들이 어려움을 겪지 않았던 때는 없었다. 믿음과 전도 때문에 죽지 않는 환경이라면 정말 좋은 시절을 살고 있는 셈이다.

모두들 코로나 상황의 이 긴긴 어둠의 터널 같은 시간을 하나님 말씀을 전하는 자로 준비되는 기간, 진리를 선포하고 전도하는 기간으로 삼

앉으면 좋겠다.

항상 하나님 나라를 소망해야 한다

주님은 참으로 인자하신 분이다. 인간이 연약해도 연약한 모습 그대로 만나주신다. 많은 사람들이 주님을 찾지 않고 자신의 기도에 세상의 욕심을 끌고 들어온다. 사업의 성공, 물질적인 풍요, 자녀의 출세를 바란다. 좋은 기도는 아니나, 주님이 그 소원을 들어주실 때가 있다. 그의 영적인 상태가 약하여 외부적인 조건마저 흔들리면 큰 시험에 들까봐 염려하시기 때문이다. 하나님은 부모가 아기에게 먹을 것을 주듯이 일단은 채우신다. 공의로 우리를 판단하기 이전에 우리가 성숙할 때까지 기다리시는 그 사랑이 얼마나 큰가.

그러나 우리가 자라면 채움 그 이상의 것을 원해야 한다.

예수님께서는 당신의 희생으로 지성소의 휘장을 찢으셨다. 그래서 우리가 지성소에 있는 언약궤의 덮개, 속죄소를 향해 나아갈 수 있게 되었다. 하나님을 친히 뵙고 죄를 용서받게 되었다. 속죄소를 지나가면 육신의 것은 다 버려진다. 거룩해지고 정해진다.

주님은 거기까지 우리를 부르신다. 하나님의 임재를 보고 하나님 나라와 의를 보라 하신다.

그러나 우리 중에 속죄소를 넘어가는 기도를 하는 사람들이 많지 않다. 다들 속죄소까지 들어가지도 못하고 성막 앞에서 머뭇거린다. 주님과 친밀히 교제하려 자리에 나왔음에도 목적을 이루지 못한다. 그저 손에 무엇이 쥐어지기를 원한다. 손에 무엇이 쥐어지더라도 내가 그걸 사용하기에 부족한 성품임을 알지 못한다.

우리는 어떤 조건들이 채워지면 자동적으로 만족해야 하는 그런 존재가 아니다. 상황이 좋으면 어떤 반성도 성찰도 필요 없는 그런 존재도 아니다. 인간은 굶주리지 않아야 하는 만큼이나 죄를 용서받아야 하는 존재다. 끼니를 챙겨먹는 것처럼 때마다 지성소로 나아가야 한다. 속죄소를 넘어가 죄를 용서받아야 한다.

칭의 뒤에는 성화가 있다. 한번 구원받았으니 더는 죄를 의식하지 않아도 된다고 생각해서는 안 된다. 오히려 구원받음으로 우리 안의 죄성이 더 명확히 보이기에, 감사하는 마음으로 회개하며 믿음의 열매 맺기를 소망해야 한다.

각자의 삶 속에서 믿음의 열매를 맺을 때, 소외된 자들과 불신자들을 기도하고 도울 때, 주님을 알지 못하는 사람들에게 복음을 전할 때, 우리는 하나님 나라를 있는 그 자리에서 실천하게 될 것이다.

부족한 능력이지만 하나님이 계획하시는 대로 쓰이게 될 것이다. 주님의 능력은 크시고, 주님의 계획은 완전하다. 우리는 하나님 나라가 결국 이 땅에 완전히 실현될 것을 안다. 결과를 알고 하는 싸움이니 걱정이 없다. 하루하루, 매시간 하나님 나라를 소망하며 살아가자!

사랑과 봉사는 부메랑처럼

– 사람들의 발을 만지며 만나는 주님

윤명례(코람데오 발건강센터 원장)

아픈 삶을 지나

코람데오 발건강센터를 시작하게 된 것은 나의 건강이 매우 좋지 않은 2000년경이었다. 우연히 한 지인에게 발 반사 요법이라는 것을 추천받게 되었는데, 처음에는 반신반의하는 마음이었다. "사람의 발을 보고 모든 질병을 알아맞히고 치유를 한다."라는 것이, 나에게는 매우 생소했고 도무지 믿음도 가지 않았다.

집에서 곰곰이 생각하던 중에 문득 얼마 전에 폐암으로 돌아가신 어머니 생각이 났다. '나도 언젠가 암 환자가 되겠구나.'라는 생각이 듦과 동시에 '나는 아무런 대비를 안 하고 있구나.'라는 자각이 밀려들었다. 덜컥 겁이 났다.

그러다가 나도 갑자기 응급실 신세를 지고 말았다. 급성신우신염이 패혈증으로 진행되어 죽음을 넘나들게 된 것이다. 병원에서 가족들에게 임종 준비를 하라고 통보한 상황에까지 이르렀다. 건강에 대한 심각한 걱정이 현실이 되었다.

하지만 주님께서는 나를 기적적으로 살려주셨다.

가장 사랑하는 어머니를 하늘나라로 보내고 죽음 직전까지 갔던 나의 경험은, 발 반사 요법에 대해 다시 한 번 생각하는 계기가 되었다. '내가 지금 아픈 상태니 직접 받아보고 몸이 좋아지면 이걸 믿을 수 있겠다.'라는 생각이 들었다. 그래서 그 길로 찾아가 발 반사 요법을 받아보았다. 그런데 놀랍게도 내 몸이 많이 호전되고 좋아진 것이다. 발을 보고 몸의 병을 알아내고, 발 반사 요법을 통해 몸의 기능이 좋아진다는 것이 매우 놀랍고 신기했다.

발 반사 요법은 대체의학의 한 분야다. 발바닥의 반사구를 통해 허약한 부분을 찾아내고, 발과 연결된 장기나 기관의 기능을 향상시켜 줌으로써 몸속의 노폐물을 체외로 배출시켜서 혈액순환과 신진대사를 원활하게 해주는 치료법이다. 이를 통해 질병을 예방하고 건강을 증진시키는 일종의 자연 건강법이다. 스트레스로 인한 질병들에서 벗어나게 해주고, 삶의 질을 높여 몸과 마음에서 오는 여러 질환으로부터 자유로워질 수 있도록 돕는다.

그후로 이 치료에 믿음과 신뢰가 생겼고, 배워보고 싶은 욕심이 생겼다. 나의 아팠던 경험을 통해 아픈 분들을 도와주고 싶은 생각, 긍휼한 마음도 들었다.

그때 발 반사 요법 치료사인 남정복 선생님을 만나게 되었다. 우연인지, 독실한 크리스천이었다. 2002년, 남 선생님과 함께 코람데오 발건강센터를 서울에서 최초로 시작하게 되었다. 남 선생님께서 기도 중에 받으신 '코람데오(Coram Deo. 라틴어로 '하나님 앞에서'라는 뜻)'라는 이름으로 지금까지 이십여 년간 코람데오 발건강센터를 운영하게 된 것이다. 이 모든 것은 우연이 아니다. 주님께서 하나하나 계획하신 일들을 통해 나는 지금도 많은 사람들의 발을 만지며 주님의 사랑을 체험하며 기쁨으로 그 사랑을 전하고 있다. 오랜 세월 동안 나의 아픈 삶을 지나게 하시고, 타인의 몸과 마음이 호전되는 사례들을 경험케 하신 주님의 일하심을 나누고자 한다.

발 마사지를 통한 주님의 손길

나는 센터에 오시는 손님들의 발을 잡고 시작하기 전에 마음속으로 늘 기도를 한다.

"주님, 이 시간, 제 손길을 통해서 치유가 일어날 수 있도록 도와주세요. 이분의 몸과 마음이 평안을 얻을 수 있도록 해주시길 간절히 구합니다."

그리고 한 시간 동안 최선을 다해 섬겨드린다. 고객분이 "몸이 가볍고 편안해졌다."고 말씀하시면 '이것이 바로 주님의 섭리구나.'라는 생각이 들곤 한다. 감사기도를 드린다.

발 마사지 일을 하면서, 기억나는 수많은 고객 중 특별히 기억나는 두 분이 있다.

한 분은 췌장암 말기 환자였다. 병원에서도 가망이 없다고 하여 나를 찾아오셨다. 병원에서는 이미 퇴원한 상태고, 지푸라기라도 잡고 싶은 절실한 심정으로 가족들 부축을 받으며 어렵게 오신 것이다. 이후 발 반사 요법을 꾸준히 받으시면서 이 년 동안 정상인처럼 골프도 즐기시고, 그동안 하지 못했던 것들을 하시며 행복한 시간을 보내실 수 있었다. 그렇게 주님께서 선물로 주신 두 해를 편안하게 생활하시다 돌아가셨다.

또 한 분은 은퇴사역자 사모님이었다. 이분도 암 환자였는데, 자가 호흡을 못할 정도였으며 산소호흡기를 낀 상태로 연명하시던 분이었다. 발 반사 요법을 받으시고 점차 회복되어, 그후 몇 년 동안 부흥 집회하시는 목사님을 따라서 국내를 비롯해 해외까지 다니셨다. 그렇게 목사님과 함께 귀한 사역을 하시다 천국으로 가셨다.

하나님의 임재가 느껴졌던 순간들이었다.

하나님이 계시기에, 코람데오

처음 오시는 손님들은 '코람데오'의 뜻이 뭐냐고 물으시는 분들이 많다. 그럴 때마다 나는 "라틴어로 '하나님이 계시기에'인데, 하나님이 앞에서 보고 계신 것처럼 잘 섬기겠다는 의미입니다."라고 말씀드린다. 발 마사지 센터 일은 성실과 신뢰가 바탕이 되어야 한다. 또 고객들과의 관계도 매우 중요하다. 이 모든 것들이 합력하여 치유의 효과가 배가 된다. 요즘은 코로나19로 인해 사업 시작 이래 가장 힘든 시간을 보내고 있다. 그래도 주님이 주신 힘으로 늘 감사하는 마음으로 잘 견디고 있다.

코람데오라는 이름으로 발건강센터를 운영하기 시작할 때부터 센터에서 함께 동역하신 분 중에는 몇 분의 목사님, 권사님들이 계신다. 주님께서는 나를 교회에 다니게 하시려고 주변 상황을 하나씩 만들어 가셨다. 나는 문득 교회에 가야겠다는 생각이 들었다. 그때부터 집 근처 교회를 여기저기 다녀보았다. 그렇지만 썩 마음에 내키는 곳이 없었다. 그러다 한 후배의 추천으로 서빙고의 온누리교회에 가게 되었다. 하용

조 목사님(1946~2011)의 설교 말씀이 마음에 와닿았다. 그때부터 교회에 열심히 다니기 시작했다. 그 당시 나를 이끌어 주시고, 함께 수고해 주신 목사님, 권사님들께 항상 감사하다.

나는 대단한 믿음의 소유자는 아니다. 코람데오 발건강센터를 운영하기 전에는 교회를 내 편의 때문에 갈 때도 있었고 안 갈 때도 있었다. 내 일이 우선인 사람이었다.

사랑과 봉사는 부메랑처럼

주변을 둘러보면 자신의 사업을 잘 일구며, 어려운 이웃을 돌보는 봉사활동까지 하시는 분들이 참 많다. 그런 분들을 보면 고개가 절로 숙여졌고, 무척 본받고 싶었다.

내가 하는 일이 다른 사람들에게 희망을 준다면 얼마나 기쁠까 상상도 해보곤 했다. 그래서 나는 발 반사 마사지 자격 과정을 마친 제자들과 함께 '암시민연대'라는 단체를 만들어 암 환우들을 보살피는 봉사활동을 시작했다. 가평 수동요양병원에 주기적으로 찾아가서 암 환우들의 발을 섬겼고, 양평 지게의 집, 지구촌교회 및 할렐루야교회 호스피스 센터, 하해성 사랑의 집 등 여러 기관에서 봉사하게 되었다.

이제는 감사하게도, 주님께서 가르침의 길까지 열어주셨다. 힐링코칭센터 강의, 한국 열린사이버대학 특임교수, 국제 웰빙 전문가 모임, 국제 귀 반사, 발 건강 교육협회, 교수 워크숍 강의를 비롯하여 교수 및 자격증 강의 강사로 십오 년간 활동을 할 수 있었다.

그동안의 많은 연구와 임상실험을 바탕으로 한 저서 『100세 시대를 위한 발 반사 마사지』(2013)를 통해 현장에서 실제 일어난 일들과 경험으로 많은 사람들에게 도움을 줄 수 있도록 하셨다. 고도원의 '아침편지-깊은 산속 옹달샘'을 통해 많은 사람들에게 선한 영향력을 끼치게도 하셨다.

태국 단기선교도 가게 되었는데, 그곳에서 목사, 선교사들이 전도를 위한 목적으로 마사지를 많이 배우신다는 것을 알게 되었다. 그리고 나에게는 선교사들을 위한 손 마사지, 발 마사지 책을 쓰고 싶은 또 하나의 새로운 소망이 생겼다.

이런 봉사활동을 통해 깨달은 것이 있다. 남의 상처받은 마음을 위로해 주며 봉사하는 과정에서 오히려 내가 위로를 받고 돌아온다는 사실이다. 이웃을 위한 사랑과 봉사는 부메랑처럼 다시 나에게 돌아온다는 것을 새삼 깨닫는다.

코람데오 발건강센터에는 '빛과 소금이 되리'라는 액자가 걸려 있다. 서예가이신 고객분이 선물로 주신 것이다. 나는 이곳을 찾아주시는 분들의 발을 섬기며, 빛과 소금 같은 삶을 살아내길 항상 기도한다.

제자들의 발을 씻기신 주님

나는 깊은 믿음의 소유자는 아니지만, 이런 나도 변화시키시는 주님의 은혜가 참으로 놀랍다. 마음에서 우러나는 찬송을 드리게 된다.

우리 센터에는 〈최후의 만찬〉 그림이 걸려 있다. 그림 속에는 예수님께서 제자들의 발을 씻겨주시는 모습이 담겨 있다. 표면적으로는 발만 만지시는 것처럼 보이지만, 나는 예수님께서 제자들의 몸과 영혼을 어루만져 주시고 계신다고 확신한다. 때로는 센터에 불교인들도 방문하시는데, 그분들에게도 나는 예수님이 하셨듯이, 발을 씻겨드리고 기도해드린다. 그러면 그분들도 마음이 편안해진다고 고마워하신다. 믿는 분, 믿지 않는 분 상관없이 암이나 지병으로 투병생활하며 고통받는 이들의 몸과 마음을 위로하고 싶다. 제자들의 발을 씻겨주신 예수님처럼 질병으로 고통받는 이들의 몸과 영혼의 쉼을 드릴 수 있길 기도한다.

오늘도 일과를 마치고 하루 동안 만난 이들을 떠올려본다. 잠자리에 들기 전, 나는 그들과 어떤 대화들을 했었는지 되돌아본다. 혹여나 나도 모르게 실수하여 상처를 준 이들이 있진 않을까…….

이 밤, 주님의 사랑과 그분이 베푸신 용서에 대해서도 생각하며 고객들의 심신과 영혼을 위해 기도드린다. 이 사역을 허락하신 주님께 감사드린다. 행복한 밤이다.

새 생명을 아름답게 빚어가시는
주님의 손길
– '공개입양'의 축복을 누리는 복된 삶으로

이경빈이(코람데오 잉글리쉬 어학원 원장)

가장 큰 축복

"Willy, calm down! Willy, quiet!"

인터뷰를 하는 중에도 아랑곳하지 않고, 윌리는 우렁찬 목소리로 짖는다. 윌리는 큰딸이 대학교에 가면서부터 우리 부부가 키우게 된 애완(유기)견이다. 영어밖에 못 알아듣는 윌리를 볼 때면 어여쁜 큰딸 생각이 많이 난다. 아이들은 주님이 주시는 축복이다. 사랑스러운 아이들이 우리에게 와준 것은, 그중 가장 큰 축복이다.

오늘은 또 한 번의 특별한 선물, 새로운 축복을 주신 날이기도 하다. 아직도 한국어가 서툴러 유치원생처럼 말하는 나임에도 특별한 인터뷰의 기회를 주시고, 주님이 나에게 행하신 일들을 말할 수 있게 하심에 감사드린다.

처음 나눈 사랑, 입양

나는 1973년 여섯 살에 미국으로 이민을 갔다. 어머니는 미션스쿨인

이화여자대학교에 입학 후 교회에 다니셨고, 나도 어머니의 영향으로 어릴 적부터 교회에 출석했다. 습관적으로 교회에 열심히 출석은 했지만, 하나님과 일대일의 깊은 관계는 갖지 못했다.

나는 미국에서 대학을 다닐 때, 예수님을 인격적으로 만나고 하나님의 사랑을 새롭게 경험하게 되었다. 대학 동아리활동으로, 한국에서 미국으로 입양된 아이들을 위한 '한국문화캠프'에서 봉사하게 되었다. 이 일을 하면서 주로 미국인들이 한국 아이를 입양하는 '한국인 입양구조'에 대해 고민하게 되었고, '왜 한국인들은 조국의 한국 아이들을 입양하지 않을까?'라는 것에 대한 의문도 갖게 되었다. 대학교 시절에 만난 남편과 함께 약 7년 동안 KIM(Korean Identity Matters)에서 봉사했다. 뜻을 같이하며 봉사했던 남편과 한국인들의 입양 현실에 대해 깊은 고민과 감동을 나눴고, '우리도 결혼하면 입양을 하자.'는 무언의 공감대가 있었다.

지극히 평범한 삶의 연속이었다. 남편과 결혼 후, 대학원을 다니면서 큰아들을 낳았기 때문에 경제적으로 매우 힘든 삶이었다. 곧이어 둘째 아들도 태어났다. 어려운 현실에도 입양에 대한 소망은 짙어져만 갔다. 미국에서 입양하려면 한화로 4,000만 원가량이 들었기 때문에 현실로 옮기기엔 어려움이 따랐다. 이런 상황 속에서도 주님은 남편에게 한국의 고아들을 위해 일하고 싶다는 마음을 지속적으로 주셨고, 어려운 아이들을 향한 간절한 소망은 기도로 쌓여갔다.

그러던 중 1998년도에, 남편이 한국에서 일할 수 있는 기회가 생겼다. 그 소식을 듣고 '드디어 하나님께서 한국에서 입양을 할 수 있는 기회를 주셨구나.'라는 생각이 들었다. 우리는 1998년부터 6년간 한국에서 살았고, 2000년에 태어난 예쁜 딸 아이를 입양했다. 우리 가족은 그렇게 다섯이 되었다.

입양, 형언할 수 없는 무게와 책임

큰딸은 태어난 지 20일 만에 입양을 했기 때문에 양육하는 데 아무런 문제가 없었다. 하지만 둘째 딸은 여섯 살 때 입양을 했다. 태어나서 첫 6년을 매우 개방적인 환경에서 자랐기 때문에 성장과정에서 필요한 여러 가지 훈련을 체계적으로 받지 못했다. 생활하던 기관의 책임자 분들과 봉사자 분들이 정성과 사랑으로 둘째 딸을 돌보아 주었다. 그러나 스태프들이 돌봐야 할 장애 아동 수도 적지 않았기 때문에 딸은 어른의 감독 없이 혼자 있는 시간이 많았다. 어린이집에서 오면 저녁을 먹고 자유롭게 놀면서 밤 12시 또는 새벽 1시까지 TV를 보기도 했다. 음식도 특별한 규제 없이 마음대로 먹을 수 있었다. 토요일에는 다양한 봉사자들이 와서 야외로 데리고 나가 원하는 것을 모두 사주며 절제되지 않은 관심을 받기도 했다.

따라서 우리 집으로 입양을 온 후에는 여러 가지 새로운 생활 방법과 규칙을 배워야 했다. 어린 아이를 훈련시키는 것처럼 많은 것을 처음부터 가르쳐야 했지만, 이미 6년이라는 생활습관을 바꾸는 것은 쉽지 않은 도전이었다. 하나님께 둘째 딸을 양육하는 데 필요한 지혜를 구하는 기도를 많이 드릴 수밖에 없었다.

남편은 미국에서 심리학과 기독교교육학을 전공하고, 초등학교 교사로 일을 했기 때문에 교육 분야에 전문성을 갖추고 있다. 그래서인지 아이들을 훈련하고 교육하는 데 매우 특별한 은사를 갖고 있다.

둘째 딸의 행동 변화에 필요한 대부분의 훈련과 교육은 남편이 맡게 되었다. 사실 남편은 아이들을 매우 잘 다루어서 두 아들과 큰딸도 전반적인 모든 초기 교육과 훈련은 남편이 맡아했다. 아이들에게 항상 따뜻하고 부드러운 마음으로 대해서 아이들 또한 어디가 아프거나 다치면 아빠를 제일 먼저 찾는다.

둘째 딸을 입양하기 전, 하나님께서 입양해야 할 아이의 생일과 나이를 말씀해 주셨다. 그리고 나이든 아이를 입양했을 때, 훈련하고 교육할 수 있는 남편이 있는 것 또한 하나님의 세밀하신 계획이었다.

첫째 딸을 입양하기 전에 나는 두 아들에게 입양에 대한 의견을 물어보았다. 그때 큰아들은 여덟 살이었고, 둘째 아들은 네 살이었다. 큰아들은 아프리카에 고아가 많으니 아프리카에서 입양하자고 했다. 그때 한국에도 고아가 많다고 이야기를 하니까 즉시 입양하자고 한다. 두 아들 모두 여동생이 생기는 것에 대해 대환영이었다. 지금 두 아들은 여동생들을 매우 아끼고 사랑하는 오빠 역할을 잘하고 있다.

둘째 딸을 입양하기 전에도 세 아이들에게 의견을 물어 보았다. 첫째 딸을 입양했을 때와 상황이 많이 달랐기 때문에 결정하기가 어려웠다. 나와 남편은 오십에 가까운 나이여서 육체적으로나 경제적으로나 입양을 할 수 있는지 확신하기 어려웠다. 그때 둘째 아들이 "우리가 기독교인으로서 낙태를 권장하지 않고, 또 하나님께서 입양할 수 있는 아이를 주신 이상, 입양을 하는 것이 순종하는 것"이라고 했다.

나는 아이들이 서로 좋은 관계 안에서 진심으로 서로를 아끼는 것에 대해 하나님께 크게 감사드린다. 네 아이 모두 하나님을 사랑하고, 하나님께 기쁨이 되는 삶을 살기 위해 노력하고 있다.

나는 약 14년간 아이들을 홈스쿨링을 했다. 그때 홈스쿨 이름을 '코람데오 홈스쿨'이라고 정했다. 아이들이 하나님의 임재 가운데 훈련을 받고, 하나님의 임재 가운데 사는 삶을 살기를 원했기 때문이다. 아이들의 삶이 항상 하나님의 기쁨이 되는 삶이 되기를 원했기 때문이다.

학원을 시작했을 때에도 오는 아이들이 똑같은 경험을 하길 원했다. 비록 종교적인 것을 가르치지는 않지만, 학원에 오는 한 명, 한 명의 아이가 하나님의 사랑을 경험하고, 하나님 안에서 그 아이들이 얼마나 특별한 존재인지를 경험하기를 원했다.

하나님 뜻대로 살기

어떤 삶이나 마찬가지듯, 그렇게 원하던 입양을 했으나 한국에서의 삶은 매우 힘들었다. 당시 우리는 사랑의교회 영어예배부에서 신앙생활을 하고 있었으나 미국에서의 삶과는 비교가 안 될 정도로 모든 것에 지쳐 가고 있었다. 주님의 일을 하고 있음에도 고된 삶으로 인해 탈진할 지경이었다. 문화적인 충격들을 비롯하여 경제적인 부분 등 모든 것이 어려웠고, 이로 인해 신앙생활에도 문제가 생겼다. 더는 안 되겠다 싶어서 우리는 미국행을 결심했다. 그렇게 떠난 곳이 하와이 코나의 YWAM(예수전도단)이었다.

와이웸(YWAM : Youth With a Mission)은 로렌 커닝햄 선교사(Loren Cunningham, 1935~)에 의해 창립된 개신교 선교단체다. 1960년에 그가 하나님으로부터 청년들로 상징되는, 파도가 점점 커져서 온 땅을 뒤덮는 환상을 보고 나서 수많은 젊은이가 일어나 전 세계의 각 나라로 복음을 들고 들어가게 될 Youth With a Mission을 만들었다. 그 이후로 "너희는 온 천하에 다니며 만민에게 복음을 전하라."(막 16 : 15)는 예수님의 대위임령을 수행하기 위해 세계 각처의 서로 다른 문화와 교파에서 모인 초교파적이고 국제적인 단체가 되었다.

와이웸은 현재 세계에서 가장 큰 선교단체로 평가받고 있다. 전 세계에는 180개 국 1,000여 개 지부에서 18,000여 명의 전임 사역자가, 대한민국에는 2019년 1월 기준으로 20개 지부에서 700여 명의 전임 간사와 600여 명의 협력 간사가, 해외에는 600여 명의 선교사가 하나님의 부르심을 좇아 자신의 삶을 세계선교에 헌신하고 있다.

이곳의 모토는 '하나님을 알고 그를 알리자(To Know God and Make Him Known)!'다. YWAM이 추구하는 기본정신은 2004년 2월에 공포된 다섯 가지의 기본가치(예배, 거룩함, 기도, 증인, 교제)와 18개의 기본정신으로 구성되어 있다. 이 원리원칙들은 "우리가 누구며 어떻게 살고 어떤 결정을 내리는가에 있어 우리의 독특한 성격이 되며 예수전도단의 'DNA'로서 우리의 근본 신념이 된다."고 선언한다. 2010년에는 16항이 '관계중심적인 후원에 의지한다(Rely on relationship-based support).'에서 '재정공급은 하나님께 의지하는 삶을 산다(Practice a life of dependence upon God for financial provision).'로 수정되었다. 18개의 기본정신은 다음과 같다.

1. 하나님을 안다.
2. 하나님을 알린다.
3. 하나님의 음성을 듣는다.
4. 예배와 중보기도를 한다.
5. 비전을 갖는다.
6. 청년들을 지지하고 후원한다.
7. 광범위하며 분산된 조직을 갖는다.
8. 국제적이며 초교파적이다.
9. 성경적 세계관을 갖는다.
10. 팀으로 사역한다.
11. 섬기는 지도력을 발휘한다.
12. 먼저 행하고 가르친다.
13. 관계중심을 지향한다.
14. 개인의 가치를 존중한다.
15. 가정을 소중히 여긴다.
16. 재정공급은 하나님께 의지하는 삶을 산다.
17. 손님 대접하기를 힘쓴다.
18. 정직하고 투명한 의사소통을 한다.

이곳에서 훈련받으면서 '하나님의 뜻대로 살고 싶다.'라고 기도드렸다. 그동안 지쳤던 한국생활을 뒤돌아보며 다시는 한국으로 돌아가고 싶지 않다는 생각이 들 정도로 기쁜 시간이었다.

하지만 훈련 중에도 경제적으로 힘든 시간은 계속되었다. 어려움은 항상 가족을 따라다녔다. 7년 반 동안 경제적으로 바닥까지 가게 되었다. 어려운 상황 속에서 더욱 주님께 기도하며 매달렸다.

"나의 영혼이 잠잠히 하나님만 바람이여 나의 구원이 그에게서 나오는도다 오직 그만 나의 반석이시요 나의 구원이시요 나의 요새이시니 내가 크게 흔들리지 아니하리로다."(시 62:1-2)

힘든 중에 하나님은 남편에게 한국의 고아들을 위해 일하고 싶은 마음을 다시금 주셨다. 주님께서 주신 마음이면 현실적인 것도 허락해 주실 것이라 믿었다.

때마침 1998년도에 남편이 다녔던 회사에서 연락이 왔다. 다시 일을 좀 해줄 수 없겠느냐고 했다. 미국으로 돌아오면서 다시는 한국으로 가지 말아야겠다고 결심했던 나였기에 이 상황을 결코 되돌리고 싶지 않았다. 또다시 힘든 생활을 시작할 자신이 없었다. 하지만 남편은 혼자 한국으로 돌아가서 하나님 뜻이 맞는지 기도하면서 지내게 되었다. 그렇게 일 년 반이 흘렀고, 남편은 '기러기 아빠'로 외롭고 긴 시간을 보내고 있었다. 서로 떨어져서 각자의 자리에서 기도해 보니, 하나님이 인도하시는 길은 우리가 함께 한국으로 가는 것이라는 확신이 들었다.

어렵게 돌아가기로 했지만, 이내 현실적인 문제가 닥쳐왔다. 나와 아이들의 항공료를 마련할 길이 없었다. 하나님께서 한국으로 가는 것을 허락하신다면 경제적인 문제는 해결해 주실 것이라 믿고 이를 위해 기도했다. 당시는 계속 예수전도단 훈련을 받을 때였는데 소그룹으로 서로를 위해 기도해 주는 모임에서 자매 한 분이 하나님께서 주라고 하셨다면서 미화 6,700불을 조건 없이 주었다.

주님이 주시는 사랑도 이와 같은 것일까. 어딜 가든, 무엇을 하든, 힘든 생활 속에서 주님은 우리의 길을 인도하시고 예비하셨다.

결국 2011년도에 우리는 한국으로 다시 돌아왔다. 주님이 가라시면 가야 한다는 마음이 있었다. 미국이든, 한국이든 주님과 함께라면 먹고 사는 문제는 해결해 주실 것이라 굳게 믿었다.

그때 우리 아이들은 한창 학업에 집중해야 하는 초·중등학생이었고, 아이들을 데리고 미국에서 한국으로 들어오게 되니, 당장 아이들의 양육문제와 교육문제에 직면했다. 아이들을 온전히 주님이 키워주실 것이라 믿고 있었기에 아이들을 홈스쿨링으로 계속 교육하기로 했다.

남편은 본격적으로 고아들을 위해 봉사하기 시작했다.

처음에는 김천에서 봉사하다가 하나님께서 서울에 있는 보육원을 연결해 주셨다. 우리는 보육원에서 지내는 12명의 아이를 3년간 보살폈다. 한 달에 한 번씩 아이들이 우리 집으로 와서 예배도 드리고 의식주를 함께하며 여러 가지 활동들을 펼치는 가족 체험 프로그램이었다. 물론, 이 아이들에게 가장 필요한 것은 사랑이지만, 그들이 앞으로 자신의 삶을 자립하여 잘 살아낼 수 있는 원동력은 교육이라고 생각했다. 생명을 양육하고 그들이 세상을 잘 살아갈 수 있도록 능력을 키워주는 것이 진정한 지원이며, 사랑이라 생각했다. 그후로 줄곧 그 소중한 아이들과 자녀에 대한 교육에 대해 고심하게 되었고, 하나님은 이후 공부방을 준비케 하셨다.

가을에 온 준비된 선물, 나의 '가을이'

미국에서 다시 한국으로 돌아와 생활하던 어느 날, 간절히 기도하던 중에 하나님께서 '나를 위해 한 아이를 준비하셨구나.'라는 마음이 들었다. 네 살 정도 된 여자아이였다.

날짜도 정확히 기억나는 2014년 8월 17일이다.

입양은 정말 하기 싫었다. 여러 가지 부정적인 상황들이 먼저 다가왔다. 경제적으로도 어려웠고, 오십이 다 되어 가는 나이에 돈을 벌 수 있는 능력도 없었다. 아이를 키울 방법이 도저히 없을 것 같다고 주님께 솔직히 기도했다. 그런 나에게 하나님께서는 "입양에 대해 온전히 나를 신뢰하며 의지하고 있느냐?"고 세 번을 물으셨다. 그리고 이내, "너의 항아리가 넘칠 것이다."라는 주님께서 주시는 감동이 밀려왔다.

계속되는 기도 끝에, 결국 우리 부부는 막내를 입양하기로 했다. 하지만 미국 국적을 가진 외국인 부부가 한국 아이를 입양하는 것은 굉장히 어려운 일이었다. 입양 결정을 하고 나서 백방으로 방법을 찾았다. 하나님이 아이를 보내주시면 전적으로 의지해서 입양하겠다고 기도했으나 시간이 흐르면서 진심으로 입양을 하고 싶은 마음이 점차 사라져가는 걸 느꼈다. 의지가 약해지고 있었다.

그때 우연히 매스컴에서 대한예수교장로회 '주사랑공동체교회'(이종락 목사)에 관한 이야기를 접하게 되었다. '베이비박스'로 이름을 알린 이 공동체교회는 어린 생명이 버려지지 않기를 바라는 마음으로 생긴 곳이다. 어린 생명을 버려야 하는 불가피한 상황이라면 차라리 안전한 곳에 아이를 두고 가라는 뜻으로 시작한 게 베이비박스다. 작은 공간 안

에 놓인 아이를 사랑으로 보살펴주고, 가족을 찾아주는 역할을 하는 곳
이었다.

입양할 생각을 하고 있기에 그곳에 관심이 생겼고, 우리는 직접 찾아
가게 되었다. 방문했을 때, 실무 전도사가 공동체에 대한 안내와 베이비
박스의 입양실태를 설명해 주었다. 당시 이종락 목사는 이미 장애아 19명
을 입양한 상태였고, 그 외에 장애가 없는 여자아이가 한 명 더 있다고
했다. 이 아이는 최근 파양을 두 번 당했으며, 계속 가족을 찾는 중이라
고 했다. 입양 의사를 밝힌 적도 없는데, 그런 설명을 하는 전도사에게
"저한테 왜 그런 말씀을 하세요?"라고 반문했다. 그러자 전도사는 "하나
님께서 그렇게 말씀을 하라시네요."라고 대답했다.

우선은 이 아이를 한 번 만나보기로 했다. 가을에 이곳에 온 여자아이
'가을이'였다. 일단 아이를 한 번 보기로 했던 만남은 네 달이나 쭉 이어
졌고, 일주일에 한 번씩 주기적으로 그곳에 가서 아이를 만나고 주님의
사랑을 나누었다.

집에서 지하철로 한 시간 반 정도 걸리는 거리였는데, 아이들을 돌보
면서 매주 그곳을 방문하는 것이 쉬운 일은 아니었다. 이 목사 내외는
파양으로 상처가 많은 가을이를 입양 보내길 원하지 않았다. 하지만 우
리 가족에게는 가을이를 입양 보낼 수 있다고 생각하고, 우리 부부가 가
을이를 입양했으면 좋겠다고 제안했다. 2015년, 결국 가을이를 입양하
기로 했다. 입양과정은 일 년이 좀 넘게 걸렸다. 다음 해인 2016년, 드디
어 사랑스러운 가을이는 정식으로 우리 가족의 일원이 되었다.

주사랑공동체와 이종락 목사의 베이비박스 이야기는 다큐멘터리 영

화로도 만들어졌는데, 영화 제목은 〈드롭박스(THE DROP BOX)〉다. 영화 〈드롭박스〉를 만든 브라이언 아이비 감독은 미국에서 한국의 베이비박스를 접했고, 영화로 만들어야겠다 생각하고 한국을 찾은 것이다. 이 영화에 가을이도 출연한다. '이가을'이라는 실명으로 말이다. 기독교인이 아니었던 브라이언 감독은 영화를 촬영하면서 하나님을 믿게 되었다고 하니, 하나님의 일하심은 정말 놀랍고 끝이 없다!

입양을 결정하고 나서 얼마 지나지 않아 가을이가 2010년도 8월 17일생인 것을 알게 되었다. 2014년 바로 그날에 기도하는 중에 알려주신 여자아이가 우리에게 와 있다니! 주님의 놀라운 예비하심은 너무 놀랍고 말로 다 형언할 수 없다.

가을이는 2015년에 만으로 다섯 살이 된, 주님께서 우리에게 보내주신 선물이었다.

너의 항아리가 넘칠 것이라!

가족 체험을 오는 12명의 보육원 아이들을 안정적으로 보살피기 위해 경제적 안정이 필요했다. 'Coram Deo English School'이라는 이름으로 2016년에 공부방을 시작했다. 홈스쿨링을 해왔던 경험은 공부방을 하는 데 많은 도움이 되었다.

가을이 입양 후, 양육에 집중하기 위해 보육원 봉사활동은 중단했지만, 공부방을 통해 더 많은 아이들과 만날 수 있어 보람이 있었다. 아이들은 점점 늘어났고, 공부방의 규모가 점점 커져 이제는 좀 줄여야 한다고 생각하던 차에 미국에서 과외를 하던 아이들까지 맡게 되었다. 유일한 해결책은 규모를 늘려 학원 운영을 하는 것이었는데, 육체적으로 매우 힘들었고 부담스러웠다. 이를 계속 기도로 하나님께 여쭸다. 곧 학원을 하라는 응답은 받았지만, 가진 돈은 둘째 아들의 등록금인 4,000만 원이 전부였다. 게다가 외국인 신분이라 대출을 받기도 상당히 어려웠다.

일단 부동산에 가서 장소를 알아봤는데 때마침 적합한 곳이 한 군데 있었다. 장소를 알아보자마자 곧 대출받을 길이 열렸다. 일사천리로 대출을 받아 적은 액수의 자본으로 영어학원을 시작하게 되었다.

학원을 운영하는 가운데 하나님께서 한국의 교육 시스템에 대한 여러 가지 생각과 비전을 주셨다. 특히 한국 아이들이 처한 비극적 현실에 대해 자각하게 되었다. 교육의 편향성으로 인한 스트레스, 영적인 고아들이 많은 현실, 높은 청소년 자살률에 대해 고민하게 되었다. 이들이 하나님을 만나고 임재를 경험했으면 하는 바람이 생겼다. 모든 생명은 하나님께서 특별하고 아름답게 창조하신 것이라는 것을 알려주고 싶었다.

한국 아이들에게 "너는 참 아름답고 사랑스럽구나!"라고 말하면 대부분의 아이가 아니라고 말한다. 아이들마다 하나님께서 주신 달란트들이 있다. 나는 아이들이 이것을 가지고 하나님 안에서 기쁨을 누리며 행복하게 살아가기를 진심으로 바란다. 이를 위해 내가 할 수 있는 것은 작은 부분이다. 그저 하나님의 사랑을 경험하도록 아이들을 진심으로 사랑해 주는 것뿐이다.

어렵게 시작한 학원이지만, 3년간 주님의 은혜로 점점 번창해 갔다. "너의 항아리가 넘칠 것이다."라고 약속하신 주님의 말씀처럼 코로나 상황에도 불구하고 원생 수가 작년보다 더 많아졌다. 주님의 사랑 안에서 아이들이나 학부모들과 좋은 관계를 유지하면서 사랑을 전할 수 있음에 항상 감사한다.

하나님의 기적 '코람데오 영어교육'

"Create a business culture with kingdom values to bring transformation to the lives of our students, their families, and to the community."

코람데오 영어교육의 슬로건이다. 학원에 오는 아이들을 예수님께서 우리를 사랑하신 것처럼 사랑하는 것이다. 학원에 오는 모든 사람이 하나님의 임재를 경험하고 느끼는 것이 우리 학원의 목표다.

학원에서 성경과 신앙을 직접적으로 가르치지는 않지만, 운영의 모든 면에서 'We want to be the feet and hands of Jesus.'처럼 주님의 뜻이 우리의 뜻이 되길 소망한다.

우리의 언행을 통해 아직 예수님을 모르는 교사들, 그리고 아이들과 부모님들께 예수님의 사랑이 전달되기를 바라고 있다.

학원을 운영하는 과정에서 여러 가지 유혹이나 세상과 타협해야 할 순간들이 찾아오지만, '코람데오'라는 이름이 어떤 유혹에도 흔들리지 않도록 중심을 잡아준다. 어려운 순간마다 하나님을 향한 믿음과 올바른 가치관이 퇴색되지 않도록 도움을 구하고 나아갈 길을 기도로 여쭙고는 한다.

3개월 정도 학원에 다닌 한 아이의 어머니께서 "이 학원은 다른 학원과 다른 뭔가가 있는 것 같다."라고 말씀하셔서 코람데오 영어교육의 크리스천 세계관을 말씀드린 적이 있다. 그후 어머니께서 담당 교사에게 자신도 하나님을 경험하고 알고 싶다고 하셨다.

아이들에 대한 사랑만으로 시작한 학원이, 하나님을 전하는 일이 되어가고 있다고 생각하니 감사한 일이 아닐 수 없다. 일체의 학원 홍보나 홈페이지, 블로그도 없는 학원임에도 불구하고 뭔가 다른 것이 있다고 말하는 분들이 늘어나고 점점 성장해 나가며 아이들이 조금씩 변화됨을 느낄 때, 하나님의 임재를 깊이 체험한다.

초창기 학원을 시작할 때는, 교사들을 모두 크리스천으로 뽑고 싶다고 기도드렸다. 그러나 바라는 대로 되지 않아 조금 실망스럽기도 했다. 하지만 크리스천이 아닌 교사들과도 기도로 하루를 시작하며, 하나님에 대해 나누기 시작했고 모두가 회복이 필요한 사람들임을 알게 되었다. 이렇게 하나님의 사랑을 전할 수 있는 기회를 주시니 너무도 감사하고 기쁘다.

내 힘으로 할 수 없는 일들을 하나씩 이루어 가시는 것을 볼 때, 하나님을 더욱 바라고 사랑하게 된다. 코람데오 영어교육은 하나님의 기적이다.

아름답게 창조된 존귀한 아이들을 위한 '코람데오 영어제자학교'

와이웸에서 훈련받으며 기도할 때, 주님께서 'English discipleship school in Korea(한국 영어제자학교)'라는 말씀을 주셨다. 그 당시에는 그것이 무엇을 의미하는지 잘 몰라서 노트에 적어놓고 잊어버렸는데, 개원할 때 갑자기 기억이 났다. 솔직히 지금도 이것이 무슨 뜻인지는 확실히 모르겠다.

아직 영어제자학교에 대한 구체적인 계획은 없지만, 여름 방학 기간에 미국 선교사들을 초청하여 진행하는 여름성경학교가 그것이다. 영어로 성경을 공부하며 주님을 전하는 일은 코람데오 영어교육의 궁극적 비전이다.

지금까지 학원을 운영하면서는 하나님에 관한 이야기를 직접적으로 할 수 있는 기회가 없었다. 현재는 안정적으로 학원이 운영되고 있으니, '영어교육을 통해 하나님을 전할 수 있겠다.'라는 희망이 조금씩 생기고 있다.

하나님께서 나를 통해서 하시는 이 모든 일이 너무나 기대가 된다. 영어제자훈련을 할 수 있는 기회를 주실 것을 기대하지만, 그 방법과 시기는 주님만이 아시니 그저 기도할 뿐이다.

"내게 능력 주시는 자 안에서 모든 것을 할 수 있느니라."(빌 4:13)

매일 아침 잠자리에서 일어날 때, 오늘은 하나님을 어떻게 기쁘게 해 드릴 수 있을지 지혜를 구하며 기도한다. 내게 능력 주시는 자 안에서 모든 것을 할 수 있게 하신 하나님의 은혜를 찬양하며 하루하루를 하나님께 맡겨 드리며 감사드린다. 오늘도 이루어 가실 모든 일을 기쁨으로 기다리며 준비할 뿐이다.

희망의 메시지, 코로나19보다 크신 하나님!

"예수 그리스도는 어제나 오늘이나 영원토록 동일하시니라."(히 13:8)

코로나로 인해 모두가 힘든 상황이다. 힘든 상황만을 보면 절망뿐이지만, 하나님을 바라보는 것이 우리가 할 수 있는 최선의 것이라 생각한다. 전능하신 하나님은 코로나19보다 크시다. 상황만을 주목하지 말고, 그분의 음성을 바라는 고요하고 개인적인 묵상 시간을 생활화하면 좋겠다.

힘든 상황 속에서도 분명 감사할 조건들이 넘쳐나고, 생각지도 못한 기쁨들을 만나게 될 것이다. 내가 하고 싶은 것과 하나님께서 원하시는 일들을 분별하며 순종하자. 주시는 모든 일에는 분명한 목적과 이유가 있다. 내가 속한 자리에서 맡은 일들에 최선을 다하면 그곳에 하나님의 크신 축복과 임재가 넘칠 것이라 믿는다.

오늘도 생명을 창조하시고 양육하시는 주님의 은혜 안에 산소망의 열매가 맺히는 삶이 되길 간구드린다.

말씀 안에서 계속되는 만남

이재국 목사(코람데오성경연구원 대표)

모든 게 멈춘 것 같은 시간을 지나고 있다. 하지만 체감하는 것과는 별개로 우리는 오히려 더 바쁘게 사는 듯하다. 직접 만나서 무엇을 하지 못하니 혼자서 잘 해내야 하는 영역들이 많아졌다. 사업도 마찬가지겠지만 공부가 특히 그렇다. 학생들이 현장 수업 대신 집에서 온라인 수업을 듣게 되어, 자기 스스로 배운 것을 익히고 소화하는 일이 무엇보다 중요해졌다. 어찌 보면 학업의 고통은 더 커졌다.

원래도 공부는 그렇게 즐거운 일이 아니다. 다들 배우는 게 중요하다는 걸 알지만, 그와 별개로 공부를 좋아하는 사람들은 거의 없다. 정보를 알기 위해서 기본 개념을 익히고 적용하는 일은 지루하고 오랜 시간을 들여야 하는 것이니까. 그럼에도 굳이 어려운 철학책이나 고전 작품 등을 읽고 내용을 알라고 권하는 데는 나름의 이유가 있다. 쉽고 익숙한 사실들이 줄 수 없는 새로운 시각의 진실과 깊은 통찰을 알게 하기 때문이다. 그건 마치 지혜로운 사람과의 만남과 같아서, 만날수록 더 많은 영감을 얻게 한다.

신앙생활도 마찬가지다. 내가 생각하는 것보다 깊고 높으며 크신 하나님의 모습을 알기 위해서는 배움이 필요하다. 그리고 그 배움의 중심에는 성경이 있다. 나는 믿는 성도들에게 성경을 가르치는 '코람데오성경연구원'을 10년 넘게 섬기고 있다.

코람데오성경연구원의 시작은 월요일부터다.

신대원을 준비 중인 사역자들의 일정에 맞춰서 월요일에 수업을 진행하기 때문이다. 예전에는 직접 만나 수업을 진행했지만, 그게 여의치 않은 요즘은 온라인 강의와 더불어 홈페이지에 PPT 자료를 업로드하는 것으로 대신한다. 공교롭게도 온라인 강의를 하게 되니 이동 시간이 소요되지 않아서 성경연구원과 협업하고 있는 성서유니온선교회 북서울 지부에서 성경 개론 강의도 같은 날에 진행할 수 있게 되었다. 나처럼 수강생들도 코로나 시대에 의외의 이점이 있기를 바라는 마음으로 강의를 준비한다.

코람데오성경연구원은 신·구약의 큰 구조와 주요한 장절의 분석을 안내하여 1년에 1~2회 가량 전체 성경의 맥을 잡고, 내용을 숙달하는 것을 목표로 한다. 적어도 이 정도의 준비는 되어 있어야 신대원을 목표로 하는 신학생들이 성경 시험을 통과할 수 있기 때문이다.

주로 신학생들의 입시를 도와주지만, 그만큼 성경을 깊이 있게 공부하는 것을 목적으로 하기 때문에 평신도 분들에게도 입소문이 났다. 올해는 특별히 성경통독을 목표로 가입하신 교회 집사님들이 많아, 성경 공부를 돕는 PPT 자료 구축에 더 신경을 쓴다. 성경을 사랑하는 한국 교회의 성도들로 하여금 목회자는 더욱 열심히 준비하여 능력이 더해지는 듯 하다.

코로나 때문에 사역이 어려워지는 것만 생각할 수도 있으나 오히려 온라인을 활용해야 하기 때문에 강의 준비 자료에 더욱 신경을 쓰게 되는 장점도 있다. 눈앞의 처지에 불평하지 않고, 이런 상황을 시공간의 제약 없이 성경을 공부하고 싶어 하는 이들에게 도움을 주는 계기로 삼으려고 한다. 강의 영상을 유튜브 채널에도 업로드하는 것을 계획하여 조금씩 준비 중이다. 아무래도 접근이 용이한 유튜브를 활용한다면 더욱 많은 사람들이 성경을 배울 수 있을 것이다.

이렇게 내가 성경을 가르치기 시작한 계기는 평범했다.

내가 신학생이던 시절, 총신대 신대원 시험에서 미끄러져 한 해 더 재수를 하게 되었다. 결혼도 했고, 전도사로 사역하면서 여러모로 바빴지만 이번에는 떨어지지 않겠다, 생각하며 열심히 공부했다. 그렇게 시험을 치고 며칠이 지난 어느 날, 총신대학교 총장실에서 전화가 걸려왔다. '대개 안 좋은 일 아니면 연락이 잘 안 오지 않나?' 불길한 마음으로 전화를 받으니 내가 성경 부문 수석을 해서 새 총장님이 신설한 부문별 장학금 혜택을 받게 되었다고 알려주었다. 기쁘고 얼떨떨한 기분이었다. 그런 내 기분과는 별개로 학교에서는 시상이 있었고, 이로 인하여 본의 아니게 알려진 사람이 되어있었다.

자연스럽게 성경을 가르쳐달라고 하는 학생들이 생겼다. 내심 성경을 가르치는 일을 꿈꿨지만 신학대학교 교수가 되지 않는 이상 가르치는 일은 요원하다 생각하던 차에 다른 방식으로 꿈이 이루어진 셈이었다. 하나님께서 나에게 주시는 책무라는 생각이 들기도 하고, 같은 학생들끼리 수업료를 받는 것도 꺼려져서 무료 봉사를 하는 생각으로 성경공부모임을 시작했다. 여기에 점차적으로 신대원을 준비하는 학생들과 평신도들도 합류하여 지금의 모습을 갖추게 된 것이 코람데오성경연구원이다. '코람데오'는 하나님 앞에서 나의 재능을 사용해, 사람들이 하나님을 알고 그분을 더 친근하게 만나도록 돕고 싶었던 청년 시절의 내 마음이 담긴 명칭이다. 또 내가 평생 신자로서 가지고 싶은 마음이기도 하다.

하나님이 아니시라면, 순진한 시골 아이였던 내가 목회의 길을 갈 수나 있었을까? 고등학교 1학년 때, 신학을 하고 싶다는 생각을 어렴풋이 가지기는 했지만 그 당시 내가 있던 강원도 원주에서는 부모나 목회자가 권하지 않는 이상 목회사역을 꿈꾸기는 어려운 분위기였다. 개인적으로 아이다운 미숙함도 있었다.

그렇지만 주님은 계속 그런 마음을 주셨다. 겁 많고 어수룩한 성격, 보잘 것 없는 집안, 미약한 능력을 가지고 있음에도 하나님이 주신 비전대로 살아갔던 성경 속 인물들처럼 말이다. 나는 심지어 대단한 계기를 가진 것도 아니다. 흔히 그렇듯 여자 친구들이 많다는 친구의 소리에 혹해서 동네 교회에 나가게 된 것이 전부다. 막상 가보니 청소년부가 고작 서너 명이 출석하는 곳이었고, 속았다는 느낌이 들 때쯤에 친구의 말이 이뤄져서 청소년부 출석 인원이 60명까지 늘어났다.

또래 신앙인들이 그렇듯이 어렸을 때 교회학교의 재미와 진지한 회심을 구분하지 못한 채로 신앙생활을 시작했다. 아무리 작고 미약한 계기라 하더라도 주님이 그 안에서 기쁨을 주셨기에, 내가 주님의 품 안에 거하기를 열망하게 된 것이 아닐까 한다. 지금도 그 생각에는 변함이 없다.

예수님께서 허락하신 공동체에서 지체 간의 기쁨이 있어야 성도가 주님을 끝까지 붙들 수 있다. 코람데오성경연구원 모임을 하면서도 그 점을 늘 유념하고 있다. 성경적인 지식 뿐만 아니라 주님 말씀대로 살기를 권하고 나 또한 그렇게 살기 위해 노력한다. 수강생들을 형제처럼 돕고 그들도 서로 간에 돕기를 독려한다.

감사하게도 학생들은 이런 격려를 그저 흘려버리지 않고 서로를 돕기에 힘쓴다. 코람데오성경연구원에는 나 말고도 다른 강사들이 있는데, 이들은 성경연구원 이전 기수 출신들이다. 자신이 배운 것을 다른 이에게 나누기 위하여 귀한 시간을 내어 봉사하고 있는 것이다. 나이는 어리지만 영민한 인재들이라 지금은 나보다도 강의를 잘한다. 지금은 전도사 사역을 하면서 미래에 목사가 될 준비를 착실히 하고 있는 이 사역자들을 위하여 많은 기도를 부탁드린다.

말한대로, 코람데오성경연구원은 성서유니온선교회와 강의 협업을 한다. 내년 6월이면 신구약 66권을 모두 통독하고 연구하는 66권 성경 읽기 프로젝트를 마치게 된다.

오프라인 강의를 진행할 때에는 지역의 한계가 있었다면, 요새는 화상(zoom)으로 강의를 진행해서 지역 상관없이 들을 수 있다는 이점이 있다. 오히려 코로나 시대의 불편함이 새로운 패러다임이 되었다.

성서유니온선교회는 아내를 통해 접점이 생겼다. 아내가 성서유니온선교회에서 오래 근무를 했고, 우리는 성서유니온선교회 북서울지부가 있었던 수유 지역에 거주했다. 자연히 북서울지부 협동 목사(간사)로 합류하여 묵상집 본문 말씀이 있는 성경을 개관하는 강좌를 도와 인도하게 되었다. 성서유니온 강의는 주님이 주신 말씀을 전하는 기쁨과 함께,

성경을 더 알고 싶어 하는 평신도들의 순수한 열정을 발견하게 되는 즐거운 시간이다.

묵상 본문에 대한 성경 개관은 신자가 하나님의 말씀을 바로 알도록 돕는 특징이 있다. 그분의 말씀을 소음이나 방해없이 분별하라고, 듣고 싶은 말만 듣지 말라고 인도하는 것이다. 강의를 준비하면서 나도 내가 보고 싶은 하나님의 모습만 보지 않으려고 스스로 다짐한다.

올바른 교리를 파악하고, 기독교적인 윤리관에 맞춰서 사는 것도 좋지만, 주님의 말씀은 그 이상을 우리에게 요구하신다. 어느 시기에는 어디로 가야 하고 또 시간이 지나면 이곳을 떠나라는 식으로 단지 좋은 일을 하는 것 이상의 구체적인 행동도 지시하신다. 때로는 그것을 미련하게 받아들여야 할 때도 있다.

나는 성경을 연구하면서 자꾸 이런 사실을 잊은 채로, 성경을 '세련되게' 해석하지 않기를 간구한다. 인간적인 똑똑함으로 행동하지 않기를 주의한다. 주님을 아는 것은 누구 못지않지만, 주님이 바보처럼 행하기를 바라신다면 그렇게 되기를. 올바른 크리스천들은 세상에서 얼마나 바보 같이 보이는가. 남에게 베풀다가도 상대가 그것을 밀어내면 돌아서는 합리적인 인격자들과 다르게, 주님은 이웃에게 베푸는 것이 거절당하더라도 끝없이 베풀기를, 용서를 비웃는 사람들을 계속 용서하기를 명하신다. 도저히 우리 머리로는 이해할 수 없는 일도 명령하신다. 나를 포함해서 크리스천들이 누구보다도 지혜롭지만 주님의 명령에는 미련하리만치 순종했으면 좋겠다.

그러기 위해서는 성도들이 하나님 앞에서 바로 세워지고 그분을 직접 만나게 되기를 바란다.

남들이 소문으로 알고 있는 하나님이 아니라. 믿음의 선진들을 떠올려 보면 그들은 모두 하나님과의 강렬한 조우의 경험을 가지고 있었다.

모세는 불 가운데 음성으로, 아브라함은 이삭을 바치기 직전에 막으시는 명령으로, 바울은 눈을 멀게 하는 암흑과 위엄있는 목소리에서 주님을 뵈었다.

이들은 하나님에 대한 자신만의 체험이 있던 사람들이기에 모든 고난에도 불구하고 죽기까지 주님께 순종할 수 있었다. 이런 만남의 체험이 있기를 바란다. 체험에만 그치지 않고 주님과의 일상적인 관계에 힘쓰면 좋겠다. 주님의 말씀을 듣고 순종하는 것이 단지 의무여서 그런 것이 아니라 주님을 사랑하고 알고 싶기에 계속 질문하고 자신의 생각도 토로한다면 얼마나 좋을까. 주님과의 대화가 거룩하지만, 딱딱한 기도문이 아니라 지인이나 연인과의 대화처럼 하루하루 무슨 일이 있었고 무슨 생각을 했는지 묻고 나누는 따스한 대화가 된다면 말이다.

나는 '하브루타(chavrusa, havruta·일종의 토론놀이 공부)'라는 유대 대화식 학습법을 공부했고 교사 자격증도 갖고 있다. 거의 캐묻듯이 질문에 질문을 이어가는 이 방법은 남의 지식을 주입 당하는 게 아니라 자기 스스로 대상을 파악하고 지식을 습득하게 만든다. "두 사람이 모이면 세 가지 의견이 나온다." 이런 과정을 통해서 학생은 능동적인 인재로서 자연스레 고급의 정보를 갖추게 된다.

하브루타의 정신은 하나님을 알아가는 데도 필요하다. 남들이 말해주는 하나님, 교회 관습으로 알고 있는 하나님은 결국 인간이 파악한 하나님의 좁은 영역에 불과하다. 정말 하나님을 체험하고 그분을 알고 싶다면, 하나님께 직접 질문을 해야 한다. 하나님께 질문을 할 만한 지식이 있어야 하고, 하나님께 나아와 기도드리는 시간을 가져야 한다. 그럴 때 크신 하나님을 만나게 될 것이고, 주님의 능력을 힘입을 것이다.

주님이 명하신 대로 공동체에서 주님께 하듯이 서로 함께 나누고 고민하고 돈독하게 지내는 능력이 그중에 가장 크다. 공동체가 신앙 사역을 하는 것, 지역사회에 봉사하는 것도 중요하지만, 제일 중요한 건 무슨 일을 하든지 그걸 함께 하는 것이다. 우리가 친구와 함께 만났을 때 꼭 무엇을 해야 한다는 강박에 시달리지 않는 것처럼, 교회 공동체 내의 신자들도 그리해야 한다. 어떠한 큰 목표를 달성하지 못한다고 해도 서로에 대한 사랑과 공감이 있는 일을 한다면 그게 가장 아름다운 사역이 아닐까? 나는 무슨 일을 하든 서로를 사랑하는 교회 공동체를 이루는 목회를 하고 싶다.

신대원을 준비하던 어느 날 새벽, 이사야서 56장 말씀을 묵상하다가 주님이 남북통일을 준비하라는 비전을 주셨다. 내가 북한 주민들을 위해서 무엇을 할 수나 있을지, 그들에게 가까이 다가갈 수나 있을지 의문이었지만, 수 일이 지나고 북한 접경지역에 가서 사역할 계기가 생겼다.

접경지역에서의 사역은 하나님이 사랑하시는 북한 주민들을 위해서 교회가 나서야 한다는 굳은 마음을 갖게 하셨다. 통일이 이뤄지면 양질의 교육을 받지 못한 북한 주민들이 소외될 수 있다. 이때 이들의 교육을 보충하고 공동체의 사랑과 유대를 쏟아 부어줄 수 있는 가장 좋은 곳은 교회다. 탈북자들과 통일이 되어 마주하게 될 북한 주민들을 위해 교회가 헌신해야 된다. 나도 이런 교회를 세우는 것을 꿈꾼다.

받을 생각 없이 흘려보내는 사역을 하고 싶다. 어린 아이들을 사랑과 정성으로 양육하여 온전한 어른으로 키우고 싶다. 물론 우리 공동체가 사랑으로 키운 아이가 성인이 되어 공동체를 나갈 수도 있다. 그렇대도 뭐 어떡하겠는가. 사랑으로 세운 아이는 새로 들어간 공동체에서도 잘 지낼 수 있다. 흩어지든 붙어있는 어디서든 있는 공동체 일원으로 융화되며 잘하면 되지 않을까.

코람데오성경연구원 출신들끼리 사회에서, 예를 들면 교회 사역을 하다가 마주치게 되는 경우가 있다. 기수가 다르면 거의 모르는 사람들이나 다름없지만 같은 성경 공부 강좌를 들었다는 이유로 서로 힘을 얻고 위로를 받는 경우가 생긴다. 이곳에서 받은 지식과 힘으로 각자의 자리에서 사역하고 또 이런 마주침에 감사하게 되는 것이다.

성도들은 각자 소속 교회가 다르더라도 세상에서 다른 크리스천들을 만나게 되면 반갑고 기쁘다. 헤어지는 것, 옆에 있는 것은 일시적인 상황에 대한 구분일 뿐이다.

우리는 크리스천으로서 하나님을 계속 만나고 교통할 성도들을 계속 만난다. 천국에 오를 때까지, 아니 천국에서도 그런 기쁨을 공유할 것이다.

코람데오 모임,
개척교회들 이야기

이황수 목사(주말씀교회 담임)

들어가는 말

광명시에는 도덕산이 있고, 스피드 돔 경기장에서 도덕산 광장 입구에 이르는 길목에는 많은 교회들이 있다. 눈에 띄는 중대형 교회는 찾아보기 어렵고, 대부분 상가에 위치한 자그마한 교회들이다. 흔히 말하는 개척교회들이 옹기종기 모여 있다. 이 중 여러 교회가 교회력에 따른 정기 모임과 목회자들의 필요에 따라 언제든지 모이는 부정기 모임을 갖고 있다.

교단도 다르고 연령대도 다르지만, 서로의 필요에 따라 모이고 있다. 이들을 한데 모으고 있는 것은 '코람데오'다. 현실의 목회에서 늘 '하나님 앞에서 목회를 하자.'를 자랑으로 한다. 앞으로도 이런 다짐으로 목회를 하고자 하는 마음이다. 그래서 이름도 '코람데오'로 정했다. 작은 교회들이 연합하여 하나님 나라와 복음을 나누며 비전을 세워가고 서로 위로하고 격려하고 있다.

▶ 코람데오 모임의 시작

이 모임은 2012년, 세움교회 노웅규 목사를 중심으로 시작되었고, 주영빛교회, 조은교회, 꿈을주는교회, 향기내리교회가 함께했다.

처음으로 한 행사가 성탄절 발표회였다. 성탄절이 되면 규모 있는 교회에서는 칸타타나 음악회 등을 준비하여 발표한다. 그러나 작은 교회에서는 그런 행사는 엄두를 내지 못한다. 그래서 이때가 다가오면 설레고 즐거워해야 할 텐데 오히려 움츠러들기까지 한다.

다섯 교회가 연합하여 세움교회에 모여 성탄 축하의 밤을 가졌다. 다섯 교회가 모여서 발표를 하니 풍성했다. 이를 계기로 연합 모임이 활성화되었고, 진명교회와 연결고리교회가 합류하게 되었다. 행사도 탄력을 받아 봄이 되자 부활절 연합 행사를 치르고, 가을에는 추수감사주일을 맞이하여 바자회를 열었다. 개교회에서 개최하기 어려운 행사를 여러 교회가 힘을 합하니 거뜬히 치를 수 있었다.

그간 코람데오에서 진행한 행사의 발자취를 살펴보고자 한다.

발자취

▶ 성탄 발표회

매년 성탄절이 다가오는 12월에 코람데오에 속한 교회들이 함께 모여 성탄 발표회를 한다. 교회별로 준비한 성탄 발표는 한 교회가 전 세대별로 발표를 한다. 그리고 행사의 대미는 참석한 모든 교회가 함께 예수님의 탄생을 축하하는 칸타타를 부른다.

▶ 부활절 연합예배 및 에그 헌팅

부활절에는 몇 교회가 연합하여 예배를 드린다. 예배 후에는 모두가 함께 점심 식사를 하는데, 사순절 기간에 금식 등으로 기력이 쇠한 분들을 위해 영양 보충도 할 겸 삼겹살 파티를 한다. 주일 점심에 맛있는 삼겹살을 여러 교회 교우들과 함께 구워먹으니 주님 부활의 기쁨을 더욱 누리는 것 같다. 주일예배를 정성껏 드리고 온 교우가 함께 맛있는 점심 식사를 하여 성도의 교제를 실천하는 것이다. 남녀노소 모두가 좋아하는 삼겹살, 하나님이 주신 선물이라 하겠다. 처음 만난 다른 교회의 교우들과도 어우러져 고기를 굽고 쌈을 싸주고 서로의 입에 넣어줄 수 있는 삼겹살 파티는 부활절 연합 행사의 필수 코스다.

오전 9시 30분에 주일학교 학생들이 도덕산에 모인다. 도덕산에는 널찍한 광장이 있으며, 이곳에 터를 잡아 교회학교 연합예배를 드린다. 찬양을 하고, 부활절 메시지를 듣고, 레크리에이션도 한다.

이날의 하이라이트는 '에그 헌팅'이다. 달걀을 나무나 숲 등 주위에 숨겨 놓고 학생들이 찾도록 한다. 학생들은 달걀 바구니를 손에 들고 보물을 찾듯이, 이리저리 다니며 달걀을 찾는다. 어떤 달걀에는 특별한 문구를 새겨 넣어 보너스 상품도 추가로 준다. 에그 헌팅을 통해 주일학교 학생들에게 부활절의 의미를 되새기고, 교회문화를 정립할 수 있다.

에그 헌팅은 지금도 미국교회에서 부활절에 활발히 진행되고 있으며, 백악관에서 대통령이 직접 주관하는 기독교 문화 행사다. 한국교회도 부활절에 이를 활용하면 좋겠다. 단지, 삶은 달걀을 나누어 주는 것보다 놀이를 통한 에그 헌팅을 한다면 학생들에게 기억에 남는 부활절 행사가 될 것이다.

에그 헌팅 행사를 위해 각 교회에서는 역할 분담을 한다. 수백 개의 달걀을 제공하는 교회, 삶고 포장하는 교회, 예쁜 스티커를 붙이고 문구를 새기는 교회, 그리고 끝으로 다함께 모여 불량품이 없는지 검수하고 부족한 부분을 바로잡는다. 때로는 각 교회에서 각자의 일을 하다가 때로는 한 교회에 모여 다 같이 일한다. 이런 모습을 통해 예수님을 머리로 삼아 각자의 지체로 살아가는 교회의 역할을 체험할 수 있다. 우리는 한몸이지만, 각 지체로서 살아가는 교회적 존재임을 실감한다.

▶ 체육대회 등

봄과 가을에 인근 학교 운동장에서 체육대회를 개최한다. 봄에는 도덕산 중턱에 모여서 벚꽃 구경도 한다. 각 교회에서 준비한 음식을 나누면서 찬양도 하고, 때로는 몸이 하는 대로 흔들며 춤을 추면서 봄날의 정겨움에 화답한다.

가을에는 단풍 감상을 위해 도덕산과 인근 구름산 둘레길을 걷는다. 목회자들의 건강과 운동을 위해 매주 한 번씩 정기적으로 오르고 있다.

▶ 바자회

추수감사절이 다가오는 때에 맞추어 바자회를 개최한다. 교회마다 준비한 물품을 한 교회에 모아서 전시하고 판매한다. 개척교회기에 한 교회가 단독으로 바자회를 준비하고 진행하기가 쉽지 않다. 그런 경우, 바자회가 끝나고 나면 보람 외에도 늘 후유증이 크다. 개최하는 교회의 소수 일꾼들과 목사와 사모가 몸과 마음에 골병이 든다. 그러나 이웃의 여러 교회들이 함께 준비하면 골병보다는 기쁨과 즐거움이 함께한다.

▶ 자 떠나자! 서해 바다로 ♬

여름이 다가오면 가까운 서해로 달려간다. 광명에서 인천 앞바다까지는 40분이면 도착한다. 인천공항 주위로 을왕리해수욕장, 왕산해수욕장 등이 즐비하다. 만조 때를 맞추어 달려가서 한나절 바다에 온몸을 담그고 오면 한 주 내내 몸과 마음이 개운하다. 또 최근에 개장한 시흥 배곧 신도시에 자리 잡은 한울공원 해수풀장도 우리를 손짓한다.

여름철 기상 악화로 비가 내리거나 기온이 낮아 해수욕을 못할 때가 있다. 그럴 때면 오이도와 대부도에 즐비한 해물 칼국수와 파전을 먹으며 해수욕에 대한 아쉬움을 달래기도 한다.

교회 소개

'코람데오'에는 10여 개의 교회가 속해 있다. 10여 개의 각 교회는 작은 교회지만, 모든 교회가 특별하다. 성경적 교회를 꿈꾸는 코람데오 교회기 때문이다. 이 교회들은 어떤 규칙에 따라 모인 것이 아니라, 시간이 지나다 보니 자연스럽게 모이게 되었다.

우리의 꿈과 비전은 동일하다. 사람들 앞에서 목회를 하는 것이 아니라, 하나님 앞에서 목회를 하고자 한다. 코람데오 모임 교회의 꿈은 하나지만, 하나님께서는 각 교회에 남다른 특별한 은사를 주셨다. 하나님께서는 그 달란트를 활용하셔서 각 교회를 통해 이루시고자 하는 일이 있다. 여기에 속한 교회를 소개하고자 한다.

▶ 세움교회

세움교회는 광명 유자인아파트의 2층 상가 층에 있다. 2012년에 이곳으로 이전했다. 세움교회는 '사람을 세우고 있는 교회'다. 주위의 형편이 어려운 아이들에게 꿈과 비전을 심어주고 있다. 주중에 아이들에게 악기 레슨으로 음악을 접할 수 있는 기회를 제공하고 있다. 또한 경제적 자립이 필요한 여성들에게 바리스타 교육을 하여 카페를 개업할 수 있는 창업의 길을 열어주고 있다.

그간 주위의 목회자 사모들을 비롯한 많은 여성들에게 바리스타 교육을 실시했다. 광명 인근에 거주하던 사람이 이곳에서 바리스타 교육을 받은 후, 일산에 카페교회를 개척했다. 세움교회에서 받은 교육이 큰 도움이 되었다. 또 세움교회 집사도 바리스타 교육을 받은 후, 창업을 했다. 교회 건너편 '쿰카페'는 목사와 사모에게 카페 운영에 대해 지속적으로 멘토링을 받고 있다. 노응규 담임목사는 절기 때마다 행정복지센터(동사무소)와 관련 기관에 불우이웃과 도움이 필요한 분들을 위한 성금과 물품을 지원하고 있다.

▶ 주영빛교회

주영빛교회는 '주님의 영광의 빛을 비추는 교회'다(사 60:1). 2011년 12월 25일 크리스마스에 설립되었다. 박찬일 담임목사가 부목사로 섬기던 교회에서 갑자기 사임을 하게 되었다. 모아놓은 돈이 없어서 이사를 앞두고 기도에만 매달렸다. 기도하는 중 이사를 하게 되었다. 하나님께서 급하셨는지 많은 분들을 동원하셔서 기적적으로 이사를 하게 되었다. 이사야서 60장 1절 말씀에 나오는 두 단어인 "광명"과 "영화"를 염두에 두고 이사할 곳을 찾았다. 그래서 아무 연고 없는 광명시로 오게 되었다. 코람데오 모임의 중심지인 도덕산 앞 광명7동에는 '영화아파트'가 있는데, 박 목사 가정은 광명시 영화아파트 바로 옆 중앙하이츠 아파트로 이사했다. 아브라함처럼 갈 바를 알지 못하고 말씀을 붙잡고 움직이는 믿음의 가정이다.

하나님께서 교회를 시작할 계약금과 공사비를 헌금으로 보내주셔서 이사하고 두 달 후에 교회를 설립하게 되었다. 박찬일 목사가 들려주는 이야기를 듣고 있으면 전능하신 하나님을 실감하게 된다.

주영빛교회는 '성경 암송학교-BRS(박종신 목사 대표)'를 중점 사역으로 하고 있다. 성경 암송을 통해 지역사회에 복음을 전하고자 한다. 또한 이웃과 지역사회를 섬기는 차원에서 사진 인화 봉사를 하고 있다. 사진 인화 사업체를 운영하는 교인이 추천하여 하고 있다. 요즘은 주위에서 출력이나 사진을 인화할 수 있는 곳을 찾기 어렵다. 쾌적한 교회에서 프린트 아웃이나 사진을 인화할 수 있어서 동네 사람들이 자주 이용한다.

지역 주민들에게 교회를 개방하여 필요할 때 언제든지 이용하도록 개방하고 있다.

2020년 3월에 지금의 자리로 이전했다. 전에는 교회가 지하에 있어서 지상으로 옮겨가고 싶어 하던 차에 마침 옆 건물 2층에 있던 유치원이 갑자기 폐원을 하게 되었다. 교회 건물주가 옆 건물도 소유하고 있었는데, 평소 박 목사가 건물주와 돈독한 관계를 유지하고 있었으므로 쉽사리 이전할 수 있었다. 그래서 2층의 햇살이 가득 비치는 곳에서 주님의 영광의 빛을 비추고 있다.

▶ 조은교회

조은교회의 '조은'은 한자로 '새벽 조(早), 은혜 은(恩)'자다. 즉, 조은교회는 '새벽의 은혜가 있는 교회', '새벽을 깨우는 교회'다. 2012년 3월 첫째 주에 설립예배를 드리고, 다음날부터 새벽예배가 시작되었다. 그때 타 교회 권사들 세 분이 함께했다. 그분들의 기도가 쌓이면서 새벽에 많은 은혜가 나타났고, 교회가 크게 부흥되었다. 췌장암 환자가 조은교회 새벽기도회를 통해 치유되는 역사도 나타났다. 또한 가정이 세워지고 사업이 확장되고 많은 은혜가 나타났다. 현재 조은교회 성도들뿐만 아니라 다른 교회 성도들도 꾸준히 참석하여 한 가족처럼 기도하고 있다. 매주 토요일마다 교회청소를 새벽기도회에 참석하는 성도들이 함께 섬겨주고 있다. 한윤희 담임목사는 새벽기도회가 은혜의 시간이 되도록 기도에 힘쓰고 있다. 100명의 영혼을 목표로 품고 중보기도 중인데, 코로나로 인해 비대면 상태로 각자의 자리에서 같은 제목으로 하루 세 번 함께 기도하고 있다. 뿐만 아니라 긴급기도를 통해 꼭 교회와 관련이 없어도 긴급하게 기도가 필요한 사람들을 품고 매일 집중적으로 중보기도하고 있다.

조은교회는 말씀 중심의 교회다. 성경통독 대행진을 통해 매일매일 말씀 읽기를 하고 있다. 일 년에 몇 독씩 읽고 필사하는 성도도 있다. 조은교회는 선한 사마리아인 사역으로 어려운 이웃을 위해 성도들이 마음을 모아 후원하고 있다. 또한 믿음이 다음 세대로 이어지도록(삿 2:10) 어린이 전도에도 힘쓰고 있다. 사모가 중심이 되어 모든 성도가 한마음으로 어린이 눈높이에 맞추어 보급되는 '새소식반'으로 복음을 전하며 믿음의 다음 세대를 세우는 데 노력하고 있다.

김현애 사모는 조은교회 성도들뿐만 아니라 마음이 연약하고 상처 있는 자들을 위한 상담 사역도 하고 있다. 국내는 물론, 해외의 내담자들도 상담을 받고 있는데, 상담을 통해 자신을 돌아보게 하고 위로와 치유와 회복이 이루어지고 있다.

▶ 꿈을주는교회

꿈을주는교회는 광문초등학교와 광문중학교 옆에 있다. 교회 위치가 학교 주변이라서 광명오케스트라가 복지 차원에서 실시하는 행사 장소로 사용되고 있다. 초등학생들을 대상으로 악기 연주 연습실로 제공되므로 학생들이 교회 문턱을 쉽게 넘어올 수 있는 전도의 접촉점이 되고 있다.

도덕산 등산로 입구에 '에덴'이라는 카페를 열어 개방했다. 오전 9시면 카페에서 어김없이 클래식 음악이 흘러나온다. 도덕산을 찾는 등산객들은 산을 오르기 전에 잠시 발걸음을 멈추고 카페에 들러 차 한 잔을 마시며 숨고르기를 한다. 반대로, 산행을 마친 등산객들이 카페에 들러 잠시 담소를 나누며 체력을 회복하기도 한다. 이들에게 제공되는 차와 커피, 간단한 다과는 무료다.

김용성 담임목사는 건축 전공자로 주위의 교회가 이전을 하거나 리모델링을 할 경우, 손수 재료를 구해다 공사를 해준다. 특별히 김 목사는 전기 관련 공사에 달란트가 있어서 여러 교회에 많은 도움을 주고 있다.

광명7동 통장 일을 하면서 지역 주민을 섬기며 전도의 접촉점을 찾고 있다. 어려운 가정과 취약계층을 위해 방충망도 교체해 주고, 재개발로 피해를 입는 지역 주민들을 대변하고 있다. 조합 측과 광명시에 입주민들의 의견을 잘 중재하여 아파트 단지 내에 통로로 다닐 수 있는 길을 개통하게 했다.

▶ 향기내리교회

향기내리교회는 광명 새마을시장 근처에 자리 잡고 있다. 처음에는 광명7동에 있었으나 이곳이 재개발되면서 2018년 12월에 이전했다. 향기내리교회는 '성령의 역사하심으로 말씀과 사랑으로 예수 그리스도의 향기를 발하는 교회'다. 2011년 9월에 설립되었다. SQ아카데미를 통해 청소년의 진로를 섬기고 있다.

김추향 담임목사는 광명7동 통장 일을 하면서 차상위계층 주민과 같은 소외계층을 돕고 있다. 또한 글쓰기를 좋아해서 광명시의 기관지인 〈광명 뉴스포털〉의 우리마을 기자단에 속해 있다. 김 목사는 주민들에게 필요한 정보를 쉽게 정리하여 기사화하고 있으며, 주민들의 의견도 신문의 지면을 통해 대변해 주고 있다.

오윤숙 사모는 신대원을 마치고 목사 안수를 받았다. 향기내리교회 협동목사로서 교육에 전념하고 있다. 특별히 '내러티브 성경 공부'를 통해 목회자와 평신도의 성경 공부에 도움을 주고 있다.

▶ 연결고리교회

연결고리교회는 화성에 위치한다. 원래는 코람데오 모임의 근거지인 광명 인근에 있었는데, 2019년 12월에 화성으로 이전했다. 그러나 지금까지 또 앞으로도 코람데오 정신으로 연결되어 함께할 것이다. 교회가 어디로 이주를 하든지 코람데오 신앙은 이어지기 때문이다.

'연결고리'라는 이름은 김포의 '연결고리패밀리처치(김명군 목사)'와 연관이 있다. 김창국 담임목사가 교회 방향을 새롭게 세우던 중에 김포 연결고리패밀리처치와 연결되어 정하게 되었다. '연결고리'는 '하늘과 땅, 그리고 사람과 사람을 잇는다.'라는 뜻이 담겨 있다. 예수님께서 우리를 하나님과 연결시켜 주시고 사람과 사람을 연결시켜 주신 십자가 사역에서도 찾아볼 수 있다.

그래서 연결고리교회는 예수님의 말씀을 가르치고 실천하는 복음 사역이 핵심이다. 예수님 안에서 우리의 정체성을 무장시키는 사역에 힘쓰고 있다.

또한 연결고리교회에서는 천연비누와 천연화장품을 통해 이웃과 지역 교회와의 연결점을 찾고 있다. 사모는 천연지도사 자격증을 취득한 후, '원데이스쿨'을 개설하여 믿지 않는 이웃들과 관계를 형성하고 있다. 여러 교회에서 특강을 통해 다양한 프로그램을 진행하며 교회들을 도우면서 교회들 간의 유대관계를 돈독히 해주고 있다.

연결고리교회는 2019년 12월에 온 교우가 모두 화성으로 이주했다. 한 명도 열외 없이 모두 새로운 터전에서 예배공동체를 이루고 있다. 이것은 평소 교인들을 대하는 김창국 담임목사의 넉넉한 마음씨가 큰 힘으로 작용했다. 교회가 다른 곳으로 이전을 계획하고 있을 무렵, 주요 교인 가정이 화성으로 이주하게 되었고, 이때 다른 교우들도 모두 한마음 한뜻이 되어 동참하게 되었다. 요즘에는 보기 드문 아름다운 광경이다. 보통은 재개발이 되거나 직장을 옮기게 되어 이사를 하게 되면 교회도 바꾸기 마련이다. 따라서 연결고리교회처럼 멀리 타 지역으로 교회가 이주를 하는데, 전 교우들이 함께 움직이는 것은 그들이 진정한 가족 공동체임을 여실히 보여주는 일이다. 이것은 주님 안에서 진정한 십자가의 사랑이요, 교회 이름처럼 연결고리정신을 온 교우들이 실천하는 것이다.

▶ 진명교회

진명교회는 2011년에 배종님 목사가 청빙을 받았다. 진명교회는 목동에 있는 진명여고와 관련이 있다. 학교 주변의 거리 이름이 진명로인데, 그곳에서 교회가 시작되었다. 그래서 교회 이름을 동네 이름을 따라 진명교회라고 지었다. 나중에 진명교회는 광명으로 이전했다. '진명'은 '진리를 밝힌다.'는 뜻이다.

진명교회는 진명아동센터를 통해 어린이와 청소년에게 복음을 전하려고 힘쓰고 있다. 또한 학부모님들에게도 복음을 전하고 있다. 진명아동센터는 문화예술특성화 센터다. 그 일환으로 '진명 유스끼짱센터'를 만들었다. 학생들이 주중에 마음껏 문화활동을 할 수 있도록 교회가 공간을 제공한 것이다. 밴드음악, 뮤직 비디오 찍기, 댄스, 공연 등 다양한 프로그램을 제공하고 있다. 이런 프로그램이 진행될 수 있는 것은 배종님 목사의 든든한 동역자이자 아들인 김인웅 선생님이 도움을 주고 있기 때문이다. 김인웅 선생님은 한국예술종합학교에서 클래식 음악을 전공했으며, 조수미를 비롯한 유수의 음악가들과 협연을 하고 있는 엘리트 뮤지션이다. 학생들의 특성을 잘 파악하여 일대일 맞춤형 교육을 실시하고 있다.

이 센터는 광명평생학습원 대공연장에서 매년 정기적으로 뮤직 콩쿠

르와 드림 페스티벌을 개최하고 있다. 이 대회에 참가하여 입상하는 학생들에게는 광명시장상과 국회의원상 등이 수여된다.

진명교회에서는 다음 세대들에게 꿈과 희망을 심어주기 위해 매년 교회의 전체 예산 중 많은 비중을 책정하여 장학금 형식으로 전달하고 있다. 유스끼짱센터에서는 삼성장학재단과 경기교육청의 협조로 학생들에게 수준 높은 문화예술 교육 기회를 지속적으로 제공하고 있다.

이처럼 배종님 목사는 한국교회의 미래인 어린이와 청소년 사역에 지대한 관심과 사명감을 갖고 있다.

▶ 함께하는교회

함께하는교회는 1995년 12월에 설립되었다. '주님과 함께, 이웃과 함께'하고자 하는 의미로 함께하는교회로 정했다. 당시에는 아주 신선한 이름이었다. 대부분 동네 지명을 따라 이름을 지었기 때문이다. 그래서 어떤 분들은 교회 이름이 생소하게 느껴져서 교회 이름을 자주 물어보기도 했다고 한다. 설립 후, 시간이 흘러 생소한(?) 이름이 든든히 자리를 잡아갔다. '함께하는교회'의 '함께하다'는 '임마누엘'이라는 뜻도 담겨있다. 이사야서 7장 14절에 나오는 임마누엘을 한글로 풀어쓰면 '함께한다'는 뜻이다. 하나님이 함께하시는 교회, 이웃과 함께하는 교회다.

코람데오 모임 교회 중 함께하는교회가 광명7동에서 가장 오랫동안 터를 잡고 있다. 이종엽 목사는 주말쎔교회가 지역노회에 가입할 수 있도록 행정적 힘을 써 주었다. 이 목사는 총회에서 교육 자원부 임원, 장신대 총동문회 상임 총무 등 여러 보직을 맡고 있다. 노회에서 법통으로 행정 절차가 원활하고 신속하게 진행되도록 도움을 주고 있다. 설립 때부터 지금까지 일대일 제자 양육에 힘쓰고 있다.

▶ 문화선교교회

문화선교교회는 광명6동 해모로이연아파트 상가 건물에 자리하고 있다. 2011년 8월에 설립되었다. 1층은 커피숍이고, 지하는 교회, 그리고 건물 5층에 사택이 있다. 카페 이름은 '로빈스 커피'인데, 따님 이름이 로빈이다. 비록 한자지만 영어처럼 세련되게 들리고 독특하여 카페 이름으로 적격이다. '이슬 로(露), 빛날 빈(彬)'자로, 이사야서 26장 19절에서 따왔다. '세상에서 이슬처럼 빛을 비추는 사람'이 되기를 바라는 마음에서였다.

팔레스타인에서는 이슬이 생명을 살리는 역할을 한다. 물 한 방울이 귀한 광야에서 아침 이슬은 그 어떤 것보다 귀하다. 주님처럼 생명을 귀히 여기고 세상에서 생명을 살리고 유익한 인생이 로빈이다. 그래서 로빈스 커피도 그런 뜻을 따라 운영되고 있다. 한 잔의 커피가 이곳을 방문하는 지치고 피곤한 사람들 모두에게 생수와 같기를 바라고 있다.

문화선교교회는 문화를 통해 불신자들을 전도하는 것을 목표로 삼는다. 청년들에게 바리스타 교육을 통해 창업의 기회를 제공하고 있다. 또한 문화 달란트를 가지고 불신자들과의 전도의 접촉점을 찾고 있다. 기타, 드럼, 탁구, 색소폰 교실 등을 통해 이웃과 소통하고 있다.

최정철 담임목사는 바리스타로서 직접 원두를 로스팅한다. 로빈스 커피는 인근에 커피 맛이 좋기로 소문이 나서 많은 고객을 확보하고 있다. 카페에서 상당한 수익을 올려 교회 운영에 큰 힘이 되고 있다. 설립 후, 카페를 통해 교회가 자립할 수 있었다. 그래서 노회나 개척을 계획하고 있는 분들이 카페목회에 관해 많이 상담을 요청해 오고 있다.

최 목사는 카페목회를 활발히 할 뿐만 아니라, 성공적으로 하고 있다. 그래서 최 목사의 카페목회 성공담을 글로 써서 널리 알리기를 바라는 사람들도 꽤 있다. 아마 언젠가는 좀 더 상세하고 재미있는 이야기를 글로 만났으면 좋겠다.

▶ 동산교회

동산교회는 2009년 10월에 설립되었다. 동산교회는 '물댄동산'이라는 뜻이다. 이사야서 58장 11절 말씀처럼 "너는 물 댄 동산 같겠고 물이 끊어지지 아니하는 샘 같을 것이라."에 근거했다.

그래서 처음에는 물댄동산교회라고 교회 이름을 지으려 했으나 개척 장소 인근에 이미 물댄동산교회라는 이름의 교회가 있었다. 할 수 없이 현재의 동산교회로 결정했다. 동산교회는 이사야서 58장 11절 말씀처럼 하나님께서 내려주시는 생수의 강이 끊이지 않고 은혜가 흘러넘치는 교회로 쓰임받고자 한다.

이영주 담임목사는 사회복지사 자격증을 획득했다. '은빛노인복지센터'를 운영하며 재가복지 사역을 하고 있다. 또한 '안양교도소교정위원'으로 한 달에 한 번 교리 교육을 하고 있다.

동산교회는 '수요무료식탁'을 통해 지역을 섬기고 있다. 처음에는 주위의 직장인 대상으로 시작했으나 시간이 지나면서 대상을 확대하여 노숙자와 노인, 그리고 지역 이웃까지 섬기고 있다. 수요일 점심에 따뜻한 밥과 정성이 담긴 반찬 때문에 이곳은 은혜의 동산이 되고 있다.

동산교회는 가정과 사회에서 어려움을 겪고 있는 사람들에게 은혜의 생수를 끊임없이 흘려보내는 물 댄 동산과 같은 사역에 힘쓰고 있다.

▶ 샤론교회

샤론교회는 양천구 신월동에 위치한다. 원래는 구로구 수궁동에 있었으나 2020년 2월에 이곳으로 이전했다.

김사무엘 목사는 조선족교회에서 부목사로 있었기에 조선족 동포들과 친분이 깊었다. 2013년 12월에 조선족 성도들을 섬기는 교회에 청빙을 받았다. 이 교회가 수궁동에 위치한 수궁동교회였으나 2020년에 신월동으로 이전하면서 샤론교회로 개명했다. 지금은 조선족 결혼 이민자 대상으로 특별한 사역에 힘쓰고 있다.

'샤론'은 '다윗의 목장'과 관련이 있다. 다윗이 목동생활을 할 때 양을 푸른 초장으로 인도했듯이, 성도들을 말씀으로 양육하고자 하는 뜻이 담겨 있다. 그래서 김 목사는 말씀을 통전적으로 듣고 배우도록 성경 전체를 순서대로 한 장씩 강해하고 있다.

샤론교회는 주중에는 영어 사역을 하고 있다. '한글로영어'라는 단체에 가입하여 이곳에서 제공하는 자료로 학생들이 영어에 흥미를 가지도록 재미있게 가르치고 있다.

▶ 예샘교회

'예샘'은 '예수님의 샘'이라는 뜻이다. 2015년 8월에 설립되었다. 고척동 동양미래대학 입구에 위치한다. 예샘교회는 초등학생들을 위한 돌봄센터를 운영하고 있다.

예샘돌봄센터는 구로구형 자체 돌봄센터다. 지역아동센터와는 다르다. 기존의 지역아동센터는 아동들이 상주하면서 프로그램에 참여하지만, 예샘돌봄센터는 맞춤형 돌봄방식이다. 달리 표현하자면 틈새돌봄형으로, 아동들이 학원 오가는 시간의 틈새에 들러서 돌봄을 받는다. 방과 후에도 자유롭게 이용할 수 있다. 현재 맞벌이 자녀 22가정을 돌보고 있다. 예샘교회는 돌봄센터 운영으로 아동부가 활성화되어 어린이 사역에 집중하고 있다.

이종범 담임목사는 진정 용기 있는 남자다. 왜냐하면 신대원 6년 선배를 아내로 맞이했다. 정유신 사모도 신학을 공부했다. 나이는 비슷하지만, 사모가 신대원 6년 대선배다. 역시 이름값을 톡톡히 했다. '바람의 아들'답게 기회가 올 때 놓치지 않고 확실히 잡은 것이다. 정유신 사모는 정의여고, 신성중학교 등에서 종교 교사를 하며 다년간 학원 선교사로 활동했다.

예샘교회는 작은 도서관도 운영 중이다. 지역 주민을 위한 공간인데, 다양한 도서를 구비하고 있다. 이 목사는 구로구 도서관협회 회원으로 활발히 활동하고 있다. 독서토론회도 정기적으로 진행한다.

▶ 주말씀교회

주말씀교회는 구로구 개봉동에 자리하고 있고, 2019년 1월에 설립되었다. 이곳은 개봉초등학교 앞이라서 학원가에 위치해 있다. 주말씀교회는 "주의 말씀이 심히 순수하므로 주의 종이 이를 사랑하나이다."(시 119:140)를 근거로 했다. 주님의 말씀을 사랑하고 배우고 가르치고자 한다.

2018년 12월, 주말씀교회가 개척을 앞두고 입주할 곳을 찾아다녔다.

현재의 장소가 6개월 동안 공실이었으나 건물주가 교회에 임대를 주지 않았다. 6개월 전에는 이곳이 영어전문학원이었다. 건물주는 학원가이기에 학습 관련 업종이 입주하기를 바랐다. 당장 입주할 곳이 필요했기에 건물주와 협의를 했다.

'건물 옥상에 십자가를 첨탑으로 세우지 않는다. 새벽이나 심야에 고성이나 악기 소음으로 이웃에 불편한 일이 없도록 한다. 주차장이 협소하므로 가급적 교회 이용자는 주차를 자체적으로 해결한다. 주중에는 학습 관련 업무를 한다.'

대략 네 가지였다. 앞의 세 가지는 도심에서 개척을 한다면 자주 부닥치는 일이다. 이 부분에 대해서는 충분히 수긍이 갔다. 5층 건물로 1층은 음식점, 2층은 공실, 3층은 미장원, 4층은 건물주 동생 주택, 5층은 건물주 주택으로 사용되고 있었다.

문제는 네 번째 협의 내용인 학습 관련 업무다. 건물주는 이 건물이 학원가에 위치했기에 학습 관련 업무가 지켜지는 것을 중요시했다. 가급적 종교시설에 임대를 주고 싶지는 않지만, 지난 6개월간 공실 상태였기에 어쩔 수 없이 교회에 임대를 허락했기 때문이다. 그래서 언제든지 다시 학원으로 환원하고 싶어서 이런 단서를 달았다. 교회인데 학습 관련 업무도 함께하라니. 위기가 기회라고 했던가? 이 단서가 처음에는 어려움으로 다가왔지만, 결국 주말쯤교회에는 좋은 기회가 되었다. 법인단체 414생활관은 종교시설에서 학습 관련 업무를 할 수 있도록 법적 장치가 마련된 곳이다. 현재 전국의 많은 교회에서 이 단체를 통해 교회에서 생활관을 운영하고 있다. 김완영 대표는 현재 개포동에서 '서울제일교회'를 감당하면서 생활관을 운영하고 있다. 교육열 높은 강남에서 많은 학생들에게 메타인지 자기주도학습법으로 학생들에게 유익함을 주고 있다.

몇몇 개척교회에서는 이 사업을 통해 교회의 임대료를 충당하고 있으며, 목회자 생활비까지 도움이 되고 있다. 이 업무를 잘 활용한다면 개척교회에 임대료와 목회 활동비 등 여러모로 도움이 되리라 생각한다.

개척이 힘든 이유가 여러 가지 있지만, 높은 임대료와 생활비 또한 무시하지 못할 것이다. 따라서 414생활관은 개척교회에서 운영할 수 있는 좋은 시스템이라고 생각된다. 주말씀교회가 위치한 곳은 학원가다. 학원가에는 '학파라치'가 있다. 학원에서 정식으로 허가받지 않고 강의를 하고 학생들에게 수강료를 받으면 불법으로 간주하여 신고를 한다. 학원끼리 서로 경쟁을 하기에 이곳에서는 사소한 일까지 문제가 될 수 있다. 더구나 교회기에 세상에서 지키는 잣대보다 더 잘 지켜야 하므로 세심한 부분까지 신경을 써야 한다. 그런 면에서 법인체로 등록된 414생활관은 교회에 큰 도움이 되고 있다.

'414'는 유대인 나이로 '4살부터 14살까지'다. 우리 나이로 유치원 들어갈 6살부터 고등학교 입학할 16살까지다. 즉, 글을 읽기 시작하는 6살부터 시작하여 고등학교 1학년 때까지 공부 습관을 심어준다. 그 방법으로 메타인지 자기주도학습법을 활용한다.

'메타인지'란 '내가 무엇을 알고 있고, 무엇을 모르는지를 구분하는 능력'이다. 내가 모르는 부분을 집중적으로 해결하는 능력을 키운다. 또한 자기주도학습을 통해 선생님이나 학원에 의존하지 않고 자기 스스로 문제를 해결한다. 생활관이라 함은 이곳에서 공부뿐만 아니라, 신앙생활도 함께하기 때문이다.

한국교회의 주일학교 문제는 심각한 수준이다. 주말쓤교회가 속한 대한예수교장로회 통합 측의 어느 노회 보고서에 따르면 주일학교가 없는 교회가 60퍼센트를 넘는다고 한다. 또한 주일학교는 일주일에 한 번, 주일에만 교회를 간다. 한 세대 전에는 교회가 생활관이었다. 주중에 교회에 가서 떡볶이 등 간식을 먹었고, 교회 마당에서 놀았고, 교회가 삶의 일부였다. 하지만 언제부턴가 학생들에게 교회는 일주일에 한 번 가는 곳이 되었다. 그러나 교회는 날마다 가는 곳이 되어야 한다. 어른들에게 새벽기도회와 수요 모임 등이 있듯, 학생들에게도 교회가 삶의 일부가 되어야 한다. 그래서 생활관이다.

이곳에서는 공부만 하는 것이 아니라, 생활을 배운다. 어른에 대한 존경심과 동기에 대한 우정, 선배에 대한 예의 등. 그리고 매일 교회에서 하나님을 만난다. 하교 후, 교회에 오면 제일 먼저 지정된 기도의 자리에서 기도를 하고 말씀을 한 부분 읽고 학습을 한다. 이것이 매일 생활화되면 생활신앙인이 되어 간다. 그리고 맛있는 간식을 먹고 필요할 때는 저녁 식사도 함께한다. 방학 때는 점심 식사도 함께한다.

414생활관 운영으로 주말쓤교회는 많은 유익함이 되고 있다. 일단 목회자 자녀 세 명의 학원비를 줄일 수 있다. 개척교회를 하기에 아이들을 학원에 보낼 형편이 못 되었는데, 교회에서 자기주도학습법으로 공부를 하고 있기에 문제가 해결되었다. 그리고 자녀들의 친구들을 비롯하여 교인들의 자녀들이 관생으로 등록하여 교회 운영에 도움을 주고 있다.

또 생활관 운영이 개척교회 장소를 효율적으로 사용하는 데도 유익하다고 생각한다. 비싼 임대료에 비해 교회를 일주일에 주일이나 수요일 등에 한두 번만 사용하기에는 비효율적이라 생각하고 있었다. 그래서 상가를 임대하지 않고 주일에만 학원이나 카페 등을 빌리거나 가정에서 교회를 시작할까도 했으나 생활관을 운영해 보니 일주일 내내 사용할 수 있어서 임대료만큼 충분한 값을 한다.

목회자 자신도 매일 교회에 나가기에 몸과 마음이 흐트러지지 않고 단정할 수 있다. 개척을 앞두고 몇 달간은 너무 추워서 씻지도 않고 이불 속에서 뒹굴기를 즐기던 때가 있었다. 만일 교회라는 장소가 없었더라면 아마 여름에는 덥다고 그늘에서 역시 그러고 있지 않았을까 싶다.

사람마다 성향이 다르기에 조심스럽지만, 자기 통제가 안 되고 외부 환경에 쉽게 영향을 받는 사람이라면 매일 출근할 수 있는 장소가 마련되면 좋겠다.

주말씀교회는 사모를 중심으로 일주일에 두 번 뜨개반과 프랑스 자수반이 운영된다. 먼저 금요일에 프랑스 자수반이 개설되었다. 해당 분야 전문가를 초빙하여 과정을 개설해 코로나 전까지 일 년여 동안 진행했다.

이 분야에 관심 있는 동네 여성들을 대상으로 이웃을 섬기는 마음으로 운영했다. 강사는 프랑스 자수 분야에서 권위 있는 전문가로 제법 두터운 팬을 형성하고 있는 셀럽 강사였다. 강사 분의 헌신과 교회에서 제공하는 점심 식사와 맛있는 커피 등의 간식으로 수강생들을 기쁘게 해 주었다. 그래서 그 분야에 관심 있는 지역사회 여성들에게 좋은 이미지를 얻을 수 있었다. 그후 발전되어 월요일에 리본 및 뜨개반이 개설되었다. 주말씀교회 교인으로 이 분야에 달란트가 있는 성도가 있었다. 미대에서 디자인을 전공했고 오래전에 이 분야에서 활동을 한 이력이 있었다. 기꺼이 재능을 기부하여 월요일에 새로운 반이 개설되었다. 이 월요

뜨개반을 통해 개봉동에 거주하는 한 분이 주말쏨교회에 교인으로 동참하게 되었다.

뜨개반 지도 성도는 공방을 오픈할 계획이 있었는데, 코로나 때문에 온라인 사업으로 바꾸었다. 네이버 카페나 밴드에서 주문을 받고 물건을 파는 셀러로 정식 등록되어 사업을 하고 있다. 이처럼 주말쏨교회는 공적 예배 모임 장소, 주중에는 다양한 프로그램과 모임 공간으로 십분 활용하여 사용되고 있다.

주말쏨교회에는 개척을 앞두거나 교회 리모델링을 하려는 수십 명의 목회자가 탐방을 온다. 교회의 공간활용과 리모델링 현장 탐방이 목적이다. 원래 영어학원이었으나 리모델링하여 교회 공간으로 바뀐 것이다. 30여 평의 공간을 전문가의 손길을 통해 효율적으로 사용할 수 있게 되었다. 기존의 공간을 최대한 유지하면서 예배당과 학습관을 운영할 수 있도록 개선했다. 또한 효용 대비 저렴한 비용으로 최대한 아름답게 잘 꾸며져서 관심 있는 분들의 탐방이 이어지고 있다. 리모델링은 빅터하우스 박종성 대표가 담당했다. 박 대표님은 한국의 유수의 건물과 교회 건축을 했고, 코람데오 사모님을 통해 연결이 되어 만나게 되었다. 이황수 목사는 박 대표님과 처음 만나는 자리에서 아무런 계획도 의욕도 없었다. 이 목사는 엄동설한에 예기치 않게 떠밀려서 개척을 하는 처지라서 무엇을 해야 하는지 아무런 계획이 없었다. 학원 자리였던 공간은 확보되었지만, 뚜렷한 리모델링 계획도 비용도 마땅히 마련되어 있지 않았다. 그리고 나중에 박 대표님의 경력을 알고 나자 부담이 되어 그냥 동네 인테리어 업자에게 맡기고 싶었다. 그러나 장경임 사모가 이미 약속 된 박 대표님과의 만남을 추진했다. 그들의 첫 만남에서 이 목사의 의욕 없는 모습과 대조적으로 어찌하든 교회를 세워보려는 사모의 열정적인 모습이 박 대표님의 마음을 움직였고, 바쁜 일정 가운데 재능 기부 형식으로 주말씀교회 리모델링을 수락했다. 빅터하우스의 숙련된 일꾼들이 투입되어 세련된 인테리어가 완성되었다. 자재는 비용 때문에 어쩔 수 없이 동네에서 구입했지만, 숙련된 전문가들의 손길을 통해 아름다운 작품으로 환골탈태했다. 그래서 교회에 들어오는 이들이 한결같이 공간에서 주는 은은한 아름다움을 느낀다. 지금까지 수십 교회에서 탐방을 왔으며 그중에 몇 교회는 박 대표님과 연결되어 공사가 진행되었다. 늘 그렇듯이, 공사를 진행하다 보면 비용이 부족하게 된다. 사정을 어찌 아셨는지 박 대표님이 봉투 하나를 내미셨는데, 겉봉투에 '두 데나리온'이라는 작은 글씨가 쓰여 있었다. 개척을 아무 계획없이 거의 떠밀리다시피 시작했고 공사비용도 부족하던 때라 이 목사는 꼭 여리고로 내려가다가 강도 만난 자의 모습이었다. 대표님의 눈에도 그리 비췄는지 상당한 비용이 담긴 '두 데나리온'을 건네주셨다. 덕분에 공사를 잘 마무리할 수 있게 되었다. 교회에 들어설 때마다 이 목사는 하나님의 교회는 하나님께서 세우심을 깨닫게 된다. 앞으로도 이 교회는 주님께서 이끌어 가시리라 소망한다.

　주말씀교회는 빵과 커피가 맛있는 교회다. 커피는 코람데오에 속한 세움교회에서 로스팅한 신선한 원두를 핸드드립으로 내린다. 빵은 코람데오 출판사에서 보내주는 맛있는 빵을 내놓는다. 매주마다 보내온 빵으로 전도자와 이웃의 필요한 분들과 함께 나누고 있다. 그분들에게 전달되는 맛있는 빵은 생활에 큰 활력이 된다. 요즘 코로나로 선교지에서 귀국하여 지내고 있는 선교사님에게도 빵을 전해주고 있다. 달콤하고 영양가 있는 빵을 필요한 분들과 함께 나눌 수 있다는 게 영양가 있는 보람처럼 다가온다. 이런 보람을 느낄 수 있도록 매주 빵을 보내주시는 임병해 국장님께 진심으로 감사드린다.

이황수 담임목사는 '한책의 사람들'인 월요 목회자 성경 연구 모임에 참여하고 있고, '말씀선교센터'(대표:이혁 목사)에서 PTS과정을 통해 신학과 성경적 교회를 공부하고 있다.

나가는 말

코람데오 모임은 한 지역을 중심으로 10여 개의 교회가 모여 이루어졌다. 어떤 규칙이나 누구의 주도적 권유 없이 시간이 지나 뒤돌아보니 자연스럽게 여러 교회가 모이게 된 것이다. 하나님 앞에서 목회를 하고자 하는 목회자들을 하나님께서 모아 주셨다고 생각한다. 주님이 오실 때까지 사람들 앞에서 사람들을 바라보면서 목회를 하는 것이 아니라, 하나님 앞에서 하나님을 바라보면서 목회를 하고자 한다.

코람데오 모임의 근거지였던 광명7동은 상전벽해다. 주택과 빌라를 중심으로 옹기종기 모여 살던 동네가 광명 지역 재개발로 예전 마을의 흔적은 찾아볼 수 없고 30층 이상의 고층 아파트가 자리를 잡아가고 있다. 이제 얼마 후면 2만 세대가 이곳에 입주를 하게 된다. 급격한 변화가 시작될 것이다. 그러나 유라굴라 광풍에서도 하나님만을 바라보며 하나님이 주신 비전 "로마도 보아야 하리라."며 평안을 찾았던 바울의 고백이 우리의 고백이 되었으면 좋겠다.

이미 화성으로도 이주했고 광명시장 쪽으로도 이주했고 신월동으로도 이주했다. 또 코로나 시대 이후에는 좀 더 멀리 이전할 수도 있고, 상가 건물에서 가정교회로 이전할 수도 있다.

그러나 우리는 언제, 어디에 있든지 하나님 앞에 있는 한몸이요, 공동체다. 함께 웃고 함께 아파하는 패밀리다. '코람데오!'

하나님 앞에서 새 창조를 꿈꾸며 나아가는 교회

임재승 목사(송도 코람데오교회 담임)

태어남

2017년 7월 30일. 살고 있는 아파트 거실에서 부모님과 누나 부부, 여동생과 함께 소리 높여 찬양함으로써 교회를 선포했다. 이것이 코람데오교회의 탄생이다.

섬기던 교회에서 부교역자로 사역하며, 목회자로서의 소양과 능력을 배워가고 있을 때, 갑작스러운 하나님의 음성에 따라 전혀 준비되지 않은 상태에서 교회를 선포하고 개척하게 된 것이다.

부교역자로서 사역하던 중, 어느 날 하나님께서 "모든 사역을 잠시 쉬고 나와 교제하며, 친밀한 시간을 갖자."라고 말씀하셨다. 담임목사님께 이런 일을 말씀드리고 사역을 쉬면서 기도와 말씀 속에서 하나님과의 친밀한 교제의 시간을 즐겼다. 그때 교회를 담임하고 계시던 친구 부모님께서 교회 성도들이 이스라엘 성지순례를 가는데 마침 한 분이 갈 수 없는 상황이 발생했으니 나더러 대신 갈 수 있겠느냐고 연락을 주셨다. 모든 비용은 이미 지급되었으니 몸만 오면 된다는 기쁜 소식이었다. 이리하여 그분들의 도움으로 이스라엘을 여행하게 되었고, 마지막 날 터키에 도착하여 밤늦게 해변을 거닐며 하나님과 대화를 했다.

그때 가족과 함께 교회를 개척하라는 하나님의 강한 음성이 마음을 때렸다. 이게 뭐지? 잠시 어리둥절했지만, 이건 분명 하나님의 말씀이라는 강한 확신이 들어 바로 부모님께 전화를 드렸다. "하나님께서 가족과 함께 교회를 개척하라고 하십니다!"

그렇게 부모님을 비롯한 모든 가족이 함께 기뻐하고 감사하며 교회 개척에 대한 마음을 품고 있을 때, 담임목사님께서 우리 가정에 대심방을 오셨다. 오벧에돔의 축복을 선포하시면서 "이 집 거실이 교회가 될 것입니다!"라고 말씀하셨다. 우리는 터키 해변에서 우레와 같은 음성으로 말씀하신 하나님의 말씀을 담임목사님의 입술을 통해서 확증해 주셨다는 생각에 감사했고 기뻤다. 곧 섬기는 교회의 축복 속에서 파송을 받게 되었다.

매우 짧은 시간 동안 벌어진 일이었다. 인간적으로 아무런 준비도 없이 순종함으로 아파트 거실에서 가족들만 모여 예배함으로써 교회를 이루게 된 것이다. 1970, 1980년대 목사님들을 통해 들었던 소위 말하는 "맨땅에서 개척"한다는 사실에 걱정이 앞섰다. 하지만 나의 몸과 마음이 익숙하며 나의 신앙의 여정이 시작된 가족과 함께함과 부인할 수 없는 하나님의 인도하심에 믿음으로 걸음을 내딛었다.

교회 개척의 마음을 품고 가족이 합심하여 기도하면서 교회 이름을 무엇으로 할까 토의하여 '코람데오교회'로 하자는 마음의 일치를 보았다.

코람데오는 아버지께서 십수 년 전, 사업을 하시던 중(지금은 부도가 나서 기업이 파산했지만) 마련한 예배실의 이름이었다. 지하 200여 평의 공간으로 교회들을 위한 예배당, 모교회 성도들을 대상으로 한 훈련 장소로 사용했다. 은혜가 충만한 곳이었지만, 회사 부도로 인해 문을 닫고 나서는 우리 가족에게 아픈 상처로 남은 이름이었다.

이 이름을 하나님께서는 아들인 나를 통해 다시 살리셨다.
할렐루야!

인도하심

사실 우리 가정은 믿음의 가정이 아니었다. 부모님 나이 33세, 내 나이 세 살 때, 외할아버지의 죽음을 통해 우리 가족은 구원의 은총을 입게 되었다. 하나님이나 교회에 대해 알지 못하고 세상적인 삶을 즐기시던 외할아버지께서 갑자기 폐암 말기라는 진단을 받고 투병하시던 차에 같은 병실에 입원해 계시던 성공회 교회의 은퇴 신부님을 통해 예수님을 영접하셨다. 우리 가족들도 이를 기회로 교회의 문턱을 넘는 은혜를 입게 되었다.

성령 하나님께서는 부모님께 폭포수와 같은 은혜를 부으셨고, 두 분에게 하나님을 향한 갈망의 마음을 주셨다. 특히 신앙적인 열정으로 충만한 어머니께서는 교회의 모든 공적인 예배, 주일예배, 수요예배, 금요철야, 각종 집회와 부흥회 등에 단 한 번도 빠지는 법이 없으셨다. 겨우 세살배기였던 나도 모든 예배와 집회에 참석하게 하셨다.

이런 하나님의 임재가 가득한 곳에 함께하는 은혜였는지 네다섯 살쯤 되었을 때, 나는 "커서 목회자가 될거야!"라고 외치며 뛰노는 아이로 변해 가고 있었다.

중·고등학교 학창 시절 동안에도 목회자가 되기 원한다는 꿈은 흔들리지 않은 채, 대학이라는 목표를 향해서도 열심을 다하여 공부에 몰두했다.

그러나 원하는 대학을 낙방하고 어찌하나 고민하던 중에 어머니께서 예수전도단 DTS 훈련을 권유하셔서 하와이 코나의 DTS에 참여하게 되었다. DTS 훈련이 끝나갈 즈음 갑자기 미국으로 유학하겠다는 강한 마음이 들어 귀국 후, 한두 달 정도 준비하여 미국 대학교에 입학하게 되었다.

유학을 장기간 준비하며 계획한 것이 아니라, 훈련 기간 중 갑자기 유학하겠다는 마음이 들어 준비하는 바람에 당시 내 성적에 맞는 학교에 응시하게 되었는데, 그 학교의 소재지가 캘리포니아 파세디나였다.

캘리포니아 파세디나!
이곳은 하나님께서 내 어릴 적 작은 입술을 통해 선포케 하셨던 사명을 준비하고 훈련하도록 마련해 놓으신 땅이었다.

준비하심

늦은 나이의 부모님에게 구원의 은총을 부으신 하나님은 그분들로 하여금 하나님을 더욱 빨리 알아가고 체험하도록 마음속에 열정과 호기심, 소망을 채우셨다. 하나님과 교회에 대한 강한 열망이 있던 부모님은 2000년 한국에 막 상륙한 HIM(Harvest International Ministry)이라는 선교단체를 만나게 되었다.

당시 이 선교단체가 선포했던 말씀이 '하나님 나라(KINGDOM)', '사도적인 교회', '오중직임' 등이었다. 2000년도에 교회생활을 통해 경험해 보지 못했던 주제들 속에서 부모님은 '교회의 울타리를 넘어 무언가 더 있다.'라는 강한 체험을 하게 되었다.

이런 은혜를 통해 부모님은 자연스럽게 HIM이라는 선교단체와 리더인 체안 목사님과 교제하게 되었고, 깊은 교류와 배움을 통해 두 분은 영적 갈증을 해결하고 하나님 나라와 교회를 학습하며 훈련된 성도의 삶을 살아가게 되었다.

나 또한 학교생활 중에도 부모님의 신앙 여정과 많은 시간 함께했기에 HIM을 통해 영적 목마름을 채우는 기쁨을 맛보며 자랐다.

이렇게 우리 가족에게 신앙적 가르침을 준 HIM은 미국에서 왔는데, 미국 HIM이 있는 곳이 캘리포니아 파세디나다.

하나님은 얼마나 재미있으시고 자상하신 분인가!

유학을 전혀 생각하지도, 계획하지도 않은 나에게 갑작스럽게 유학을 준비하고 떠나게 하셨다. 그런데 그 대학교가 위치한 곳이 영적 목마름을 채우게 하고 우리 가족의 신앙 여정을 이끌었던 선교단체와 같은 도시에 있다니!

유학을 와서 HIM의 리더이신 체안 목사님이 담임하고 있던 HRC (Harvest Rock Church)에 출석하게 되었고, 체안 목사님의 집에서 소위 하숙을 하게 되었다.

대학 전공 공부를 치열하게 하는 한편, HRC에서도 열심히 사역을 했다. 초기에는 미국 어린이들의 예배 인도자로 섬기다가 중·후반기에는 청년예배를 이끄는 간사로서 청년부의 부흥도 경험하는, 놀라운 역사가 함께했다.

무엇보다도 6년이라는 긴 유학 기간 동안 체안 목사님 가정에서 생활하며 믿음 안에서의 참 가족을 체험했다. 목회자의 영적인 측면과 일상을 살아가는 생활의 측면을 같이 보는 것도 큰 공부였다. 영적인 삶과 일상적인 삶은 동등하게 중요하고, 훌륭한 목회자는 강단에서의 영적인 삶과 일상생활이 동일해야 한다는 교훈을 얻었기 때문이다. 내 삶의 기준이 된 이런 본보기가 얼마나 큰 유익인지 헤아릴 수가 없다.

"너는 나의 영적인 자녀일 뿐만 아니라, 나의 자녀들과 동일한 자녀다."라고 말씀하시면서 영적인 멘토이자 인생의 스승, 또 다른 아버지로서 키우시고 돌보아주신 체안 목사님. 목사님을 만날 수 있도록 예비하신 하나님의 계획에 또한 놀라지 않을 수 없다.

그렇지만 미국에서의 삶이 행복한 시간만은 아니었다. 하나님은 이 준비 기간을 통해 어린 나에게 인생의 질곡을 거닐게 하셨고, 그 시간을 통해 더욱 하나님을 찾고 말씀과 기도에 매달리지 않으면 안 되도록 나를 이끄셨다.

미국에 온 지 6개월쯤 되었을 때, 아버지가 경영하시던 회사가 부도가 나고 온 가족이 뿔뿔이 흩어지는 지경에 이르게 되었다. 막 유학 온 나에게는 청천벽력과 같은 사건이었고, 공부를 접고 귀국할 수밖에 없는 처지에 놓이게 되었다.

모든 것을 하나님께 맡기고 울며 기도하는 것, 기타를 치며 소리 높여 예배하는 것 외에는 무엇 하나 내 의지대로 할 수 있는 일이 없었다. 칠흑과 같은 어둠의 시간에 맞닥뜨렸다.

어느 날, 카페에서 성경 말씀을 묵상하고 있을 때, 하나님께서는 창세기 1장 26-28절 말씀으로 나를 만나주셨다.

"하나님이 이르시되 우리의 형상을 따라 우리의 모양대로 우리가 사람을 만들고 그들로 바다의 물고기와 하늘의 새와 가축과 온 땅과 땅에 기는 모든 것을 다스리게 하자 하시고 하나님이 자기 형상 곧 하나님의 형상대로 사람을 창조하시되 남자와 여자를 창조하시고 하나님이 그들에게 복을 주시며 하나님이 그들에게 이르시되 생육하고 번성하여 땅에 충만하라, 땅을 정복하라, 바다의 물고기와 하늘의 새와 땅에 움직이는 모든 생물을 다스리라 하시니라."(창 1:26-28)

나의 창조 목적은 단순히 교회 건물 안에서 주님을 찬양하며 섬기는 것을 넘어 세상에 나아가 생육하고, 번성하며, 땅을 정복하고, 다스리는 것임을 말씀하셨다. 그때의 감격을 잊을 수 없다. 나의 부르심을 다시 깨닫게 하시는 두터운 은혜였다. 그러나 나를 만나주신 하나님께서 행하신 일은 그게 다가 아니었다.

아버지의 부도 사실과 가족의 흩어짐을 아신 체안 목사님이 어느 날 나를 부르셨다. 그러고는 "내 너를 영적인 아들이자 육적인 아들로 생각하고 학교 졸업할 때까지 모든 걸 도울 테니 염려하지 말고 학업에 충실하라."라고 말씀해 주셨다. 도저히 유학생활을 감당할 수 없는 우리 가정의 재정상태였지만, 목사님과 가족들의 도움으로 무사히 학업을 마치고 졸업하게 되었다.

아버지의 부도, 가족의 이산, 부모님을 통한 재정공급의 중단, 광야와 같은 상황에서 오직 하나님의 이름만을 부르짖을 수밖에 없는 상황, 그리고 영적인 아버지와 그분의 가족공동체를 통해 보여주신 진정한 그리스도인의 사랑과 긍휼함!

뒤돌아보면 이 모든 것이 네다섯 살 때 어린 입술로 선포했던 목회자의 길을 예비하게 하신 하나님의 준비였다.

가정의 소중함, 가족공동체의 사랑, 이것들을 통해 가족을 구원하고 가정을 회복하는 것을 코람데오교회의 부르심이자 목표로 삼게 하셨다.

가정형편이 어려워진 상황에서 재정을 현명하게 다루도록 훈련하시고 일터의 중요함을 깨닫게 하시어 일터교회 개척의 소망을 품게 하셨다.

영적인 아버지인 체안 목사님을 만나게 하셔서 영적 리더로서의 삶이 어떠해야 되는지를 가르쳐주셨다.

어렵고 힘든 시간을 통해 오직 당신만을 의지하며, 기도와 예배, 말씀을 통해 승리할 수 있음을 보여주시며 다음 세대를 일으키도록 선포하게 하셨다.

이 모든 것들을 통해 오늘의 나, 오늘의 코람데오가 태어나도록 계획하시고 예비하신 하나님을 어찌 찬양하지 않을 수 있겠는가.

새 창조

2017년 7월 30일, 인천 연수구 아파트 거실에서 교회를 선포하며 예배를 통해 영광을 받으신 하나님께서 코람데오교회를 방배동 카페의 작은 공간으로, 다음은 역삼동 미디어센터로, 다음은 부천의 대안학교 교실로 그 예배 처소를 옮기셨다. 개척한 지 거의 3년이 되었지만, 하나님께서 "이곳이 너희가 뿌리를 내릴 곳이다."라고 말씀하신 땅이 없었다. 그래서 이곳저곳을 떠돌며 하나님의 음성을 구하고 있었다.

그러던 어느 날, 집앞에 있는 청량산 정상에 올라 새벽기도를 해야겠다는 마음이 들었다. 이 산은 인천 구도심과 송도 땅이 지척으로 내려다보이는 산이다. 새벽에 산 정상에 올라 외쳐 기도할 때, 강하게 고백하게 되었다. "송도 땅을 제게 주십시오!" 갈렙이 "저 산지를 나에게 주소서!" 하고 외쳤던 것처럼, 가슴 저 깊은 곳에서 "송도 땅을 제게 주십시오!"라는 선포가 터져 나오며 마음에 기쁨이 넘쳤다.

그래서 즉시 순종하는 마음으로 현재 위치로 교회를 이전하고 송도 땅을 마음에 품게 되었다. 2020년 5월 30일의 일이다.

송도로 교회가 이전되면서 유치원, 초등학교 자녀를 둔 몇몇 가정과 3년 전부터 송도 글로벌 캠퍼스(뉴욕주립대학교, 조지메이슨대학교, 유타대학교 등)에서 매주 수요일 영어예배를 섬기며 제자 삼았던 대학생들이 합류해 교회공동체를 이루게 되었다.

송도 땅에 교회를 정착하게 하신 하나님께서 2021년 1월 1일 송구영신예배를 통해 코람데오교회에게 "새 창조의 해"를 선포하게 하셨다.

먼저는 재정영역의 "새 창조"를 목표로 한다.

교회에서는 성도에게 축복기도를 하면서도, 성도들이 직접 복을 구하는 기도를 하거나 재정의 축복, 부의 이동에 대해 말하면 이상한 눈초리로 바라본다. 하나님은 인간을 만드신 후에 그들에게 "복을 주시며" 생육하고, 번성하고, 충만하고, 정복하고, 다스리라고 명령하셨다. 인간은 창조주이신 하나님으로부터 복을 받아야 이 땅에서 부르심을 이룰 수 있도록 창조되었다. 축복받는 것이 인간의 정체성이라는 말이다. 우리는 하나님의 형상대로 창조받아 그분의 일을 하는 주님의 고귀한 자녀지만, 혼자서는 아무것도 할 수 없는 연약한 존재기도 하다. 누군가에게 도움을 구하고 의지해야 한다. 이걸 부정한다면 인간의 한계를 부정하는 교만이 될 것이다. 그렇다면 누구에게 도움을 구할 것인가. 하나님밖에 없다. 어떤 이유에서든지 주님으로부터의 복을 구하지 않고 살아간다면 우리는 스스로 의식하지도 못한 채 다른 존재 또는 다른 곳으로부터 복을 구할 것이다. 그것이야말로 오히려 하나님께 범죄하는 일이자 물질주의로 가는 지름길 아닐까?

따라서 우리 코람데오는 2021년 재정영역의 새 창조를 통해 돈에 대해, 재정에 대해 성경에서 말하는 참 진리를 깨닫고 당당하게 새 창조를 선포하며 나아갈 것이다.

이어서 다음 세대의 '새 창조'다.

우리는 주일예배 때 전 세대 예배를 드린다. 부모 세대와 자녀 세대가 동일한 공간에 모여 주님께 찬양을 드리고, 선포되는 설교 말씀을 듣고, 통성으로 기도하며 삶 속에서 그리스도인으로 살아낼 것을 결단한다.

우리의 다음 세대 대상은 유치부와 주일학교다. 처음 전 세대 예배를 드릴 때는 주일학교라는 부서에서 별도로 예배를 드렸던 습관 때문에 성도 분들이 어수선하다고 힘들어 했다.

하지만 이제는 여호와 하나님을 향해 부모와 자녀가 같이 소리 높여 춤을 추며 찬양하고, 어린이들은 뜨거운 통성기도를 훈련한다. 주일학교 설교 후 이어지는 장년 설교까지 하면 2시간이 넘는 긴 예배에 어르신부터 어린 아이들까지 함께한다. 날로 날로 그들의 영적 성장을 느낄 수 있어서 우리는 감사함을 느낀다.

2021년에는 다음 세대의 새 창조를 위해 우리 교회의 다음 세대가 다른 교회들의 다음 세대들과 정기적으로 연합하여 뜨거운 예배와 말씀, 기도의 집회를 가질 예정이다. 예배를 통해 하나님을 경험하고 체험하는 기쁨을 맛보게 할 것이고, 소리쳐 외치는 능력의 기도를 통해 기도의 장군들을 세워나갈 것이다. 또한 성경적인 기독교 세계관과 역사관 교육을 통해 균형잡힌 그리스도인으로 성장시켜 그들이 속한 영역을 그리스도 문화로 변화시킬 사도적인 제자로 훈련시킬 것이다.

마지막은 코람데오교회와 교회공동체의 '새 창조'다.

마지막 때 새로운 부대와 같은 교회로 창조 되기를 힘쓸 것이고, 가족공동체도 기존의 교회공동체의 모습이 아닌, 능력이 겸비된 사도적인 제자들이 모인 공동체로의 새 창조를 이루어 나갈 계획이다. 오이코스 훈련을 통해 영역 가운데 작은 교회를, 제자가 제자를 삼는 세포와 같은 공동체 말이다.

하나님께서 예수님을 이 땅에 파송하셨듯이, 예수님도 그의 제자들을 '사도(보내심 받은 자)'로 세상으로 파송하신다. 즉, 1세기의 사도들뿐 아니라, 우리는 모두 사도적 제자들로서 세상 안으로 나아가 교회를 개척하고 세워야 한다. 사람들을 전도하여 제자 삼고, 건물이 있는 교회 형태가 아닐지라도 "두세 사람이 내 이름으로 모인 곳에는 나도 그들 중에 있느니라."라고 약속해 주신 교회공동체로 모여 예배해야 한다. 기존의 목회자 한 사람에게 의지하여 세워져 가던 교회가 아니라, 교회의 모든 성도들이 각자의 영역과 자리에서 교회 개척자로 살아가야 한다.

그래서 모이는 교회와 흩어지는 교회, 예배와 말씀과 기도와 능력으로 이 땅 가운데 하나님 나라를 맛보는 교회, 하나님 나라를 전파하는 사도적 제자들이 파송되는 교회를 꿈꾸며, 새 창조를 이루어 나가는 하나님 앞에 선 코람데오의 미래를 그려본다. 할렐루야!

비범하게 하루하루 눈을 뜨는 삶!

임하네 선교사〈코람데오〉 작곡·작사자)

나는 예배찬양 사역자 임하네 선교사다. 〈코람데오〉라는 제목으로 복음성가를 만들었다. 작곡하는 법은 잘 모르지만, 오랫동안 예배찬양을 드렸기에 주님을 찬양하기 위해 녹음해서 만들었다. 〈코람데오〉를 만들당시, 회개에 대한 찬양이 마음에 닿는 게 없어서였다. 이제까지 주님께서 나를 사랑하시고 인도하심을 은혜 가운데 나누고자 한다.

삶의 터전에서 생계를 이끌어 가신 어머니와 자신만을 위해서 사셨던 아버지, 두 살 터울 남동생이 사랑하는 가족이다.

어머니는 중매를 통해 믿지 않는 집에 시집을 오셨다. 내가 태어나고 얼마 뒤, 아버지는 친척들과 물놀이 가셨다가 민물고기를 낚아 드시고는 같이 가셨던 분들과 간디스토마에 걸리셨다. 어머니는 간디스토마로 투병하는 남편과 결핵성 인파선염(연주창)을 앓고 있던 아들을 치료하기 위해 나와 남동생을 자주 이웃과 친구네 집에 맡기시고 노점에서 하루하루 힘겹게 생계를 이어가셨다.

어느 날, 어머니에게 노점 자리를 내어주신 여의도순복음교회 집사님의 전도를 받고 교회에 출석하게 되셨다. 불신 남편의 협박과 핍박에도 불구하고 주일마다 그분을 따라 교회에 나가 예배를 드렸다. 어머니는 당시 그 누구도 해결해 줄 수 없으므로 반드시 응답받아야만 하는, 하나님을 알지 못하는 남편의 질병과 어린 아들의 치료라는, 어머니가 감당하지 못할 난제가 있었기 때문이다.

여의도순복음교회는 당시 예배 시간마다 조용기 목사님이 신유기도를 하셨는데, 그 기도를 통해 많은 병자들이 기적을 체험했기에 어머니도 매번 신유기도 시간이 되면 귀를 쫑긋 세우셨다.

그러던 어느 날, 여느 때와 다르게 헌금 시간 이후에 갑자기 조 목사님이 성령님의 음성을 대언하셨다. 성전 가득 앉아 있는 성도들 사이에서 어머니는 그 선포 내용이 당신의 것이라는 것을 직감적으로 알 수 있었다고 한다. "이곳에 참석한 한 성도님의 아들이 볼거리를 앓고 있는데, 오늘 성령님께서 치료하셨습니다." 어머니는 그 말씀 선포에 큰 소리로 믿음의 "아멘"을 외치셨다. 그리고 얼마 지나지 않아 자고 있던 아들의 머리를 쓰다듬으시다가 볼거리로 부어 있던 목이 가라앉은 것을 발견하셨다. 그렇게 어머니는 아들이 치유받은 것을 확인하게 되면서 살아계신 하나님을 생생히 만났다고 하셨다. 할렐루야!

내 이름 아시죠?

하나님의 기적을 체험한 후, 어머니는 나와 남동생을 이끌고 주일학교에서 신앙생활을 하게 하셨다. 하나님을 믿지 않던 아버지의 교회에 대한 부정적인 태도로 어머니와 나는 늘 아버지의 눈치를 보며 어렵게 교회에 다녔지만, 그럼에도 불구하고 나는 1991년 강남신학교에 입학했다.

신학교에 다니면서 여의도순복음교회 '프리즘선교회' 성가대에서 봉사하다가 주일 예배찬양 인도까지 하게 되었다. 사실 음악이라고는 학창 시절 배운 음악 과목과 고등학교 때 잠시 피아노 학원에서 기초 과정을 배운 것이 전부였다. 이렇듯 음악에 대한 전문성이 없던 내가 성가대에서 노래하고, 주일 대예배에서 예배찬양 인도까지 하게 되었을 때는 감사하면서도 심적인 부담이 컸다. 게다가 당시 교회에서는 여성이 예배찬양을 인도하는 일이 드물었기에 항상 긴장하며 무척 조심스러웠다.

그래도 찬양하는 것이 행복했다. 어디서든 존재감이 없었는데, 찬양할 때 만큼은 나 '임수진(본명)'으로서 존재가 인정받는 기분이었기 때문이다. 찬양 인도를 시작하기 전까지는 항상 외로웠고, 주위의 관심을 받기 위해 특이한 행동을 했었다. 가끔 친구들 앞에서 당시 가수 신형원 씨가 부른 대중가요 〈나는 개똥벌레〉를 부르며 겉으론 웃으며 또 속으론 울었던 적도 있다. 그런데 찬양할 때 만큼은 하나님이 나의 이름을 아신다는 것에 위로를 받고 끝없는 감격이 흘러나왔다.

그래서 찬양을 할 때마다 나의 노래를 들으시는 가장 높으신 하나님께 마음을 쏟아 드리며 노래한다. 하나님께서 내 이름을 아시기에…….

부르신 곳에서 나는 예배하리!

여의도순복음교회 세대별 청년들의 모임인 청년선교회, 대학선교회, 프리즘선교회가 통합되는 해가 있었다. 그렇게 청년국이 형성되며 모든 청년들이 대성전에 모여 예배드릴 때 찬양을 섬기도록 '여호수아 찬양 팀'이 결성되었고, 나는 거기에서 예배찬양 인도자로 서게 되었다. 찬양을 처음 시작할 때에 찬양 인도자로 서원한 10년이 채워진 어느 봄날, 청년국 산하 청년선교회에서 회장단으로 봉사하던 위민국 형제를 만나서 교제했다.

그는 예수님을 영접한 후, 성령세례를 받고는 주님을 더 기쁘시게 하려고 연말이면 3일 금식을 하러 오산리 금식기도원에 갔다고 한다. 그런데 1999년 1월 1일 송구영신예배 통성기도 시간에 "나를 위해 헌신하라."는 하나님의 음성을 듣고 "어떤 헌신을 말씀하십니까?"라고 여쭈었더니 "나를 믿지 않는 사람에게 복음을 전하라."고 하셨단다. 당시 그는 전도부에서 봉사할 때였는데, 직장에서 퇴근 후 매일같이 남영동 굴다리와 사당동 태평백화점 앞을 번갈아가며 전도지와 사탕을 들고 전도했기에 "저는 이미 전도하고 있는데요. 하나님." 이렇게 대답했다고 한다. 그때 주님이 "해외 단기선교 프로그램인 월드미션에 가라."고 더 구체적으로 말씀하셔서 "아멘" 하고는 기도원에서 내려왔다는 것이다.

한 달 후, 교회에서 월드미션 단기선교사 모집 광고를 듣자마자 하나님의 말씀에 순종하여 일정이 가장 긴 인도 팀에 지원을 했다. 그는 월드미션에서 선교훈련을 받은 뒤, 4주 동안 인도선교를 다녀왔고 다음엔 중국 단기선교까지 다녀왔다. 그후 중국에 대한 하나님의 부르심을 받았다.

이 형제가 지금의 내 남편이다. 남편은 중국선교사로 출발하기 위해 함께 동행할 배우자 기도를 하고 있던 중 예배찬양 사역을 하던 나를 알게 되었고, 그때 나는 북한선교에도 마음이 있어서 그가 부름받은 동일한 공산국가인 중국에 가서 함께 선교하기로 결정하고 교제했다. 그리고 일 년이 될쯤 우리는 2001년 선교훈련원 3기 선교훈련을 받던 장소에서 4월 7일에 결혼식을 올렸다. 신혼여행은 남편의 오랜 소원이었던 유럽으로, 저렴한 패키지 상품으로 다녀왔다. 그렇게 재정과 언어에 벅찬시간을 보내고 한국으로 들어온 뒤, 남은 훈련을 몇 주간 더 받고 마지막 FMTC 코스인 해외 단기훈련을 필리핀으로 두 달 간 떠났다. 우리는 신혼이었지만, 그곳은 공동체 생활을 해야 했기에 자매방, 형제방에 나뉘져 기억에 오래 남을 만한 훈련을 받고 졸업을 했다.

짧은 신혼기간을 지나 우리는 12월에 선교사 인터뷰에 통과했고, 월드컵이 열리던 2002년 1월 14일에 '위나라, 임하네' 부부 선교사로 파송되어 중국 S도시로 가게 되었다.

위민국, 임수진이 아닌 위나라, 임하네라는 이름은 함께 선교훈련을 받았던 동기생이 지어준 우리의 사역명이다. 한국에서 흔하지 않은 성씨인 '위'와 나의 성씨 '임'을 따서 '위나라, 임하네'가 된 우리는 가는 곳마다 하나님의 나라가 지금 임하길 바라는 소망을 담고 있다.

처음 도착한 S지역에서 선배 선교사와 함께 7년 9개월 동안 동역할때, 우리는 그곳에서 정말 열심히 일했고, 2009년 9월에 지금 있는 'N도시'로 이주하여 그 땅의 영혼들에게 복음을 전하게 되었다.

사실 중국은 아직까지도 자유롭게 복음을 전할 수 없다. 발각되면 여지없이 추방되니 선교 사역이 조심스러울 수밖에 없다. 게다가 당시 N

도시는 한국인이 많이 없던 곳인데다 살던 곳은 종점에, 가로등 하나 없는 곳이라 치안도 걱정이었다.

그런데 아이러니하게도 우리 아파트는 중국 경찰아파트였다. 집주인이 경찰이었으며, 윗집과 옆집, 앞집 모두 경찰들이 살고 있었다. 집앞에는 경찰견 훈련소가 있었고, 그 옆으로는 큰 감옥이 있었다. 등잔 밑이 어두웠던 것일까. 집주인 경찰은 우리가 외국인인 걸 알면서도 선교사로 의심하지 않고 잘 살펴주었다. 지금 생각하면 그곳에서 3년을 지내면서 누구보다 안전하게 중국 경찰의 보호 속에 선교를 한 것이니, 하나님의 매우 특별한 보호하심이 아닐 수 없다.

그렇게 N도시로 옮긴 지 3년, 중국에서 생활한 지 10년이 넘은 2012년 12월에 M도시에서 현지인 신학생 졸업식 사역을 마치고 집으로 돌아왔다. 파송교회에서 안식년을 주겠다는 연락이 왔다.

그 당시 우리는 3년의 월세 계약이 만료된 경찰아파트에서 나와 다른 아파트에 2년 계약을 했고 이사한 지 일 년도 채 되지 않았다. N도시로 간 지 3년 만에 실질적인 사역들이 점차 확대되고 있는 실정이었다. 그런데 이것을 다 내려놓고 한국에 가면 다시 돌아올 수 있을지 알 수 없었기에 10년간 늘어난 살림살이들을 모두 정리하고 중국을 떠나야 하는 것인지 주님으로부터 확인을 받아야 했다.

그때 우리가 파송될 당시 선교국장이던 정재우 목사의 성령행전집회가 G도시에서 열린다는 소식이 들려왔고 우리는 13시간 시외버스를 타고 그 집회에 참석했다. 그곳에서 3일간 기도하며 안식년으로 귀국하는 것에 대한 주님의 뜻을 확인했다. 주님은 안식년 동안 특수부대에 소집

한 군인처럼 나를 훈련하신다고 하셨다. 부르시는 곳마다 "아멘" 하라는 뜻이었다. 그렇게 부담되는 안식년, 본국 사역에 대한 확인을 받고 집으로 돌아와 한국에 돌아갈 계획을 세웠다.

당시 협력하던 조선족 교회의 자매 둘이 살던 집이 계약기간이 만료되자 집세가 올라서 합당한 집으로 이사하기 위해 주님께 기도하던 중이었는데, 전날 꿈에 우리가 한국으로 떠나는 것을 보고는 꿈속에서 슬퍼했다는 이야기를 새벽기도 후에 나누는 것이었다. 그 이야기를 들으며, 우리는 이 또한 주님의 인도하심이라 믿고, 집세 내며 빈 집으로 일 년을 비워두기보다는 그 자매들에게 아직 계약기간이 일 년이나 남은 우리 집을 쓰도록 했다. 그들의 슬픔은 곧 서로의 형편에 맞는 집으로 이사하는 응답으로 바뀌었다.

방 하나에다 다시 돌아올 때 사용할 살림살이들을 몰아넣고는 2013년 1월에 한국으로 들어왔다. 임마누엘 하나님은 한국에서 일 년간 머물 수 있는 장막도 예비해 주셨다. 여의도순복음교회 집사님이 원룸을 무상으로 사용하게 해주신 것이다. 할렐루야!

2013년 1월에 여의도순복음교회 청년국에서 신년 다니엘기도회가 열렸다. 우리는 오랜 시간 공산권에서 선교는 하지만 큰 소리로 자유롭게 예배할 수 없던 답답함으로부터 영적인 회복을 위해 예배에 열심히 참석했다. 예배드리던 어느 날, 당시 청년국장이 나에게 2월부터 '여호수아 찬양 팀'과 함께 5부 청년대예배 찬양 인도를 격주로 해달라고 요청하여 "아멘"으로 화답했다.

우리에게 안식년을 주자고 했던 당시의 선교국장도 본인이 설교하는 6부 대예배찬양을 내가 도왔으면 좋겠다고 해서 또 "아멘"했다. 기존에 섬기던 예배 팀과 함께 매주 토요일 연습 후, 주일예배찬양을 섬기게 되었다. 안식년인데 본격적인 예배찬양 사역이 시작된 것이다.

나의 청년부 시절 담당 목사였던 교무국장은 3월부터 '매일철야기도회'를 신설하게 되었으니 예배찬양을 섬겨 달라고 했다. 주님의 뜻을 이미 알기에 또 "아멘"했다. 그런데 다발성자궁근종이 재발하여 월경 출혈이 심하던 때라 그 사역을 오래 감당하기 어려울 것이란 생각이 들어서 한 달 만 인도하기로 했다.

그런데 숙제가 있었다. 철야기도회 장소인 바울 성전에는 악기만 준비되었을 뿐, 연주할 사람과 노래할 사람을 내가 구해야 했다. 한국을 10년이나 떠나 있어서 예배 감각도 많이 떨어지고 예배음악을 같이 하던 지인들의 연락처도 없었다. 그래서 주일 5, 6부, 장년국 예배찬양 팀원들에게 개인적으로 도움을 요청했다. 나는 그들에게 "3월 한 달의 밤을 하나님께 예배자로 헌신해 준다면 주님이 기뻐하시고 반드시 어려운 일마다 돌파하게 하실 것이라."고 선포했다. 그리고 쉽지 않은 상황이지만, 나와 같이 믿음으로 결단하고 "아멘"한 모든 지체들에게 좋으신 하나님이 선하게 도우셨다고 믿는다. 그들은 주님이 예비하신 사람들이었다.

매일철야기도회를 마친 후, 허기지면 야참을 먹고는 새벽 2시가 훨씬 넘어야 귀가하니 육체적으로 몹시 고단한 상태였고 잠이 쉽게 오지 않았다. 그런 날이면 내가 인도해야 할 예배찬양을 구상하기 위해 말씀을 읽으며 기도하다가, 작은 목소리로 찬양을 하다가 멜로디가 떠오르면 허밍(humming)으로 휴대폰에 녹음해 저장하곤 했다.

녹음된 멜로디를 음악 전공한 지인들의 도움을 받아 채보하고, 예배 인도를 할 때마다 내가 만든 노래들을 부르며 하나님께 나의 마음을 담아 올려드렸다.

그렇게 만든 노래들이 30여 곡에 가깝게 되었으나 재정이 없어서 음반을 만들 생각은 하지 못했다.

그러던 중 2013년 6월, 여의도순복음교회 청년국 찬양 앨범인 『The Calling』에 내 노래 〈주의 인자하심이 크시도다〉가 채택되어 내 목소리로 녹음할 수 있게 되었다. 청년 때 7년간 성가대를 섬기며 동시에 예배 찬양을 인도했지만, 음악에 대한 전공 지식도 없이 멜로디만으로 시작한 노래가 공식 음반이 되어 세상에 나오게 된 것이다. 할렐루야!

분주하게 나의 귀한 안식년이 지나갔다. 넘치는 본국 사역으로 인해 예상했던 쉼은 얻지 못했으나 내 생애 첫 음반이 나왔으니, 기억에 남을 귀한 시간임은 확실하다. 그때부터였을까. 하나님은 생각지도 못한 다양한 찬양 사역의 길로 성실하게 이끌어 가셨다.

2018년 5월에 매년 참석하는 여의도순복음교회 선교대회를 마치고 6월에 다시 중국으로 돌아가기 전에 B 안수집사님 부부로부터 음반제작 후원을 받았다. 두 곡의 디지털 싱글 음반을 녹음할 수 있는 금액이었다. 그때 녹음한 곡이 바로 〈코람데오(참회)〉와 일본 메빅의 노래 〈꽃들도〉였다. 당시 나는 〈코람데오(참회)〉를 한국적인 감성으로 녹음하고 싶었는데, 마침 심금을 울리는 찬양곡으로 알려진 〈사명〉을 지은 이권희 프로듀서와 함께하게 되었다. 모든 것이 하나님의 손길이었다.

그렇게 나는 두 곡의 노래를 녹음한 후, 저작권 등록도 할 겨를 없이 바로 중국으로 들어갔다.

코람데오
(하나님 앞에서)

WORDS & MUSIC BY 임하네

우리 죄 주홍같이 붉을 지라도 주께서 희게 하시— 리

우리 죄 진홍같이 붉을 지라도 주께서 정케 하시시— 리

우리가 주앞에 다시 옵니다 자비의 하나님 앞으— 로

두손 높이들—고 모두 회개합니다 보혈로 덮어—주소 서

우리가 또죄 지었 나이다 — 주보혈 다시날—위해 흐르네

오주님 앞에서서 고백합니다 새롭게 하소— 서

아무것도 두려워 말라 주 나의 하나님이 지켜주시네

"여호와의 말씀이니라 너희를 향한 나의 생각을 내가 아나니 평안이요 재앙이 아니니라 너희에게 미래와 희망을 주는 것이니라 너희가 내게 부르짖으며 내게 와서 기도하면 내가 너희들의 기도를 들을 것이요 너희가 온 마음으로 나를 구하면 나를 찾을 것이요 나를 만나리라."(렘 29:11-13)

2017년 여름, 단기선교 팀이 우리가 사는 N지역에 왔다. 선교 팀들과 중국 현지 어린이들이 함께 예배드리던 중, 하나님께서 내게 주신 레마의 말씀이 바로 위 성경 말씀이다. 당시 하나님이 왜 이 말씀을 주셨는지 다 이해하지 못한 채 생각날 때마다 선포하고 다녔다. 그리고 시간이 훨씬 지난 후에야 이 말씀을 미리 주셨던 하나님의 은혜를 발견할 수 있었다.

그해 말부터 중국에서는 대대적인 선교사 추방계획이 들리기 시작했는데, 얼마 지나지 않아 실제로 동료 선교사들이 하나둘 추방되었다. 자세히 알아보니, 2021년은 중국인민공화국 창당 100주년이 되는 해로 당국은 그 전에 국내에서 활동하고 있는 선교사들를 모두 추방할 계획을 갖고 있었던 것이다.

우리가 살던 곳도 예외는 아니었다. 다른 선교사들처럼 머지않아 중국을 갑자기 떠나게 될 수도 있기에 미리 할 수 있는 것들을 준비하기로 했다. 가장 먼저, 교회의 제자들이 우리가 없어도 선교하는 사명을 이어갈 수 있도록 기도하며 준비했다.

계속 기도하던 중에 중국에서 가까운 자유중국인 대만을 교회 탐방 겸 기도성회 참석 차 방문할 기회가 생겼다. 대만 대북순복음교회에서 2019년 2월에 새벽 여리고 기도성회를 개최한 것이다. 그 성회에 우리 제자들을 데려가면 참 좋겠다는 생각이 들었다. 그러나 중국인들이 대만에 가기 위해서는 대만통행증이 나와야 한다. 그래서 함께 6개월간 작정기도하며 어렵게 통행증을 발급받고 대만으로 출발할 준비를 마쳤다.

출발 이틀 전에 같은 도시에서 선교하다 타 교회로 파송된 J선교사로부터 연락을 받았다. 그분은 N지역의 모든 선교사들이 여러 가지 이유로 떠나 있거나 추방되었으며, 이제 자신도 짐을 정리하여 귀국한다고 알려온 것이다. 연락한 그날도 자신이 한국으로 가기 전, 어떤 선교사 집에 몰아두었던 짐을 완전히 정리하기 위해 3일간의 짧은 일정으로 들어온 것이었다.

추방되지 않은 건 우리 부부뿐이었다. 그 사실을 알게 된 우리는 이번 비전 여행이 주님의 인도하심이라는 사실을 더욱 확신하게 되었다.

다음날 제자들과 함께 S도시를 경유하여 대만공항에 도착했다. 감사하게도 대북순복음교회에서 공항에 마중 나와 주셨고, 초청해 주신 장 목사님 내외분이 사역자들과 함께 우리를 저녁 만찬에도 초대해 주셨다.

그날 저녁, 대만의 형제 교회의 열렬한 환영을 받고 감격하며 교회에서 준비해 주신 숙소로 돌아왔다. 다음날 나는 교회 탐방 일정을 위해 새벽에 일어나서 씻다가 당황했다. 중국에서 출발할 당시 월경 중이었는데, 월경출혈이 평소와 다르게 너무 많이 쏟아졌다. 핏덩어리들이 계속해서 쏟아져 내리는데, 왠지 멈출 것 같지 않아 두려웠다. 급히 남편을 불러 내 상황을 알렸다.

교회 탐방에 대한 기대감에 차 있던 남편도 이 사실을 알고는 많이 당황했다. 일정이 빡빡했으니 좀 쉬면 될 거라는 생각으로 나를 쉬게 한 후, 우리 숙소와 떨어진 곳에서 숙박한 제자들을 데리러 갔다.

그렇게 혼자 욕실에서 울면서 기도하며 하나님께 매달리는데, 출혈이 전보다 심하지 않아서 큰 수건을 감고 30분 만에 화장실에서 나와 침대에 누웠다.

그런데 점점 혼미해지는 것이 아닌가. 이렇게 정신을 잃고 깨지 않는다면 홀로 죽을 수도 있겠다는 생각이 스쳤다. 바로 대만에 계신 다른 선교사에게 연락을 해서 도움을 청했다. 한국에 있는 간호사 집사님에게도 보이스톡으로 상황을 알렸더니 "빨리 설탕물을 타서 마시라."고 조언했다. 그래서 옷을 입고 숙소 1층 레스토랑으로 내려가서 설탕을 달래서 갖고 올라와 물에 타서 마시고 기다렸다. 나중에 알게 된 사실이지만, 중국에서 대만으로 출발할 당시 월경통으로 인해 아스피린을 복용한 것이 지혈이 되지 않은 원인이었던 것이다.

비전 여행을 갔던 시기는 중국의 설 연휴기간이었다. 대만도 같은 중화권이어서 공공시설이 휴무였는데, 감사하게도 대만 1호 선교사인 마제 선교사(George Leslie Mackay, 1844~1901)가 건립한 큰 병원 응급실은 갈 수 있다는 것을 알게 되었다. 그 병원으로 가려고 준비하는데, 다행히 남편이 탐방을 가지 않고, 제자들과 함께 나를 도우러 와 주었다. 그때 혼자 병원에 가지 않게 되어 감사했다.

병원 응급실에 도착하여 초음파 검사와 혈액검사를 했다. 2시간 이상

소요된다는 검사 결과를 기다리는 동안 그 병원 관계자들이 전화 호출을 받으면 "샬롬"으로 응대하는 것을 보고 힘없이 웃으며 감격했다. 한참 시간이 지나고 의사가 검사 결과를 알려주면서 부인과 질병인 다발성내막근종이라 수술비용이 많이 드는 이곳보다는 보험이 되는 한국에서 치료할 것을 권했다.

알고 보니 나를 진찰한 그 의사는 그리스도인이었다. 그는 내가 중국 선교사인 것을 알고, 아무 치료도 해줄 수 없는 절박한 상태인 나를 위해 자신이 기도해 주어도 괜찮겠느냐고 물었다. 나는 단 한 번도 선교사가 세운 한국의 어떤 병원의 의사로부터도 그런 기도 제안을 받아 본 경험이 없었기에 마제 선교사님의 영성에 훈련된 그 의사의 기도를 받겠다고 했다. 옆에서 돕는 간호사도 의사와 함께 간절하게 나를 위해 기도해 주었다.

그들도 나와 같은 선교사였다. 당시 나는 많은 출혈로 몸과 마음이 너무나 힘들고 지쳐 있던 터라 하염없이 흐르는 눈물을 멈출 수가 없었다. 두려움에서 감사로 바뀌는 순간이었다. 그 기도를 받은 후, 불안한 내 안에 하늘로부터 강 같은 평안이 들어왔다. 너무나 감사한 감동의 순간이었다. 나도 모를 힘이 샘솟았다.

대만의 선교사가 세운 기독병원에서 의사와 간호사의 중보기도를 받은 그 일을, 나를 기다리며 기도하고 있던 남편과 제자들과 운전으로 도움을 주던 현지 사역자들에게 간증했다. 탐방하기로 했던 대형 교회의 저녁 집회 장소로 이동하면서 그들 또한 나보다 더 감격하며 감동하여 서로 마음을 나누었다. 제자들의 대화 속에 그들이 받았을 감격은 기독 문화가 있는 섬나라인 자유중국 대만과 무신론 중국 문화의 차이를 다시 보게 해주는 계기가 되었다. 지금도 나는 그날을 떠올리며 "하나님의 부재는 없다."는 무소부재하신 하나님 은혜를 확신하며 "아멘"으로 화답한다.

그렇게 나는 그날 처방받은 지혈제, 소염제, 조혈제를 복용하며 계획했던 10일간의 대만교회 탐방을 하나님의 붙드시는 은혜로 이어갈 수 있었다. 몸에 혈액이 부족해서 얼굴이 새하얗게 질려 있던 나를, 남편과 우리의 세 제자는 일면 걱정하면서도 첫 대만 방문에 감사와 감격을 숨기지 못했다. 하나님의 은혜 안에 계획대로 탐방을 이어나갈 수 있었다.

병원에서 퇴원한 지 3일째 되는 날, 한국에 있는 친정어머니로부터 믿고 싶지 않은 괴로운 소식을 듣게 되었다. "엊그제부터 아버지가 급성심근경색으로 집중치료실에서 치료 중"이라는 것이다. 설상가상으로 폐에 물이 차고 신장 기능까지 망가지기 시작해 위중한 상태란다.

그날 저녁, 나는 대북순복음교회에서 수요예배찬양을 인도하기로 되어 있었다. 그러나 다급한 마음에 예배 전, 성도들이 있음에도 불구하고 교회 성전 바닥에 꿇어 엎드려 부르짖으며 통곡의 기도를 하나님께 드리기 시작했다. 큰 기대감을 가지고 방문한 대만에서 너무나 갑작스럽고 큰 절망감이 밀물처럼 밀려 들어왔다. 대북순복음교회 담임목사님께 그런 사정을 말하니, 예배에 참석한 성도들, 제자들과 함께 합심으로 기도해 주셨다. 한국의 기도해 주시는 분들에게도 알려서 하나님께서 나와 아버지를 치료해 주시도록 집중기도를 부탁했다.

나도 건강이 좋지 않은데, 아버지까지 위중하시다고 하니 아버지를 돌보는 어머니의 컨디션도 걱정되었다. 정말이지 내 능력 밖의 일이라 하나님의 능력이 아니고서는 헤쳐 나갈 수 없어 보였다. 기도밖에는 없었다.

여전히 출혈이 있는 몸 컨디션이 잘 견뎌주어서 한국에 가서 치료할 때까지 이겨내도록, 대만 비전 여행 일정에 차질이 없도록, 응급실에서 사투 중인 아버지의 생명을 지켜주시고 돌보시는 어머니가 지치지 않게 붙들어 주시도록 간절히 기도했다.

2년 전에 주셨던 예레미야 29장 11-13절 말씀을 더욱 붙들었다. 그렇게 기도하는 중에 찬송 하나가 떠올랐다.

"아무것도 두려워 말라 주 나의 하나님이 지켜주시네 놀라지 마라 겁내지 마라 주님 나를 지켜주시네"

마음과 몸이 아플 때마다 이 찬송의 가사를 진통제를 먹는 것처럼 묵상하며 나는 마음을 지켜나갔다.

사실 인간적인 생각으로는 하루라도 빨리 부모님이 계시는 한국으로 돌아가고 싶었다. 게다가 선교하던 N도시에 비해 한국에 가까운 대만에서는 비행기로 두 시간이면 도착할 수 있었다. 제자들도 자신들은 신경 쓰지 말고 빨리 한국으로 가서 치료도 받고, 위중한 아버지를 만나라고 했다.

하지만 이번 비전 여행은 기도로 6개월간 준비한데다 마지막 기회일 수도 있기에 끝까지 제자들과 일정을 함께하고 싶은 마음이 컸다. 그들이 사명을 받고 우리를 이어 중국 선교에 헌신하기를 간절히 원했기 때문이다. 하나님의 도우심으로 10일간의 대만의 부흥하는 교회 탐방을 마치고 무사히 중국으로 돌아왔다. 할렐루야!

중국으로 돌아온 후, 일주일 뒤에 출발하는 한국행 비행기 티켓을 구입했다. 하루하루 나는 선교지에서, 아버지는 집중치료실에서 사투를 벌였다. 감사하게도 주일예배 때, 한국에서 기쁜 소식을 받았다. 아버지가 응급실에서 일반병실로 옮기실 정도로 건강이 호전된 것이다. 할렐루야!!

그 소식을 들으니, 나도 살 수 있다는 희망이 생겼다. 내게 주신 예레미야서의 그 말씀을 선포하며 2월말에 한국에 들어왔다. 예약일정과 MRI 조영제 부작용 등 우여곡절 끝에 수술 날짜를 잡았다. 여전히 낮은 빈혈수치와 다량의 비정상 출혈이 있었지만, 나는 주님의 치료로 낫기 바라는 마음에 수술 일주일 전까지 3일 금식기도와 3일 보호식을 했다. 꼭 살고 싶었고, 기적을 맛보고 싶었다. 아니, 기적의 주인공이 되어보고 싶었다. 12년을 혈루증으로 고생하던 여인을 고치신 예수님이 나의 하나님이시며 이 절박한 나를 만나주실 것을 기대했기 때문이다.

지금까지 지내 온 것 주의 크신 은혜라!

나는 자궁이 약했다. 2005년 개복하여 9센티미터, 사이즈 12의 다발성 자궁근종과 더불어 자궁 밖에 있는 또 하나의 근종을 제거하는 수술을 했다. 그래도 임신에 대한 소망을 버리지 않고 병원 의사가 권면하는 자궁적출 수술을 하지 않았다. 하지만 그후로도 오랫동안 아이는 생기지 않았고, 10년 뒤 기다림은 또 한 번 낙심을 겪게 되었다.

2015년 12월 4일, 선교지에 추운 겨울비가 내리던 날이었다. 매달 3일, 십일조 기도회를 하는 둘째 날 저녁이기도 했다.

저녁 10시에 기도회를 은혜 가운데 마치고 두꺼운 겉옷 위에 비옷을 두르고 일 년간 우리와 함께 단기선교를 하는 자매 간사를 뒤에 태운 채 자전거로 귀가하던 중이었다.

정말 한순간이었다. 나와 비슷한 속도로 빗길 위를 달리던 비옷을 입은 중국인의 자전거가 갑자기 내 앞으로 끼어들었다. 나는 놀라서 피하다가 비에 젖은 황색 실선에 바퀴가 미끄러져 넘어졌고, 왼쪽 다리가 비옷 안쪽으로 감겨 180도 꺾이면서 자전거에 깔렸다. 간사는 천만다행으로 다치지 않았다.

다른 자전거를 타고 따라오던 남편이 사고가 난 우리를 발견하고는 나를 일으켜 세웠으나 발이 땅에 서지지 않았다. 남편과 간사가 나를 부축해서 바로 앞 버스정류장 의자에 앉히고 이리저리 살펴보는데, 갑자기 빗길을 힘차게 달리던 버스가 바닥에 고인 빗물을 우리에게 파도처럼 퍼붓고 지나갔다. 우리는 외마디 소리를 지르며 다음 차들이 지나면서 또다시 물을 뿌릴까 봐 반대편 바닥에 가서 앉았다. 남편은 집에 갈 수 있겠느냐고 묻지만, 나는 병원에 가야 할 것 같다고 확고히 말했다. 그 비가 쏟아지는 한밤에 도움을 받기 위해 자동차가 있는 조선족 자매에게 전화를 걸어서 상황을 설명했다. 자매의 차를 타고 사고 난 곳에서 가까운 병원에 도착해 보니, N도시에서 가장 큰 대학병원이었다.

엑스레이를 찍어보니, 왼쪽 다리 비골이 복합 골절이었다. 병원에서는 백일 동안 가만히 앉아만 있어야 한다며, 허벅지까지 무거운 석고 깁스를 해주었다. 그러나 한 달이 지나도 다리는 나을 기미가 보이지 않았고, 불안했던 나는 중국인 의사의 진단에 내 다리를 맡길 수가 없어서 2016년 1월에 빠른 치료를 위해 한국으로 들어왔다.

신촌세브란스병원에 가보니 의사들도 당황해한다. 한국에서는 사용하지 않은 지 오랜 석고 재료를 허벅지까지 하고 있으니 어느 지역에서 왔느냐고 묻는다. 중국에서 왔다고 하니 알겠다며 안타까운 표정이다.

문제는 다리가 아니었다. 치료에 앞서 MRI를 찍었는데, 자궁에 또 다발성으로 근종이 자라고 있었다. 나는 가벼운 신소재 깁스를 하고는 다리가 완치되지도 않은 상태에서 비마취지만 비보험인 '하이푸'라는 초음파 수술을 하는 수원의 한 산부인과를 찾게 되었다. 내가 걱정하던 마취를 하지 않아도 되고, 근종이 작아지면 임신 가능성도 있다고 했다. 내가 원하는 바였다. 그러나 보험이 되지 않고 대학병원에서 그것을 쓰지 않는 데는 이유가 있다는 걸 그때는 몰랐다.

다리가 거의 나아서 혼자서 걸을 수 있게 되었을 무렵, 나는 그 병원에서 하이푸 수술을 받았다. 환자인 나도 음악을 들으며 편하게 수술하는 신기한 경험을 했다.

의사는 근종이 작아지면 인공수정도 시도할 수 있다고 하여 기대하는 마음으로 퇴원해 다시 중국에 들어갔다. 그리고 매년 선교대회에 참석하기 위해 한국에 나올 때마다 정기 검사를 했고 그때마다 근종이 작아지는 것 같았다. 하지만 시간이 갈수록 염증이 심해졌고, 결국 수술한 지 4년 만에 자궁내막의 근종이 더 커진데다가 두 개로 늘었고 염증까지 악화되었다.

다시 한국으로 나와서 수소문하여 복강경 수술로 유명한 분당제일병원에 가서 검사를 받았다. 원장은 자궁의 염증과 근종이 한 덩어리가 되어서 마치 6개월 된 아이를 임신한 것처럼 부풀어 올랐다고 했다. 복강경 수술이 불가능하니 종합병원에 가서 수술을 하라고 소견서를 써주었다. 신촌세브란스병원으로 가서 예약으로 꽉 차 있는 대기자 명단에 이름을 올렸다. 외국에 오래 나가 있다 보니 예약을 하지 않으면 대기 시간이 몇 개월이나 차이가 난다는 것을 알 수 없었다. 그래도 4월 3일 수술 날짜를 잡고 기다리는 동안 하나님이 붙들어 주셨다.

2018년 〈코람데오〉 노래를 발매했을 때, 한편으론 남은 세월을 후회하지 않기 위해 시험관 시술에 대한 상담도 받았었다. 현대 의술이 좋아지기도 했지만, 50세 노산에 아이를 가진 분의 간증을 들었기 때문이다. 그러나 진행해 보지도 못하고 결국 적출 수술을 피하지 못하게 된 것이다. 믿음으로, 기도로 치료받고 기적을 체험한 간증을 했으면 좋으련만. 선하신 하나님의 사랑과 나를 향하신 뜻은 고집스러운 나의 신앙의 가치관을 뒤집게 하셨다. 만감이 교차했지만, 순응할 수밖에 없었음에도 수술실에 들어가기 전날까지 임신에 대한 아쉬움이 스멀스멀 올라왔다. 남편을 닮은 6개월 된 남아를 품에 안은 환상도 보았다. 이 정도면 집착이었다.

수술하기 위해 수술 침대에 누워 보호자인 남편과 간호사들에게 이끌려서 전용 엘리베이터에 탔는데, 문이 닫히는 오른쪽 한 벽면의 문구가 눈에 선명하게 들어왔다.

"하나님의 은혜로 모든 인류를 질병에서 자유케 한다."

하나님께서 나에게 말을 거시는 것 같았다. 순간, 그동안의 심한 집착에서 벗어날 수 있었다. '아, 나는 자궁에 질병이 생긴 거구나. 질병으로 시달리는 이 자궁을 포기하면 앞으로 더 이상 아프지 않겠네. 그렇다면 나는 더 이상 아프고 싶지 않다.'

나는 수술대에 누워 이미 정한 근종제거 수술이 아닌, 자궁적출 수술을 받고 싶다고 말했다. 수술 직전에 바꾼 것이다. 수술 준비를 하던 분들이 나의 결정으로 인해 갑자기 분주해졌다.

신촌세브란스병원의 수술 대기실 천장에는 하나님의 말씀이 있어서 참으로 큰 위안이 되었다. 하나님께서 하늘에서 나를 보살피시는 것 같았다. 수술실에서 나는 혼자 있지 않았다. 수술 전에 병원 여목사의 담담하고 따스한 음성의 기도를 받고 수술을 했다. 이 모든 것이 나에게는 드라마 같았다.

정해진 시간 안에 수술을 잘 마쳤고 마취에서 깨어서는 예레미야서의 그 말씀을 읊조리며, 전신마취로 기억력이 쇠퇴했는지 아닌지 확인을 했다. 다행히 모든 것이 뚜렷이 기억 났다. 이상이 없었다. 그리고 낯설게 쏘옥 들어간, 병든 자궁이 없는 내 복부를 만졌다. 다시는 없을 출혈과 아픔으로부터 자유케 하신, 그리고 아직 태어나지 않은 아이보다 나를 더 아끼고 사랑하시는 하나님께 뜨거운 눈물로 감사기도를 드렸다.

그때 수많은 믿음의 권속들이 나를 격려하고 힘을 주기 위해 병문안 와서 기도해 주며 온정을 나눠준 일에 감사하며 평생 잊지 않을 것이다.

무엇보다 애를 태우며 사위와 함께 병원에 있는 교회에서 수술을 마칠 때까지 기도하시던 어머니. 어머니는 수술이 잘 된 것을 확인하시고는 사위에게 딸을 맡기고 집에서 혼자 누워 계신 아버지를 돌보시기 위해 종종걸음으로 집으로 가셨다.

아무것도 염려하지 말고 다만 모든 일에 기도와 간구로
너희 구할 것을 감사함으로 하나님께 아뢰라!

내가 건강을 회복해 가던 2019년 5월, 아버지는 정기검진을 받으러 순천향대학병원에 가셨다가 다시 신장 기능이 안 좋아져 바로 입원을 하셨다. 한 달 넘게 검사한 결과, 신장암 말기 판정이 나왔다. 24시간 아버지 옆에서 간병하던 어머니는 지칠 대로 지치셨다.

그 당시 담당 의사는 아버지가 신장암 말기에 암이 뼈에까지 전이되어서 수술을 해서 좋아진다고 해도 신장 투석을 매주 3회씩 해야 한다고 진단했다. 우리 가족은 아버지를 수술의 고통과 후유증으로 고생하시지 않도록 수술하지 않기로 결정했다. 하지만 병원 측에서는 의료법상 치료 없이 한 달 이상 대학병원에 입원해 있을 수 없으니 신장 투석이 가능한 요양병원으로 전원하라고 설득했다. 어머니는 가족 모두를 위해 아버지를 요양병원으로 모시자고 했다. 병원 지침에 따라 마음이 어려운 가운데 아버지가 연명치료 거부 동의서에 직접 서명을 하고, 요양병원으로 옮겨갔다. 가족들은 교대로 지정된 시간에 한 시간 동안만 아버지를 만났고, 어머니는 그 힘들었던 간병의 무게를 덜 수 있었다. 그렇게 어느 정도 가족들의 생활이 안정되면서 어머니와 나는 집에서 아버지를 위한 21일 작정기도를 했다.

나는 아버지가 하나님의 기적으로 치료되어 집으로 돌아오시도록 기도했고, 어머니는 아버지가 여기서 더 아프지 않고 평안하게 천국으로 가실 수 있도록 해달라고 기도하셨다. 중간에야 이런 기도 내용의 불일치를 점검하고는, 작정한 날까지 합심으로 기적을 보여주시길 기도했다. 그러나 아버지는 신장암 말기의 컨디션 악화를 피하지 못하시고 일반병실에서 40명이 넘는 중환자들이 '오늘 내일' 하는 집중치료실로 옮겨졌다. 그후 한 달이 채 못 되어 2월 11일부터 육 개월을 투병하시던 아버지를 다시 오산리 굿피플요양원으로 옮겨 드렸다. 그리고 조용하고 내 집 같은 가족실에서 3일 뒤에 가족들이 부르는 찬송가를 들으시며 하나님 품에 잠들 듯 안기셨다.

8월 11일, 아버지 장례임에도 불구하고 나는 여의도순복음교회 주일 예배를 드리러 2부 예배에 참석했다. 설교 말씀 본문이 예레미야 29장 11-13절 말씀이었다.

이 말씀을 듣자마자 나는 그동안의 여정의 고단함과 함께 감사의 눈물이 쏟아졌고, 하나님께서 2017년 8월에 주셨던 그 말씀을 2년이 지난 후에야 왜 주셨는지를 깨닫게 되었다. 나와 가족 모두에게 재앙이 아니라, 평안, 그리고 미래와 희망을 주시려는 하나님의 계획이셨던 것이다.

그 크신 하나님의 생각과 사랑을 어찌 다 깨달을 수 있을까…….

나의 자궁의 병, 자궁적출 수술과 아버지의 투병, 죽음과 이어진 천국, 남겨진 나의 가족……. 이 긴 광야의 끝에서 교회공동체의 기도와 하나님의 위로를 만났다. 내가 광야를 건넌 자만이 부를 수 있는 믿음의 노래를 부를 수 있는 이유도 여기에 있다. 그날 이후 나는 모든 것을 새롭게 생각하며 새로운 시작을 선포했다.

약한 나로 강하게

우리 부부는 2019년 9월, 그 어렵다는 비자를 받고 중국으로 다시 돌아갔다. 질병에서 자유케 되었으니 더 열심히 복음을 전하리라 다짐했다. 그런데 10월초, 혈변이 나왔다. 적출수술 후, 다시는 화장실에서 피볼 일이 없을 거라고 생각하던 나에게 충격이었다. '또 뭐가 잘못된 걸까?' 하는 생각과 함께 불안감이 커지면서 날이 갈수록 밤마다 호흡하기가 더 어려워졌다.

아버지가 신장암으로 돌아가신 것이 마음에 걸렸고, 정신적으로나 육체적으로 너무 힘겨운 2019년이어서 그냥 넘길 수가 없었다. 수술 후에 쉬지 못해서 생긴 후유증인지 고민이 커지자, 결국 11월 3일에 병원예약을 하고 11월 11일에 남편과 함께 다시 한국에 들어와 위와 대장 내시경 검사를 했다. 결과는 위장출혈이었다. 나는 정밀검사를 하기 위해 친정 어머니 집에 머물면서 치료하기로 하고, 남편은 10일 뒤에 다시 선교지로 혼자 돌아갔다. 12월까지 유방 초음파, 갑상선 초음파, 폐 C.T. 검사까지 모두 했지만, 호흡이 안 되는 원인을 찾지 못했다. 의사는 그 해에 겪은 일을 참작하여 정신과 검진을 권했다.

나는 혼란스러웠다. '내가 왜 정신과 검진을 받아야 하나?'라는 생각이 들었지만, 호흡곤란으로 불면증이 생길 정도였으니 정신건강을 자만할 수 없었다.

그래도 하나님께서 허락하지 않으시면 이렇게까지 되지 않을 것이라는 생각이 들어서 기도하기로 했다.

"호흡이 있는 자마다 여호와를 찬양할지어다 할렐루야."(시 150:6)

"이 백성은 내가 나를 위하여 지었나니 나를 찬송하게 하려 함이니라."

(사 43:21)

이 말씀을 읽으며 "주님, 제가 2013년도에 찬양하는 사람으로 부르심을 확인했는데, 안식년이 끝나고 중국으로 귀임한 2014년 이후에도 열심히 찬양하지 않아서 이렇게 호흡이 고르지 않은 것이라면 이제부터 다시 찬양 사역을 열심히 하겠습니다. 그러니 하나님을 찬양할 수 있도록 저의 호흡이 정상이 되게 해주세요."라고 기도를 드리며 하나님의 응답을 기대했다. 그리고 어느 장소, 어느 시간에든 찬양하는 기회가 주어질 때마다 호흡이 부자연스러워도 무조건 "아멘"으로 순종했다.

말씀을 대할 때마다 묵상되는 것들이 있었다. 성경에는 한 달란트를 받고 땅속에 묻어둬 주인에게 악하고 게으른 종이라 평가받은 사람들 이야기가 나온다. 내 모습 같았다. 주님께서는 내게 음악 전공이 아니지만, 노래로 주님을 찬양하는 재능, 귀한 한 달란트를 주셨는데, 전공자도 아니고 자신이 없다는 이유로 그 달란트를 땅속에 묻은 채 살아온 것이다. 물론, 남편과 함께 선교를 했다. 하지만 하나님께서는 결산할 때 나에게 물으실 것이다. "내가 준 달란트로 너는 세상에 어떤 영향력을 미치며 살았느냐?"라고……. 그날, 하나님 앞에 섰을 때 하나님의 기쁨에 참여하기 위해 나는 '나의 부르심의 자리에 서겠다.'고 다짐하게 되었다.

2020년 8월말에 주의 뜻을 따라 〈은혜로〉와 〈주는 우리 하나님(여호와 닛시)〉 두 곡을 디지털 싱글 음반으로 제작하여 가을에 발표했다. 이 두 곡도 역시 〈코람데오〉와 함께 주신 노래다. 내 노래가 어디서 어떻게 쓰일지 알 수 없지만, 분명한 것은 하나님의 때에 필요에 따라 쓰일 것이다.

2019년, 우리 가족에게는 또 한 가지 간증이 있다. 8월 아버지 장례 후, 남동생이 어머니 댁으로 이사 와서 함께 지내는 가운데 통증으로 오랫동안 아팠던 양쪽 발목 인대 수술을 하고 회복 중이었다.

2020년초부터 어머니가 편찮으시기 시작했다. 코로나로 인해 한국에 있던 나는 발목이 아픈 남동생 대신에 어머니를 모시고 병원에 가서 검사를 했다. MRI 검사 결과, 디스크 협착 증세니 수술하면 좋아질 수 있다고 했다. 그러나 재활까지 천만 원에 가까운 수술비가 걱정이었다. 실손보험이 없기 때문에 70세 고령의 어머니는 진통제로 한 달 이상 버티면서 통증이 나아지기만 바라셨다. 그 한 해 많이 아팠던 아들과 딸에게 재정적으로 부담을 주고 싶지 않으셨던 것이다. 하지만 진통제는 부종만 일으키고 날이 갈수록 허리부터 시작해서 발끝까지 이어지는 지속적인 통증으로 밤에도 주무실 수가 없었다. 그 고통은 옆에서 지켜보는 나까지 장기적인 피곤에 절게 했다. 어머니는 오래 참으셨지만, 결국 수술하기로 결정을 하셔서 대학병원에 예약을 했다.

그 전에 어머니는 40년 전, 아들과 남편을 살려주신 하나님께 매달리시기 위해 코로나 상황에도 불구하고 오산리 금식기도원에 기도하러 가셨다. 그렇게 10일 금식과 10일 회복금식까지 20일을 잘 이겨내셨고, 기도를 들으신 하나님께서 수술 없이 치유해 주셨다. 일 년이 지난 지금까지 아무 이상이 없다. 할렐루야!

코로나로 모두에게 길고 긴 터널인 2020년을, 나는 한국에 있는 친정집에서 어머니와 남동생과 함께, 남편은 중국에서 홀로 선교하며 보내게 되었다.

별은 어두운 밤에 가장 밝게 빛난다고 했던가. 연달아 찾아온 시련의 터널에서 나는 한 걸음 더 가까이에서 좋으신 하나님을 만났다. 코로나로 코람데오의 삶을 살게 된 덕분에 기억에 남을 많은 시간을 가족과 보낼 수 있었다. 그래서 코람데오 찬양에 대한 간증문을 쓸 기회가 왔다.

코람데오 간증문을 쓰면서……

하나님은 선하시고, 나는 선하지 않을 뿐 아니라 악한 죄인이다. 선교사로 부름받았지만, 그런 나도 죄에서 자유하지 못한 죄인일 뿐이다. 그런 내가 하나님 앞에 진짜 부흥을 맛보기 위해선 참 회개가 필요함을 깨달았다. 뉘우침만 있는 회개가 아닌, 개선이 함께 일어나는 참된 회개. 그렇게 만들어진 노래가 〈코람데오(참회)〉다. 가사에 보면 "고쳐주세요" 대신 "새롭게 하소서"라는 고백을 적고 여러 번 반복했다.

"하나님 잘못했어요. 새롭게 해주세요"라는 진실한 고백을 하면 날마다 하나님께 나아갈 용기가 생긴다. 그렇게 하나님의 은혜와 자비로 용서를 받고 관계가 회복된 후에야 하나님 앞으로 나아갈 수 있게 된다.

하나님께서는 지금도 여전히 나를 하나님 앞으로 부르신다. 나는 그 공의와 사랑이 있는 십자가 앞에 나아갈 때마다 주 영광 앞에 고개를 들

수가 없는 존재지만, 이미 대속하신 십자가의 그 공로로 친밀하게 자녀의 옷을 입히시고 나를 대하시는 주님 앞에서는 두려움과 떨림 가운데도 기뻐할 수 있다. 오늘도 주님은 나를 초대하신다. 나의 죄를 청산하자시며, 탕감해 주실 수 있는 예수 그리스도를 만나게 하신다. 수술 후 퇴원하던 날, 지인들에게 나의 마음을 나누었던 짧은 자작시로 글을 마친다.

집으로 돌아가는 길 (일상으로 돌아가는 길)

가스만 나와도,
소변이 차고 또 나오는 것도,
이게 그렇게나 어려운지 이전엔 몰랐다.

적출수술을 마치고 5일이나 되었는데……
손등의 링거바늘 뺀 거 외에
내 몸의 변화는 나이만큼 느리다.

오늘은 '어제 죽은 이의 그토록 바라던 내일'이라 했던가…….
평범한 일상은 비범한 이들에겐 바랄 수 없고
만질 수 없는 하찮은 특별함이다.

의미 없는 고난은 없다지만……

그래도……
이전의 평범한 일상으로 돌아가고 싶은 마음이……
아픈 몸만큼 서럽고 아쉽고 아련하다.

40여 년의 평범한 그때를 허락하신 하나님께
스페셜한 7일의 고통을
나는 감사하며 기대하며
비범하게 하루하루 눈을 뜬다!

영과 진리로 드려지는 '참예배'를 세상 속으로!

– 종교개혁가들의 정신을 이어받은 코람데오교회

정돈수 목사(청주 코람데오교회 담임)

모든 상황 속에서

눈이 내린다. 안에 있을 때는 날씨가 좋은 듯 보였는데, 밖으로 나와 보니 그새 눈이 내리고 제법 세찬 바람까지 불고 있다. 날씨를 주관하시는 것도 모두 주님의 손길인 것을. 변화무쌍한 날씨에 새삼 주님을 느낀다.

나의 인생도 마찬가지였다. 그저 화창한 날, 폭풍우가 몰아치는 날, 궂은날 뒤 섬광과 같은 한 줄기 빛이 비추던 날도 있었다.

주님이 행하시는 이 모든 일을 어찌 알 수 있으랴. 그러나 모든 상황 속에서 주님께서 나와 동행하셨음은 잘 알고 있다.

"지금까지 살아온 것 주의 크신 은혜라."

반백 살이 넘게 살아온 인생을 돌아보며 할 수 있는 말은 이것뿐이다. 부족한 내가 주님을 만나고, 목사가 되고, 교회를 세우게 된 것도 모두 주님의 전적인 섭리 안에 있었음을 고백한다.

감사로 드리는 새벽의 첫 기도 시간.

주님을 향한 기도는, 오늘의 궂은 날씨와 같은 마음도 빛으로 열어주신다. 말씀으로 열어주시는 임마누엘 주님의 뜨거운 임재를 경험하며, 주님께 드려지는 모든 시간들이 성령이 가득한 시간이길 기도한다.

나의 이야기, 특별한 부르심

충청북도 보은에서 나서 여섯 살까지 자랐지만, 제천은 제2의 나의 고향이다.

태중에서 주님을 만났고, 제천에서 줄곧 신앙생활을 했다. 제천의 남천교회는 예수교장로회 한국총공회에 소속된 극보수 교단의 교회다.

이렇듯 철저한 보수 교단에서 자란 나는, 알게 모르게 그 영향을 많이 받게 되었다. 어릴 적부터 어른들을 대상으로 하는 목사님의 설교 말씀을 듣고 자랄 수 있었던 것은, 나에게는 특별한 부르심이었다. 그 교단은, 외적으로 볼 때 신앙의 기준이 매우 엄격하다. 예배와 그리스도인들의 생활에 대한 엄격한 기준이 존재했는데, 자칫하면 율법적인 측면이 크게 부각될 수도 있다는 생각이 들기도 한다. 하지만 성경 말씀대로 준행하며 살아내고자 하는 교회의 몸부림들이 신앙의 깊이와 넓이에 큰 영향을 주었음을 잘 알고 있다. 목사가 된 지금도 다음 세대의 성경 교육에 대해 깊이 생각을 하게 되었으니 말이다.

남천교회 주일학교에서는 아이들을 오직 성경 말씀만으로 양육했다. 그렇게 철저히 배운 말씀으로, 나는 1979년도 중학교 3학년 때부터 주일학교 반사(교사) 일을 할 수 있게 되었다. 자신이 전도한 아이를 주일학교의 자기 반에 소속시켜서 성경을 가르치는 구조다. 학년과 관계없이 누구나 전도 대상자가 될 수 있었다. "지극히 작은 자에게 한 것이 나에게 한 것이다."라는 말씀을 붙들고, 주일마다 전도 대상자들을 리어카나 자전거에 태우고 교회에 갔다. 부족하긴 했지만, 이들에게 내가 알고 있는 성경 말씀을 열심히 가르쳤다.

그 당시 제천은 아주 작은 시골 마을이었지만, 주일학교의 부흥은 힘차게 일어났다. 40여 개의 반이 생겨났고, 주일학교 인원은 총 1,000~1,500명가량 되었다. 전도 대상자 수에 따른 시상도 했는데, 50명을 전도하면 1등, 40명은 2등, 30명은 3등을 하게 된다. 나도 열심히 참여하여 3등을 한 적이 있다. 어린 시절을 하루하루 신앙 안에서 자라게 하신 주님께 감사드릴 따름이다.

풍랑 가운데 베푸신 주님의 은혜

대학을 졸업하고 장교로 복무하다 제대한 후, 별정직 국가공무원으로 20여 년간 근무했다. 비밀정보기관에 소속된 공무원으로 국가를 위해서 할 수 있는 최선의 일을 하고 있었기에 명예롭고 보람되다고 생각한 적도 있었다. 하지만 결코 쉽지만은 않은 직장생활이었다. 사회생활을 하면서 온전히 믿음을 지켜내기란 쉽지 않았다. 성도로, 집사로 신앙생활의 명맥은 유지했지만, 계속되는 직업에 대한 회의와 갈등으로 힘든 날들이었다. 크리스천으로 사는 삶과 현실에서 오는 괴리감 때문에 한때는 엉뚱한 생각을 하기도 했다.

'돈으로 승부를 내자.' 세상 말로는 '대박을 내보자.'라는 생각이었다. 돈에 대한 나의 절박한 욕구에 주님까지 결부시켰다. '내가 돈을 많이 벌면 주님의 일을 더 잘할 수 있을 것이다.'라고 생각하여 유명무실하게 병원선교를 목표로 내세웠다.

목표가 생겼으니, 다음 단계는 실질적으로 자본을 마련하는 것이었다. 주식으로 자본을 마련하고 의사를 고용해야겠다고 계획했다. 그 당시 시기적으로 주식 붐이 일어났고, 세상적인 욕심은 끊임없이 밀려왔다.

이런 가운데도 신앙생활은 나름대로 신실하게 유지했다. 새벽기도를 철저히 다니면서 내 뜻을 하나님께 맞춰 달라고 기도했다. 지금 생각하면 헛된 자기 의를 내세워 주님께 나의 뜻을 강요했던 시간이었다. 직장 생활을 하면 꼬박 한 달을 벌어야 하는 돈을 주식에서는 하루아침에 벌 수 있다. 점점 직장이 보이지 않기 시작했고, 업무에 소홀해져 갔다. 한마디로 돈의 노예가 된 삶이었다. 하루에 몇백, 몇천의 돈이 왔다 갔다 하는 '돈의 세상'을 경험하고 나서야 비로소 그 허망함에 대해 점차 깨닫기 시작했다. 하지만 멈출 수가 없었다. 이것이 하나님의 영광을 드러내는 것이라 생각하며, 그릇된 행동에 대한 합리화를 멈추지 않았다.

목사님께도 성경적인 보증을 받고 싶었다. 부모님을 뵙고 설득하고, 함께 고향 목사님께 찾아가 "주식으로 돈을 모아 주님의 일을 하고 싶으니 퇴직을 해야겠다."라고 말씀드렸다. 그리고 "이것을 허락해 주시고 축복해 주셨으면 좋겠다."라고 부탁까지 드렸다. 목사님께서는 그 말을 들으시고 한동안 아무 말씀도 안 하시더니, 곧 눈을 감고 기도를 시작하셨다.

"너희는 먼저 그의 나라와 그의 의를 구하라."(마 6:33)

그러시고는 "지금까지 주식 했던 것을 모두 내려놓고 직장에 충성하라."고 말씀하셨다. 지금 생각해 보면 주님이 주신 마지막 기회였는데, 당시에는 그런 생각이 조금도 들지 않았다. 결국 내 고집대로 추가 대출을 받아서 주식에 전부 투자했고, 딱 3일 만에 전 재산이 바닥 났다. 세속적인 생각과 자기 의의 결합은 실패라는 처참한 결과물을 가져왔다.

처참한 심정이었다. '투기 목적으로 주식을 하면 이렇게 망하게 되는구나.'라는 허탈한 생각이 들었고, 궁지에 몰려 자살을 택하는 사람들의 심정도 이해가 되었다.

아내도 이 일로 엄청난 고통을 겪었다. 하지만 그래도 돌아갈 직장이 있기에 다행이라며, 직장생활을 충실히 하면 빚을 갚을 수 있을 것이라 위로해 주었다.

이 일을 통해 가정경제는 물론이고 심적으로 많은 고통을 겪었다. 무엇보다 자녀들이 당한 상처가 나를 더욱 괴롭혔다. 주님 외에 모든 것을 내려놓았다. 현재 가진 것들에 감사하고 회사 일에 더욱 전념하는 계기가 되었다. 비록 상처는 컸지만, 내가 현재 속해 있는 곳에 충실하고 감사하며 생활하는 것이 주님이 주신 은혜임을 다시 한 번 깊이 깨닫게 되었다.

"내가 두 가지 일을 주께 구하였사오니 내가 죽기 전에 내게 거절하지 마시옵소서 곧 헛된 것과 거짓말을 내게서 멀리 하옵시며 나를 가난하게도 마옵시고 부하게도 마옵시고 오직 필요한 양식으로 나를 먹이시옵소서." (잠 30:7-8) - 아굴의 기도 그렇게 빚을 갚으며 직장생활에 충실하던 중, 때마침 청주 성서신학원에서 학생을 모집한다는 공고를 보게 되었다. 야간부가 개설되어 직장생활을 하면서 다닐 수 있다는 장점이 있었다. 주님의 부르심이라 믿고 목회자로 주님께 서원했고, 2001년부터 공부를 시작했다. 그후 청주대 사회복지대학원에 진학하여 사회복지사 1급을 취득하고, '교회 사회사업의 활용실태'에 대한 논문도 쓰게 되었다. 이것을 계기로 복지목회에 대한 방향성에 가닥이 잡혔고, 지금도 현장에서 뛰는 복지목회에 많은 도움이 되고 있다.

2008년 9월에 직장에서 명예퇴직 후, 2009년 정식으로 대전신학대학교 대학원에서 3년 동안 목회자과정(Mdv.)을 이수했고, 집사로 섬기던 모교회에서 전도사로 사역할 수 있게 되었다. 2012년 목회자과정을 졸업하고, 같은 대학 일반대학원에서 예배 설교학 석사 과정(Th.M)을 마치고, 2014년에 목사 안수를 받았다. 본교회에서 부목사로 섬기면서 '코람데오교회'를 분리 개척했고, 지금까지 담임목사로 섬기고 있다.

인생의 풍랑 가운데 쓰러져 있던 나를, 끝까지 손 놓지 않으시고 일으켜 세우시는 주님. 대학원을 세 군데나 다니게 하시면서 부족한 나를 훈련시키시고, 지금까지 19년간 주의 종으로 일하게 하신 주님. 나를 살리신, 형용할 수 없는 주님의 크신 은혜다.

나의 가족, 쉴 만한 물가

아내와 2남 1녀, 나의 사랑하는 가족이다.

지금은 어느덧 아이들이 30세, 28세, 14세가 되었다. 아내와 아이들은 내 인생의 소중한 한 부분이자 목회의 길을 함께해 준 동역자들이기도 하다. 내가 목회자를 서원하고 준비하고 있을 때, 아내는 자신은 아직 사모가 될 준비가 안 됐다며 몹시 힘들어 했다. 당시 아이들이 초등학교 3학년, 1학년이었고 막내는 태어나지 않았다. 아이들도 어릴뿐더러 사모라는 자리를 받아들이기에는 시간이 필요해 보였다. 나는 아내를 위해 기도로 준비하며, 이를 목사님께 상의드렸다. 목사님께서도 아내에게 준비할 시간을 주는 것이 좋겠다고 권면하셨다.

그렇게 우리는 서로 각자의 자리에서 주님의 일을 준비하는 시간을 갖게 되었다. 그 사이 아내도 청주 성서신학원을 마치고, 충청대학교 사회복지대학을 다니게 되었다. 나와 아내 모두를 준비된 자로 세우시려는 주님의 뜻인 것 같았다. 그런 과정 가운데 우리에겐 늦둥이가 생겼다. 너무 늦은 나이라 조금 당황스럽기도 했지만, 주님이 주시는 축복이라 생각하고 기도하며 받아들였다. 아내는 임신 중에도 공부에 열심을 내어 학교를 잘 다녔다. 무리하는 것이 아닌가 걱정도 됐지만, 아이는 주님께 맡기고 우리 부부는 신앙생활과 공부에 열중했다.

그러던 차에 청천벽력 같은 소식을 듣게 되었다. 아내가 전치태반이라는 것이다. 아이가 자궁에 거꾸로 자리 잡은 상태로 출산 시 산모와 태아 모두 위험할 수 있고, 게다가 태중의 아이도 신경관 결손으로 인해 기형아로 태어날 확률이 높다고 했다. 아이가 걷지 못하고 평생 누워서 지낼지도 모른다고 하니 마음이 무너져 내렸고, 동시에 심한 갈등이 찾아왔다. 평생을 장애로 살아야 하는 아이를 낳는 것이 옳은 선택일까 하는 것과 수많은 인간적인 고민들이 나를 엄습했다. 하지만 우리에게 늦둥이를 주신 데는 주님의 뜻이 있다는 생각이 들었고, 주님 앞에서 죄를 지을 수 없다는 생각도 강하게 들었다.

나는 모든 생각들을 내려놓고 내 생각으로 하려고 했던 것들을 회개했다. 아이가 장애를 갖고 태어나면, 장애인을 위한 목회를 하자고 아내와 결단했다. 하지만 내심 절망스럽고 아픈 마음을 부인할 수는 없었다. 아이를 출산하기까지 기다리는 시간은 기도와 눈물의 연속이었다. 아내도 나도 주님을 더욱 붙들 수밖에 없었다. 곧 아이를 위한 작정기도를 시작했다. 매일 네 식구가 모두 모여 아내의 배에 손을 얹고 눈물로 기도한 것이다.

2008년 1월 18일. 출산예정일보다 한 달 빠른 날이다. 아내는 양수가 터진 상태에서 응급실로 향했다. 두 번의 큰 수술을 받으며 아내는 중환자실에서 사투를 벌였고, 아이는 인큐베이터에서 힘든 시간을 보냈다. 내가 할 수 있는 것은 기도뿐이었다. 가족의 생명을 걸고 하는 기도는 절박했다. 이렇게 간절한 기도 끝에 셋째가 무사히 가족의 품으로 돌아왔다. 생명의 빛이 우리 가족에게 비추었고, 아내도 점차 회복되어 갔다. 아내와 아이가 모두 위험할 수 있는 상황에서 밀려오는 불안과 고통을 가족 모두가 함께 믿음으로 이겨낸 것이다.

셋째의 태어남은 우리 가족 모두를 새로운 생명으로 다시 태어나게 해주었다.

그간 경제적으로 힘들다는 이유로 첫째, 둘째를 잘 양육하지 못했고, 아이들을 신앙이라는 도구로 다그치기만 했던 것을 진심으로 회개했다. 셋째를 위해 기도하면서 우리 가정은 주님이 주신 믿음과 회복의 기쁨을 맛보게 되었다. 아내도 모든 주권은 아버지께 있다는 것을 더욱 깨닫고 인정하며, 교회 개척에 대해 더는 반대하지 않았다. 이로써 미루어왔던 교회 개척도 은혜 안에서 잘 추진되었다.

주님께서 특별한 선물로 주신 셋째가 벌써 14살이 되었다. 이제는 교회 반주까지하면서 우리 가정의 귀염둥이로, 주님의 기쁨으로 잘 자라나고 있다.

"그가 나를 푸른 풀밭에 누이시며 쉴 만한 물 가로 인도하시는도다."

(시 23:2)

귀한 새 생명을 선물로 주시고 가족 회복의 역사를 나타내신 주님의 일하심이 참으로 놀랍다.

종교개혁자들의 '코람데오' 정신을 이어받은 교회

"복음에는 하나님의 의가 나타나서 믿음으로 믿음에 이르게 하나니 기록된 바 오직 의인은 믿음으로 말미암아 살리라 함과 같으니라."(롬 1:17)

루터의 종교개혁에 불씨가 된 유명한 말씀으로, 나는 이 말씀을 항상 마음에 새기며 살고 있다.

주님의 은혜로 '코람데오교회'는 2017년 11월 4일에 창립되었다. 실제 교회를 개척하고 예배를 드리기 시작한 첫 주일이 2017년 10월 29일 종교개혁주일이라 더욱 뜻깊다. 코람데오교회는 내가 1999년부터 오랫동안 출석하며 신앙생활했던 대한예수교장로회 통합 측 청주 청석교회에서 분리 개척된 교회다. 1999년 청석교회에 평신도로 등록하여 신앙생활을 하다가 2009년부터 신학을 정식으로 공부했고 전도사, 부목사를 거쳐 현재에 이르게 되었다. 청석교회 본당 예배당 이름을 '코람데오 성전'이라고 하고, 교육관을 '브니엘 성전'이라고 붙였는데, 이는 종교개혁가들의 신앙개혁 정신을 되새기고, 올바른 신앙 전통을 세우고자 한 청석교회 김동호 담임목사(현재 원로목사)의 의지로 붙여진 이름이다. 2017년 말에 김동호 담임목사의 은퇴와 교회창립 25주년을 앞두고 교회 개척을 추진하게 되었고, 현재 담임하고 있는 코람데오교회는 모교회 본당 예배당의 이름을 따서 붙이게 된 것이다. 마침 2017년은 루터 종교개혁 500주년이 되는 해였고, 이 모든 것이 의미 있게 연결되었다. 개혁 정신의 모토가 청석교회에서 코람데오교회로 이어지게 된 것이다.

코람데오교회는 이렇게 시작된 개척교회다. 아직 성도 수는 적지만, 담임목사와 온 성도들이 개척 정신과 교회 이름의 뜻을 되새기며 '코람데오 정신' 그대로 삶을 살아내고자 최선을 다하고 있다. 분리 개척으로 모교회에서 지원받아 세운 교회면서 그 정신을 '코람데오'에 바탕을 두고 있기에 교회의 목회 방향과 비전도 제2, 제3의 교회 개척에 두게 되었다. 개척되는 교회가 코람데오교회와 같이 시대의 진정한 신앙을 찾아가며 교회의 개혁을 구현해내는 신실한 교회라면 매우 뜻깊을 것이다.

아직은 작은 교회지만, 모든 성도의 뜻을 모아 함께 기도하며 개척을 추진한다면 충분히 가능할 것으로 생각하고 있다. 지난 3년간, 교회 개척을 위한 자금의 용도로 십일조를 부지런히 모으고 있다. 코람데오교회는 주님 나라 확장의 시대적, 교회적 사명을 띠고 성도들과 함께 기도하며 성장하고 있다.

영과 진리로 드려지는 '참예배'

"이같이 너희 빛이 사람 앞에 비치게 하여 그들로 너희 착한 행실을 보고 하늘에 계신 너희 아버지께 영광을 돌리게 하라."(마 5:16)

신앙의 최종 목표는 성화다. '성화(Sanctification)'는 구원의 한 부분으로 거론되고 있다. 예수님을 구주로 영접하는 것만이 전부가 아니라, 영접한 그 시점부터 시작되는 신앙의 삶의 '시작과 끝'을 모두 의미한다. 이는 성경에서 말하는 신앙의 본질이자 모든 그리스도인이 추구해야만 하는 진정한 목표다.

주님의 뜻을 따라 그리스도의 장성한 분량에 이르는 것. 이것이 경건한 신앙인의 참모습이자 나의 목회의 모토라고 할 수 있다. 이를 위해서는 모든 신앙인에게는 '코람데오 정신'이 요구된다.

교회 성장을 연구하는 신학자들은 외적인 성장과 내적인 성숙의 문제가 별개가 아니라고 말한다. 나도 그렇게 생각하고 있지만, 실천의 과정에서 두 부분이 상충하는 일이 많이 나타나게 됨을 경험한다. 교회 안에서의 모습과 사회에서의 모습이 서로 다른 신앙인들이 그러할 것이다. 이 두 부분이 별개라고 생각하는 순간, 이중적인 삶의 모습이 나타날 수 있으므로 우리는 항상 조심해야 한다. 이는 '먼저와 나중'의 개념으로 생각하면 된다. 모든 것의 '먼저' 되시고 주인 되신 하나님과 그의 뜻을 따르는 것을 일순위로 생각하고 행할 때만이 물질관계, 인간관계 등 모든 사회생활에서 바람직한 관계가 형성된다.

가장 중요한 것은 늘 하나님 중심으로, 하나님 앞에서라는 정신을 염두에 두고 매사를 말씀과 성령의 뜻에 따라 사는 것이다. 이렇게 살아간다면, 하나님의 때에 하나님의 방법으로 가장 좋은 것으로 모든 것을 이루어 주실 줄 믿는다. 그런 의미에서 코람데오는 개인의 신앙 성장을 위해서도 아주 의미 있고 생명력 있는 단어다. 이런 의미 있는 교회 이름을 허락하신 하나님께 감사할 뿐이다.

사역하면서 어려운 일이 많지만, 가장 어려웠던 것은 기존에 관행처럼 해오던 교회 안팎의 현실들을 개혁하는 것이다. 많은 교회가 어떤 일을 계획하고 결정하는 데 있어서 하나님의 뜻과 성경에서 말하는 사상에 기초해서 추진하기보다 전부터 해오던 습관에 의지해서 해나간다. 관행대로 모든 것을 하려는 것을 바꾸려면 먼저 말씀에 기초한 성경 말씀의 뜻이 성도들에게 잘 전달되어야 가능하다. 그렇지만 기존 교회의 전통도 무시할 수 없으므로 이는 매우 신중하게 생각해야 할 문제다.

예를 들면, 예배 집례 시 꼭 가운을 입어야 하는가에 대한 부분이나 교회 행사를 계획하고 결정하는 것에 있어서다. 형식적인 것과 겉치레에 치중하다 보면, 자칫 외적인 일 때문에 신앙의 온전한 모습이 드러나지 않을 수 있으므로 이것은 성도들이 매우 조심해야 할 부분이다.

매사에 신앙의 본질적인 부분에 중심을 두고, 교회의 전통을 무너뜨리지 않는 선에서 "주님의 말씀으로 온전하게 돌아가자."라고 성도들에게 권면한다.

겉으로 드러나 보이는 것을 중시하는 관례를 지양하고 검소하고 내실 있는 신앙인의 본모습을 항상 강조한다. 신앙인들은 '무엇이 하나님을 더 기쁘시게 하는 것'인지 바로 생각해야 한다.

그것이 바로 예배다. 많은 신앙인이 예배를 출석하는 데만 의의를 두고 있는 것이 사실이다. 예배를 개인의 필요나 일정에 따라 때우기식으로 드리는 것도 종종 볼 수 있다. 마치 쇼핑하는 것과 같이 취사선택하여 드리는 예배가 주님이 원하시는 예배는 아닐 것이다. 거룩한 하나님의 집이 동네 가게보다 못한 취급을 받고 있다는 생각이 들면 참담하다. 예배는 우리가 세상에 주님을 나타내는 증거이자 생명이다. 영과 진리로 드려지는 참예배를 세상 속에 나타내는 것이 우리 신앙인들의 진정한 사명일 것이다.

나는 우리 교회 성도들에게 예배에 대해 매우 엄격하게 강조한다. 극보수 교단에서 오랫동안 신앙생활을 해왔고, 코람데오교회도 장로교 통합 측 교단이어서 조금 분위기가 경직되었다고 생각할 수도 있다. 하지만 예배의 본질인 주님을 높여드리는 것에 소홀하면 안 된다. 주님을 만나는 시간을 준비하고 최선을 다해 드리는 것이 신앙인의 '참예배'다. 지금도 우리 교회에서는 매주 신령과 진정으로 최선을 다해 예배를 드린다.

하나님 앞에서 신앙의 중심을 잡으려 애쓰는 목회자의 권면을 존중하고 따라와 주는 성도들에게 깊이 감사한다.

코람데오교회, 소소한 이야기

코람데오교회는 발음상으로나 의미적으로도 조금 낯선 이름이다. 일반인들은 물론, 기독교 신앙인들에게조차 생소한 단어인 코람데오로 교회 이름을 짓는 것에 부정적인 의견들이 있었다. 교회의 부흥에도 교회 이름이 큰 역할을 하고 있다고 생각하는 것이 일반적인 통념이기 때문이다. 교회는 자고로 엄숙하고 경건한데다가, 약간은 딱딱한 분위기를 풍겨야 한다고 생각하는 사람들도 많았기에 이름을 정하기가 쉽지는 않았다.

하지만 역으로 생각하면 사람들이 잘 모르는 코람데오라는 이름이 하나님의 선하신 뜻을 세상 속에 바르게 전달하는 도구가 되리라는 생각도 들었다. 의미를 알게 되면 모두가 고개를 끄덕일 수 있는 이름이기 때문이다. 신앙과 삶의 모습을 일치하게 살아내고자 하는 신앙인의 의지의 표현이니 더욱 그럴 것이다.

코람데오의 발음에 얽힌 재미있는 에피소드가 하나 있다. 전에 섬기던 교회 집사님이 우리 교회에 출석하는 청년을 식당에서 만났다고 한다. 이야기 도중에 청년이 자신이 나가고 있는 교회를 소개하면서 코람데오교회라고 했으나 집사님이 '호랑게교회'로 잘못 알아들었다고 한다. 그래서 '남묘호렌게쿄' 같은 사이비 종교집단이 아닌가 하는 인상을 받았다는 이야기를 전해 듣고, 내심 '그렇게 들리기도 하겠구나.'라는 생각이 들어 웃음이 났다.

교회 차량에 붙은 '코람데오교회'는 대외적으로 모든 사람에게 드러나는 얼굴과 같다. 이 때문에 차량을 운전할 때, 마음가짐과 행동에 있어서 늘 조심을 하게 된다. 하나님의 뜻을 생각하면서 조심하게 되는 것조차, 모두에게 하나님의 빛을 드러내는 것이라 생각하니 마냥 기쁘다. 우리 교회의 성도는 20~30명 정도지만, 모두 자연스럽게 '하나님 앞에서' 살고 있다.

코람데오를 삶의 모토로 생각하며 구현하고자 노력하는 가운데 바른 삶의 모습들이 드러나게 됨을 볼 수 있으니, 이보다 더 잘 지은 이름이 있겠는가!

하나님의 살아계심을 믿는 삶

예고 없이 찾아온 코로나19로 많은 성도가 어려움 속에 살고 있다. 모든 외적인 상황도 하나님께서 주관하시는 것임을 우리는 잘 알고 있다. 개인적인 일도, 세계적인 일일지라도 이 모든 것에는 주님의 뜻이 있다. 믿는 자들은 주님 앞에 바로 서야 하고, 믿지 않는 자들은 겸손하게 주님 앞으로 나올 기회가 되어야 한다.

우리에게 주신 좋은 기회를 놓치지 말자!

주님 앞에 엎드리며 말씀 앞에 바로 서자!

절망과 한숨 속에서도 우리에게 위로와 소망이 되는 한 가지는 바로 '하나님은 살아서 역사하신다.'라는 것이다. 또한 여전히 주의 사람들을 찾고 계신다.

진짜 성도가 누구인가!

어려운 환경 속에서도 누가 나를 예배하고 찾느냐!

모든 상황을 하나님께 맡기고, 하나님의 일하심을 기다리며 묵묵히 모든 것을 행하면 주님께서 범사에 역사해 주실 것을 믿는다.

하나님 앞에서 진실되게 살아가는 모든 성도의 삶에 주님께서 큰 복 주시길 간절히 기도드린다.

주님이 걸으셨던 그 길,
이웃 사랑의 마음으로 걸어가리!

황희민(코람데오 마살아츠 관장)

주님을 만나기까지

우리 가족은 모두 기독교인이 아니었다. 여섯 살 즈음에 큰고모의 전도로 가족들과 함께 교회에 다니기 시작했다. 그러나 계속되는 가정불화와 잦은 이사 때문에 교회를 꾸준히 다닐 수 없었다. 구원에 대한 확신조차 없었다. 믿음이 크지 않았기에 한동안 교회를 잘 다니다가도 상황이 어려워지면 또다시 다니지 않게 되는 일들을 반복했다. 가족을 교회로 이끈 큰고모는 우리에게 큰 상처를 남기고 떠나셨고, 이 일을 계기로 가족 모두가 교회를 더는 다니지 않게 되었다. 이런 상황 속에도 주님은, 가족 중에서 유일하게 나를 교회로 이끄셨다. 교회 목사님과 주변 사람들을 통해 끊임없이 돌아오라고 하신 것이다. 생각해 보면 모두가 나를 순종케 하신 주님의 은혜였다. 그렇게 교회 다니는 것을 그만두지는 않았지만, 스물네 살이 되기까지 그저 교회를 왔다 갔다만 하는 종교인으로 살았다. 몸은 청년으로 성장해 갔지만, 내 믿음은 마치 '바람에 나는 겨'와 같이 여섯 살에 멈추어 있었다.

가정불화는 여전히 심했다. 어떻게든 이 불운한 가정생활에서 벗어나고 싶었고, 탈출구는 오로지 돈을 많이 버는 것뿐이라 생각했다. 그저 돈 버는 일에만 집중해서 살다가 다단계의 유혹에까지 빠지게 되었다. 젊은 나이에 800만 원이란 빚이 생긴 것이다. 앞길이 정말 막막했다. 그렇지만 어리석은 나 자신만을 탓하기에는 시간이 너무 없었다. 방법을 찾다 겨우 공장에 취직하게 되었는데, 잠시 다닐 줄 알았던 공장에서 3년간이나 일하게 되었다. 그동안 해보지 않았던 2교대 근무 공장일로 인해 날이 갈수록 몸과 마음이 힘들고 곤고해져 갔다. 주님께 내 앞길을 묻고 싶었다. 그제서야 주님께 처음으로 기도다운 기도를 드렸다. "주님, 저는 어떻게 해야 할까요?" 고난 가운데 무릎 꿇은, 나와 하나님과의 첫 만남은 이렇게 시작되었다.

모든 일의 시작되신 주님

빛 하나 없던 삶에서 빛과 같은 소식이 들려왔다. 때마침 지인이 실용음악학원을 같이 해보자고 제안한 것이다. 공장생활이 힘들기도 할뿐더러 대학에서 실용음악을 전공했던 나로서는 반갑기도 한 제안이었다. 빚을 갚기 위해서 공장을 계속 다녀야 하는지, 동업으로 학원을 운영할 것인지를 결정해야 했다. 고민하던 차에 교회 수련회에 참석하게 되었고, 나는 이 모든 문제에 대해 간절히 기도하며 주님께 답을 구했다. 기도의 응답은 '모든 것을 구하며 담대히 나아가라.'였다. 돈에 대한 갈구와 걱정은 그만하라는 뜻인 것 같았다. 주님의 말씀을 붙들고 결국 공장을 그만두었고, 많진 않았지만 그동안 모아두었던 전부를 투자해 담대하게 첫 사업을 시작했다.

어디서나 시련은 나를 기다리고 있었다. 쉬울 줄 알았던 사업은 어려움이 많았다. 특히 동업하는 친구와의 의견 차이로 힘들었다. 학원을 시작하기 전, 학원에서 하루 한 번은 예배를 드리고 학원 수입의 일부는 찬양 사역을 위해 쓰자고 합의했었지만, 점차 사업이 어려워지면서 모든 것이 계획대로 되지 않았다. 심지어 친구와의 갈등으로 예배에 소홀하게 된 나를 발견하게 되었고, 어렵게 시작한 첫 사업을 그만두어야겠다는 생각이 들었다.

손해는 막심했고, 심신은 지쳐 가고 있었다. 실패감과 불규칙한 생활로 날이 갈수록 삶은 피폐해져 갔다. 더는 나 자신을 방치할 수 없었다. 문득, 어릴 때부터 좋아했던 운동이라도 해볼까 하는 생각이 들었다. 언제나 활기찼고 체육 선생님이 꿈이기도 했던, 진짜 내 모습을 찾고 싶었다. 그날부터 마샬아츠 학원에 등록하여 운동을 시작했다. 그로 인해 무기력했던 생활이 어느덧 활력을 되찾아가기 시작했다.

마샬아츠는 일반인들에게는 조금 생소한 퍼포먼스 형식의 무술이다. 태권도, 기계체조, 덤블링, 브라질 무술이 접목된 것으로 미국에서 스포츠의 한 형태로 처음 소개되었다. 그후 우리나라에 도입되면서 태권도 선수 나태주의 홍보로 점차 알려지게 되었다. 운동이 점차 익숙해지고 재미있어지면서 점점 심신의 회복을 되찾았다. 3개월 만에 3년이라는 악몽의 시간이 기억에서 점점 지워지고 있었다.

2013년 5월경, 관장이 개인적인 사정으로 체육관 운영을 지속할 수 없게 되었다는 소식을 듣게 되었다. 체육관을 맡아서 유지하고 싶었다. 좋아하는 운동을 하면서 일도 같이하면 좋겠다고 생각했지만, 확신은 들지 않았다.

첫 사업실패의 경험이 되살아나 쉽게 결정할 수도 없는 노릇이었다. 방법이 없어 다시 주님께 무릎을 꿇었다. 2013년 5월부터 약 10개월간의 기도 끝에 주님께서 해보라는 응답을 주셨다. 그러나 문제는 자본이 한 푼도 없는 것이었다. 첫 사업실패 후, 일을 하고 있지 않아서 통장의 잔액은 겨우 60원에 불과했다.

기도는 계속되고 있었으나 물질적인 문제에 봉착하니 심히 고민이 되었다. 체육관 인수에 관해 말씀드리자 가족들과 친척들, 교회 분들까지 모두 말렸다. 그러나 끝까지 기도의 끈을 놓지 않았다. 무모해 보일 정도로 주님께 기도만 했다. 모든 결정은 주님이 하시는 것이라 믿었다. 결국 아버지께 600만 원을 빌릴 수 있게 되었고, 일단 그 돈으로 낡은 시설을 정비하고 운동기구를 사들였다. 그리고 남은 100만 원으로 체육관을 운영해 나갔다.

우여곡절 끝에, 2014년 3월 1일에 정식으로 '코람데오 마샬아츠'라는 이름을 걸고 체육관을 시작했다. 회원은 단 한 명뿐이었다. 운영 한 달 만에 체육관을 폐업할 수는 없다고 생각하여 기도하면서 최선을 다했다. 절대 실망하지 않고, 홍보에 최선을 다했다. 모든 것을 시작하시고 주관하시는 주님의 은혜로 첫 달에 13명, 둘째 달에 14명의 회원이 들어왔고, 점점 성장하게 되었다. 단 두 달 만에 운영에 차질 없을 정도로 수익을 낼 수 있게 되었던 것이다. 승승장구하는 사업을 보면서 그동안 여유 없이 살아왔던 내 삶에도 조금이나마 여유가 생겼다.

시설 투자 비용을 제외한 수익이 점차 생기기 시작하면서 조금씩 안정될 무렵, 건물 주인이 바뀌어 이사해야만 하는 또 다른 어려움이 닥쳤다. 2015년 4월 7일, 코람데오 마샬아츠를 시작한 지 약 일 년 후였다. 당내 인생의 소중한 한 부분이자 목회의 길을 함께해 준 동역자들이기도 하다. 내가 목회자를 서원하고 준비하고 있을 때, 아내는 자신은 아직 사모가 될 준비가 안 됐다며 몹시 힘들어 했다. 당시 아이들이 초등학교 3학년, 1학년이었고 막내는 태어나지 않았다. 아이들도 어릴뿐더러 사모라는 자리를 받아들이기에는 시간이 필요해 보였다. 나는 아내를 위해 기도로 준비하며, 이를 목사님께 상의드렸다. 목사님께서도 아내에게 준비할 시간을 주는 것이 좋겠다고 권면하셨다.

그렇게 우리는 서로 각자의 자리에서 주님의 일을 준비하는 시간을 갖게 되었다. 그 사이 아내도 청주 성서신학원을 마치고, 충청대학교 사회복지대학을 다니게 되었다. 나와 아내 모두를 준비된 자로 세우시려는 주님의 뜻인 것 같았다. 그런 과정 가운데 우리에겐 늦둥이가 생겼다. 너무 늦은 나이라 조금 당황스럽기도 했지만, 주님이 주시는 축복이라 생각하고 기도하며 받아들였다. 아내는 임신 중에도 공부에 열심을 내어 학교를 잘 다녔다. 무리하는 것이 아닌가 걱정도 됐지만, 아이는 주님께 맡기고 우리 부부는 신앙생활과 공부에 열중했다.

그러던 차에 청천벽력 같은 소식을 듣게 되었다. 아내가 전치태반이라는 것이다. 아이가 자궁에 거꾸로 자리 잡은 상태로 출산 시 산모와 태아 모두 위험할 수 있고, 게다가 태중의 아이도 신경관 결손으로 인해 기형아로 태어날 확률이 높다고 했다. 아이가 걷지 못하고 평생 누워서 지낼지도 모른다고 하니 마음이 무너져 내렸고, 동시에 심한 갈등이 찾아왔다. 평생을 장애로 살아야 하는 아이를 낳는 것이 옳은 선택일까 하는 것과 수많은 인간적인 고민들이 나를 엄습했다. 하지만 우리에게 늦둥이를 주신 데는 주님의 뜻이 있다는 생각이 들었고, 주님 앞에서 죄

그렇게 빚을 갚으며 직장생활에 충실하던 중, 때마침 청주 성서신학원에서 학생을 모집한다는 공고를 보게 되었다. 야간부가 개설되어 직장생활을 하면서 다닐 수 있다는 장점이 있었다. 주님의 부르심이라 믿고 목회자로 주님께 서원했고, 2001년부터 공부를 시작했다. 그후 청주대 사회복지대학원에 진학하여 사회복지사 1급을 취득하고, '교회 사회사업의 활용실태'에 대한 논문도 쓰게 되었다. 이것을 계기로 복지목회에 대한 방향성에 가닥이 잡혔고, 지금도 현장에서 뛰는 복지목회에 많은 도움이 되고 있다.

2008년 9월에 직장에서 명예퇴직 후, 2009년 정식으로 대전신학대학교 대학원에서 3년 동안 목회자과정(Mdv.)을 이수했고, 집사로 섬기던 모교회에서 전도사로 사역할 수 있게 되었다. 2012년 목회자과정을 졸업하고, 같은 대학 일반대학원에서 예배 설교학 석사 과정(Th.M)을 마치고, 2014년에 목사 안수를 받았다. 본교회에서 부목사로 섬기면서 '코람데오교회'를 분리 개척했고, 지금까지 담임목사로 섬기고 있다.

인생의 풍랑 가운데 쓰러져 있던 나를, 끝까지 손 놓지 않으시고 일으켜 세우시는 주님. 대학원을 세 군데나 다니게 하시면서 부족한 나를 훈련시키시고, 지금까지 19년간 주의 종으로 일하게 하신 주님. 나를 살리신, 형용할 수 없는 주님의 크신 은혜다.

나의 가족, 쉴 만한 물가

아내와 2남 1녀, 나의 사랑하는 가족이다.

지금은 어느덧 아이들이 30세, 28세, 14세가 되었다. 아내와 아이들은 시 통장 잔액은 200만 원이었다.

극복할 방법은 단 하나뿐이라는 것을 그동안의 경험을 통해 알게 되었기에 주님께 다시 기도했다. 주님의 뜻이 아니면 이 사업을 접게 하시고, 뜻이면 이사 가는 곳 건물주의 마음을 움직이셔서 나의 사정을 이해할 수 있도록 해달라고 기도했다. 그 당시 상가 보증금이 3,000만 원, 월세가 55만 원이었는데, 보증금 100만 원에 월세 55만 원을 내면서 매달 50만 원씩 보증금을 메꾸는 방식으로 계약했다. 상상도 못했던 좋은 조건으로 2017년 11월까지 체육관을 잘 운영할 수 있었다.

그후 2017년 12월에 또 다른 체육관으로 이사할 사정이 생겼는데, 자주 이사하는 일로 스트레스가 쌓였다. 그때마다 주님께 기도할 수밖에 없었다. 이제 기도하는 것은 습관이 되었다. 조금이라도 여유가 생기면 나태해지는 내 모습을 주님 앞에 회개하며, 사업 초기에 주님께 매달렸던 절박함을 잊지 않으려 노력했다. 힘든 일은 언제나 일어났으나 주님이 주시는 힘은 항상 그보다 컸다. 이전에 수없이 주님을 떠났다가 회개하고 돌아왔던 모습을 다시는 주님께 보여드리고 싶지 않았다. 사업의 성과에 연연하는 것보다 내 신앙을 점검하는 것을 우선으로 생각하는 날들이었다.

2020년 3월부터 시작된 코로나19로 인해 지금은 체육관을 예전처럼 운영할 수가 없다. 그러나 그때마다 기도하면서 주님께서 선하게 이끄시는 길로 가게 될 것을 믿는다.

코람데오 마샬아츠는 '나'라는 약하디약한 한 사람이 이룬 것이 아니라, 주님과 동업하여 이루어 낸 믿음의 결과물이다. 지금까지 어려움이 어려움인지 모르고 지나갔던 것처럼 눈앞에 닥친 많은 어려움도 주님이 주시는 힘으로 이겨내길 기도한다.

청소년 사역, 진심으로 그들을 이해하는 것

사업을 시작하면서 봉사와 사역에 대한 비전이 점점 짙어졌다. 특히 아이들을 좋아하다 보니 주된 사역의 대상은 출석하는 교회의 유초등부와 중고등부였다. 가까운 곳에 있는 아이들에게 먼저 도움을 주고 싶었다. 어렸을 때 심각한 가정불화를 경험했기 때문에 교회에서조차 소외되는 아이들, 가정의 위기를 감내하고 살아가는 아이들의 마음이 이해되었고, 그들에게 항상 마음이 향했다. 그들의 공허함과 결핍을 이해하고, 주님의 사랑으로 보듬어 주는 것이 주님께서 원하시는 일이라는 생각이 들었다.

특히 한부모 가정, 위기 청소년들이 교회에서 환영받지 못하는 것이 눈에 띄었다. 직분자 자녀들과는 확연한 차이가 있었다. 소외되어 있었고, 결국 적응하지 못한 채 교회를 떠나가곤 했다. 이를 보며 중고등부 아이들, 특히 소외되고 가정환경이 좋지 않은 청소년에 대한 사명감이 생겼다. 좌우에 날 선 검 같은 주님의 말씀으로 아이들을 바르게 교육하고 싶었으나 그러기에는 내가 너무 부족한 점이 많았다.

이런 이유들로 신학교에 진학했고, 2019년부터 교육전도사 생활을 시작했다. 2020년에는 청년 교육전도사로 부임하여 청소년 문화 사역을 도왔다. 2021년에 건강에 조금 문제가 생겨 전도사 사역은 사임했지만, 지속해서 한부모 가정을 비롯한 위기가정, 소외되거나 탈선한 많은 청소년을 만나며 작은 도움을 주고 있다. 탈선하여 자퇴하거나 어려운 가정형편으로 학업을 이어가지 못하는 아이들의 공부를 도와주고 코람데오 마샬아츠에서 무료로 체육 교습도 해주고 있다. 개인적으로 도움을 줄 수 있는 분야로 그들을 지원하고 포용하며, 꿈과 희망을 심어주고자 한다. 지금은 음악, 체육, 학업을 돕는 것 등으로 작게 실천하고 있지만, 미래의 청소년 문화 사역의 방향과 목표에 대해 항상 고민하고 있다.

세상과는 구별된 교회에서조차 적응하지 못하는 청소년들이 아직도 상당히 많다. 아이들을 보면서 나의 외롭고 힘들었던 청소년기가 생각났고, 그들의 마음이 나의 마음으로 전해졌다.

요즘 대한민국의 많은 청소년이 꿈이 없다고 한다. 주님이 주신 고귀한 삶에서 비전 없이 살아가는 것이 안타깝다. 우리의 길을 인도하시는 삼위일체 하나님과 우리를 죄에서 구원해 주신 예수 그리스도를 증거하는 것이 모든 청소년의 꿈이고 비전이 되는 날을 꿈꾼다. 운동, 음악, 공부, 어느 하나 잘하는 것이 없는 나를 지금까지 이끄신 것은 주님의 한량없는 은혜였음을, 내가 만나는 모든 청소년에게 전하고 싶다.

주님의 말씀에 순종하기는 쉽지 않은 일이다. 때로는 청소년 사역에 대해 인간적인 마음으로 걱정이 밀려들 때도 있다. 그럴 때마다 주님의 인도하심을 구하며, 맡기신 사명을 잘 감당하길 기도한다. 같은 뜻을 갖고 함께 나아갈 동역자를 찾는 것도 또 하나의 기도제목이다.

아이들에게 "내가 너희와 같이 방황하는 모습으로 살고 있을 때 주님께서는 한 번도 화를 내지 않으셨고, 오히려 사랑으로 인도해 주셨어."라고 자주 이야기해 주곤 한다.

아주 작은 노력이었지만, 그 작은 것들에 힘입어 실질적인 삶의 변화를 보인 청소년들도 있었다.

한 친구는 전형적인 '비행 청소년'의 길을 가는 고3 여학생이었다. 술, 담배는 기본이고, 대화 대부분이 욕이었다. 폭력 성향도 있어서 주변인들이 매우 힘들어 했다. 외로움과 결핍의 문제인 듯 보였다. 교회에서 이 친구와 지속적으로 만나며 교제했다. 같이 찬양하며 기도했고 옆에서 함께해 주었다. 주님의 은혜로 고등부에 출석하면서 조금씩 변화하는 모습이 보였다. 지금은 술, 담배를 모두 끊고, 찬양 인도와 중고등부 임원, 교회 찬양 팀 사역을 하고 있다. 이제는 찬양 사역자의 꿈까지 갖게 되었다.

또 한 아이는 가정불화는 없었으나 관심과 애정이 결핍된 청소년이었다. 교회에 출석은 했으나 공동체의 안락함과 소속감을 못 느끼는 친구였다. 자신을 말로 표현하는 방법에 익숙하지 않아 긴 시간 동안 모두와 벽을 쌓고 지냈다. 나는 주중에 한두 번 고정적으로 이 친구와 만나서 그의 고민을 들어주었다. 그러면서 이성문제, 술, 담배 등에 관해 솔직하게 이야기 나누게 되었고, 이 친구도 처음과는 다르게 점점 자신을 표현하는 모습을 보였다. 자연스럽게 오랜 시간을 같이 보내게 되면서 나도 이 친구도 모두 주님 안에서 조금씩 변화됨을 느꼈다.

자신을 이해해 주고, 이야기를 들어주는 사람이 있는 것만으로도 청소년들은 많은 부분에서 변화가 일어난다. 행동 양식, 의사 표현 방법, 삶을 대하는 태도를 비롯한 전인적 차원에의 변화다. 비록 오랜 시간이 걸리긴 했지만, 희망을 품고 기도하며 노력한 결과 90퍼센트 정도의 청소년들에게 전인적인 변화가 일어났다. 모두 선하고 전능하신 주님이 하신 일이다. 내가 청소년기에 그들과 같은 고난을 겪어보지 않았으면 갖지 못할 인내심이 생겼다. 나에게 주어진 환경이 어릴 때는 고되고 힘들기만 했는데, 이제 그것을 통해 한 생명을 이해하고 품을 수 있는 마음을 주신 주님께 감사드린다.

아이들은 자신의 그릇된 모습을 보고도 끝까지 참으며 인내하는 나를 보고 '바보 선생님'이라고 놀리기까지 한다. 그저 웃을 수밖에 없다. 십자가에 달리사 온전히 참으신 우리 주님의 사랑을 본받고 싶다.

해외선교, 때가 되면 자라나는 주님의 씨앗들

사업을 시작하면서부터 조금씩 해외선교에 비전을 품게 되었다. 교사로 2017, 2018년 두 해에 걸쳐 다녀온 필리핀 단기선교는 큰 의미가 있었다.

첫해의 선교는 교회학교 중고등부 아이들에게 선교에 대한 비전을 심어주고, 믿지 않는 자들에게 복음을 전함으로써 예수 그리스도의 모습을 나타내고자 하는 두 가지 목적이 있었다.

선교가 중고등부 아이들에 대한 사역의 일환이라는 생각도 들어 2~3주 정도 교회에서 합숙하며 기도로 준비했다. 기대하던 선교지에 도착하자 현지인들이 평소에 자신들도 먹지 못하는 귀한 음식을 나누는 것에 깊이 감동했다. 참으로 따뜻한 환대였다. 그동안 우리가 누린 것들에 대해 감사했고 매우 부끄러웠다.

그런데 섬김을 받은 것에 보답해야 한다는 마음이 들었는지 아이들은 복음을 전하고 예수님을 나타내는 것보다 준비한 것들을 자랑하는 데만 목적을 두고 있었다. 아이들 스스로 잘못된 모습을 똑바로 보는 것이 필요하다고 느꼈다.

그때 나 자신 또한 돌아보게 되었다. 나 역시도 열매 맺는 것을 원했다는 것을 깨달았다. 선교는 사람이 하는 일이 아닌, 주님이 하시는 일이란 것을 깊이 깨달았다. 쉽지 않은 깨달음을 주신 주님께 감사하면서 아이들도 독려했다.

2018년도에 필리핀에 다시 갔을 때, 그곳은 1차 선교 때와는 사뭇 다른 모습이었다.

그들이 복음을 조금씩 받아들이는 모습을 보게 되었다. 선교를 마치고 한국에 돌아와서도 꾸준히 우리에게 연락하면서 교제하고 사랑을 나누게 되었다.

두 번의 해외선교를 통해 복음의 씨앗을 뿌리는 것뿐, 때가 되면 자라나게 하시는 것은 주님이심을 알게 되었다. 그때의 마음을 잃지 않으려 노력하지만, 잘 되지는 않는다. 나약한 인간의 마음을 버리고 주님의 뜻을 따라 그분의 사랑을 전하며 살고 싶다.

말씀으로 새롭게 일어서리!

주님께서 특별히 감동 주신 두 가지 말씀이 있다.
첫 번째 말씀은 마태복음 4장 19절이다.

"말씀하시되 나를 따라오라 내가 너희를 사람을 낚는 어부가 되게 하리라 하시니."(마 4:19)

두 번째 말씀은 요한복음 21장 15-17절이다.

"그들이 조반 먹은 후에 예수께서 시몬 베드로에게 이르시되 요한의 아들 시몬아 네가 이 사람들보다 나를 더 사랑하느냐 하시니 이르되 주님 그러하나이다 내가 주님을 사랑하는 줄 주님께서 아시나이다 이르시되 내 어린 양을 먹이라 하시고

또 두 번째 이르시되 요한의 아들 시몬아 네가 나를 사랑하느냐 하시니 이르되 주님 그러하나이다 내가 주님을 사랑하는 줄 주님께서 아시나이다 이르시되 내 양을 치라 하시고

세 번째 이르시되 요한의 아들 시몬아 네가 나를 사랑하느냐 하시니 주께서 세 번째 네가 나를 사랑하느냐 하시므로 베드로가 근심하여 이르되 주님 모든 것을 아시오매 내가 주님을 사랑하는 줄을 주님께서 아시나이다 예수께서 이르시되 내 양을 먹이라."(요 21:15-17)

예수님께서는 항상 연약한 자들에게 먼저 찾아가셔서 그들을 위로하시고 복음을 전하시며 상한 마음을 치유해 주셨다. 거기서 그치지 않으시고 새로운 꿈과 비전을 심어주셨다. 그런 주님의 모습을 닮고 싶다. 연약한 나에게 먼저 찾아오셔서 위로하신 주님.

걸으셨던 그 길로 나를 이끄시고, 부족하지만 나는 어린 양을 먹이는 자로 살아내고 싶다.

전능하신 나의 주 하나님은 능치 못하실 일 전혀 없네

현재 출석하는 예장합동 참사랑교회는 교인 100명 정도의 교회다. 큰 교회가 아니기에 사역자들이 부족하여 한 명의 사역자가 많은 부분을

감당해야 한다. 20대 때 공장에서 근무할 당시에는 힘든 일정으로 인해 마음껏 사역하지 못하는 것이 불만스러웠었다. 그렇게 줄곧 사역에 대한 갈망이 있었던 터라 바쁜 사역도 기쁨으로 할 수 있었다. 찬양 대회에서 1등을 하게 되어 맡은 찬양 리더 자리는 그만큼 소중하고 감사한 자리였다. 3년을 싱어로 섬겼고, 7년 동안 리더로 섬겼다. 〈전능하신 나의 주 하나님은〉이라는 찬양은 내가 가장 좋아하는 찬양이자 귀한 찬양 사역을 할 수 있게 해준 찬양이다. 지금은 청소년 사역에 집중하고자 하여 찬양 사역은 내려놓았지만, 그분을 향한 열정과 사랑은 내려놓아지지 않는다.

지금 나에게 가장 큰 기도제목은 가족 구원이다. 가족들이 믿지 않아 아픈 마음을 갖고 계신 분들이 많음을 알고 있다. 그래도 포기하지 말 것은, 주님이 포기하시지 않기 때문이다.

"전능하신 나의 주 하나님은 능치 못하실 일 전혀 없네."

오늘도 혼자 찬양을 드린다. 아이들이 모두 돌아간 텅 빈 곳이지만, 그분이 나와 함께하시기에 외롭지 않다.

나는 믿는다. 능치 못하심이 없으신 우리 주님을!

내가 하는 것이 아닌, 전능하신 주님께서 우리 가족과 나의 삶을 주관하심을!

영원한 나의 집을 바라며

나의 집은 '코람데오 마샬아츠' 체육관이다. 아늑한 나의 보금자리자 일터다. 영원한 내 집은 하늘에 마련되어 있으므로 늘 기쁘다. 그 집을 바라며 오늘을 살아내는 힘을 얻는다.

때론 정직함으로 살아내는 것이 매우 힘들다. 인간관계에서나 사업적으로 손해를 보더라도 주님 보시기에 정직한 삶을 살아야 한다고 생각한다. 사람들이 종종 손해 보는 나보고 바보 같다고 이야기를 할 때도 있다. 크리스천에게 정직함이란 세상이 말하는 정직의 개념은 아닐 것이다. '주님이 보시기에' 어떠냐는 것이다. 주님이 보시기에 내 모습이 좋다면, 그것으로 충분하다. 그로 인해 믿지 않는 사람들이 주님의 향기를 느끼고, 때론 자기 삶의 방향을 바꾸게도 될 것을 믿는다.

시끌벅적하고 바쁜 하루를 마무리하면서 생각한다. 주님께서 오늘 하루 나로 인해 기뻐하셨다면 나도 기쁘다고.

오늘도 '코람데오'로 구별된 삶을 살며 주님의 말씀을 붙들고 부끄럽지 않게 주님 앞에 서고 싶다.

어려운 시기지만, 부족한 글을 읽는 모든 이들이 주님 앞에서 정직하게 살아내기를 소망한다.

제자의 길을 걷는
감사와 기쁨

임병해(코람데오 출판사 국장)

"하늘로부터 소리가 나기를 너는 내 사랑하는 아들이라 내가 너를 기뻐하노라 하시니라."(막 1:11)

한겨울 이른 아침 6시 10분, 서울 지하철 2호선 삼성역 근처 이면 도로 안쪽. 환경미화원 두 분이 건물 계단에 앉아서 시린 손으로 담배를 맛있게 피운다. 부자들이 밀집되어 있는 강남 지역 새벽길에 얼마나 고단한 일상인가. 코람데오가 운영하는 푸드 뱅크의 간식 빵을 건네드렸더니 "잘 되었어요! 고맙습니다!"라며 반갑게 인사를 해준다.

'잘 되었어요!' 흔치 않은 인사말이었다.

만일 예수님께서 길거리 전도를 다니신다면, 이 시간대에 열심히 일하는 사람들(도로 환경미화원, 신문·우유 배달원, 버스 기사, 건물 경비원, 식당 식자재 배달원, 쿠팡맨, 24시간 영업 종사자 등)에게 관심을 갖지 않으셨을까. 뜨끈한 국밥이나 설렁탕으로 아침 식사도 대접하셨을 것이다. 그들 삶의 애환을 들으시며 위로해 주시고, 간절히 기도해 주셨을 것이다. 각인의 지병을 고쳐주시고 여전히 하나님 나라의 복음을 전파하셨을 것이다.

부족하나마 예수님의 손발 역할을 해보려는 미천한 사역을 하면서 우리 주님을 기쁘시게 해드리고, "잘 되었다", "잘 했다"라는 인정을 받고 싶다.

1993년 여름에 시작된 코람데오 사역은 네 가지로 운영된다.

△ 문서선교 출판 사역

△ 푸드 뱅크 사역

△ 선교사 안식관(2000~2012년 운영)

△ 국내 거주 아프리카 난민 돕기(시설 '주 날개 밑' 2000~2013년 운영)

하나님께서 허락하신 달란트와 경력들로 문서선교 출판, 취재, 원고 집필을 하면서 발생하는 수익금은 동역자들의 최소 생활비로 사용한다. 그 후에 푸드 뱅크, 선교사, 사회복지시설, 난민들에게 재정이 흘러가는 선순환 구조의 사역이다.

거래처들은 주로 교회, 선교회, 기도원, 기독교계 사회복지시설, 문학 단체들이다. 모두 헌금이나 후원금으로 운영되는 곳들이다. 돈을 제대로 잘 사용해야 한다는 부담감이 앞선다. 착한 마음, 귀한 뜻이 담긴 재정을 바르게 사용한다는 자세를 유지하기 위해 노력한다.

선순환 구조의 자립 선교 사역에 감사

1981년부터 기독교 언론계에서 일하며 신실하고 아름다운 사역자들을 인터뷰하여 많은 성공 사례와 미담들을 글로 썼다. 앞선 깨달음으로 세속에서 하늘의 삶을 가꾸는 분들을 만나는 은혜롭고 감사한 세월이었다. 하나님 중심의 신앙 선배들에게 산 교훈을 배웠던 인생 공부 기간이었다. 『누룩이 된 사람들』, 『사랑의 손길 기쁨의 발길』, 『이거두리 이야기』 등이 당시에 펴낸 책들이다.

십여 년이 넘어가면서 '너는 지금 무엇을 하고 있는가? 언제까지 남의 이야기만 쓰겠는가? 뭔가 할 일이 없는지 찾아보면 어떻겠니?' 하는 성령님의 감동에 잇닿았다.

글을 쓰는 무명의 청년이 가파른 세상에서 어떤 일을 할 수 있을지를 고민했다. 주일에 서울 거리 교회들에서 나오는 수많은 크리스천들을 보면서 '이렇게 크리스천들이 많은데, 왜 세상은 갈수록 혼탁하고 각박해지는 것인가?' 하는 회의도 많이 들던 때였다.

선택의 폭은 넓지 않았다. 해오던 문서선교 사역을 활용하는 출판사를 설립했다.

"그런즉 너희는 먼저 그의 나라와 그의 의를 구하라 그리하면 이 모든 것을 너희에게 더하시리라."(마 6:33)

이 말씀을 기억하며 시작했다. 한 세기 이상의 생명력을 유지하는 코람데오가 되기를 소망했다. 겨자씨 나무처럼, 백향목처럼 귀하게 쓰임받는 출판선교공동체가 되기를 기도드렸다. 신대륙에 도착한 청교도들처럼 교회를 짓고 학교와 병원을 세우지는 못했지만, 하나님 보시기에 기뻐하시는 일들을 찾아보았다. 봉사할 수 있는 일에 참여했다.

그동안의 경험과 인맥을 선용하여 자서전·회고록 대필, 교회사 집필,

선교단체와 사회복지시설들의 회지, 소식지들을 제작했다. 주님의 구속 섭리, 십자가 은혜를 묵상하며, 매일 아침 업무를 성경 음악으로 시작했다. 요일별로 다른 오라토리오 곡이었다. 프란츠 요제프 하이든의 〈천지창조〉, 게오르크 프리드리히 헨델의 〈솔로몬〉, 펠릭스 멘델스존의 〈엘리야〉, 요한 제바스티안 바흐의 〈마태수난곡〉, 펠릭스 멘델스존의 〈바울〉, 요한 제바스티안 바흐의 〈b단조 미사〉, 주일에는 게오르크 프리드리히 헨델의 〈메시아〉였다. 전곡을 기도드리는 마음으로 감상하며 행복한 시간을 누렸다.

정말이지 좋은 음악, 미술, 온갖 종합예술을 즐길 수 있는 이 시대에 살고 있음을 늘 감사드리고 황송하다.

영적인 상태를 유지하기 위해 사무 공간과 구분지어 놓은 기도실도 만들었다. 사무실 이전 후에는 피아노 부스를 기도실로 사용했다. 직원들은 시간을 정하여 중보기도를 드렸다. 직원들을 채용할 때는 1차 면접 통과 후에 40개 문항을 써오도록 했다. 아래는 그 40문항 전문이다.

1. 인생관(가치관)

2. 신앙관

3. 시간관

4. 사람이 살아가는 동안 중요한 덕목 세 가지와 그 이유

5. 직업관

6. 이전에 다니셨던 회사의 장점과 배운 점은 무엇이었나요?

7. 물질(돈)을 대하는 시각과 한 달에 필요한 최소한의 물질

8. 앞으로의 비전

9. 미리 작성해 보는 유언장

10. 자신의 묘비명 문구

11. 주께서 믿는 젊은이들에게 원하시는 것

12. 지구촌, 인류가 당면한 문제

13. 그 대안

14. 오늘날 한국 사회의 문제들과 대안

15. 관련하여 저술한 책이 있으시면 책 제목(출판사, 연도)을 써 주세요.

16. 우리는 이 시대를 어떻게 살아야 할까요?

17. 나름의 신념과 신앙의지로 실행해 온 부분

18. 교회활동

19. 사회봉사 단체에 소속되어 펼치는 활동은 어떤 것이 있으세요?

20. 꾸준히 즐기시는 취미활동

21. 평소 나눔 생활, 어려운 이웃들에 대한 관심을 실천하는 부분을 말씀해 주세요.

22. 이전에 원고 작업, 인터뷰, 취재 원고 작성, 교정교열, 편집 디자인 경력이 있으세요? 있으시다면, 작업하신 책 이름, 매체명, 경력 기간을 기록해 주세요.

23. 부양하시고 책임지셔야 하는 가족 구성원은 어떻게 되시는지요? 그리고 희망하시는 월 최소 급여액은 얼마인가요?

24. 만일 입사가 되면, 몇 곳의 거래처 확보가 가능하신가요?

25. 자립선교를 위해 성실하게 일해서 발생 이윤을 선교와 구제를 목표로 하는 회사 이념을 이해하시고 동참, 동역하실 수 있겠습니까?

26. 회사가 후원금을 지원한다면, 누구에게, 어디를?

27. 코람데오에 입사가 허락된다면, 사명감으로 몇 년 정도 근무하실 예정입니까?

28. 헌혈 경험이 있으신지요. 지금까지 몇 회 정도 하셨나요?

29. 노력봉사로는 어떤 것이 있으세요?

30. 저희 회사에서 운영하는 선교관과 난민 쉼터 '주 날개 밑' 운영을 잠시 쉬고 있는데, 앞으로 재개 예정입니다. 월 2회 정도 19:00~21:00에 그들의 한글공부 자원봉사 교사를 돕는 보조업무 참여가 가능할는지요?

31. 2004년 11월부터 '코람데오'에서는 유명제과점 빵들로 '푸드 뱅크'를 운영하고 있습니다. 빵 분류, 배분, 포장, 낮은 이웃들에게 나누어 드리는 섬김활동을 감사히 즐거움으로 하실 수 있으실는지요?

32. 최근에 읽으신 책의 저자, 출판사 알려주세요.

33. 코람데오 직원들은 신앙고백 차원에서 자원하는 마음으로 출퇴근 시에 전도지를 배포하는 일을 합니다(전철 의자, 공중전화 부스, 은행 고객 공간 등). 이를 기쁜 마음으로 하실 수 있는지요?

34. 어떻게 신앙에 대해 공부 및 계속 교육받는지, 그리고 정기적으로 구독하는 전문지, 잡지 및 요즘 읽은 책 3권은?

34. 업무 향상을 위해 꼭 다니고 싶은 학원이나 강좌명

35. 업무(근무) 중에라도 정기적으로 꼭 다녀야 할 병원이나 모임이 있으신지요?

36. 최근의 건강 상태, 장거리 여행 시 어려움

37. 해외여행 경험, 여권 소지 여부

38. 대인관계에 대하여(① 친구, 주변 이웃을 대할 때 ② 코람데오 직장동료를 대하시는 기본 마음 ③ 직장에서의 거래처들에 대한 느낌과 그분들을 대하는 마음)

39. 우리의 형편에서 꼭 해봄직한 새로운 선한 사업(프로그램)을 말씀해 주신다면?

40. 현재 나의 기도 제목 세 가지

40문항을 써보도록 한 것은 사명감과 진실성, 선교 마인드를 갖춘 크리스천이어야 이 사역을 감당할 수 있기 때문이다. 교회에서 반주자, 주일학교 교사, 중직자라 해도 막상 입사해서 코람데오 사역에 동행하자고 제안하면, 모두가 흔쾌히 동역하는 것은 아니었다. 사역자보다는 그냥 돈 버는 직장으로, 평범한 직장인으로 대우해 주길 바랐다. 그러나 나로서는 흩어지는 교회, 평신도 사역자로서 세상을 변화시키는, 작지만 강인한 그리스도의 제자이기를 원했고 독려했다.

교회에 모여서 말씀 듣고 성경 공부하고 기도, 친교, 나눔을 하는 것은, 결국 세상으로 나아가 하나님 나라를 확장하는 삶의 예배자, 생활신앙인으로 살아가는 것을 목적으로 하기 때문이다. 마치 주유소에서 기름을 가득 넣은 차는 목적지를 향하여 달리기 위함인 것처럼 말이다. 교회라는 주유소에서 받은 말씀과 은혜, 능력으로 세상을 변혁시키는 사도로서 살아가야 할 책무가 있다.

이제껏 많은 사람들을 겪어본 바로는, 교회 안에서의 천사 같은 모습과 현실 세계에서의 모습이 너무도 판이하게 다른 경우가 있었다. 금전 문제나 작업비 지불에 있어서도 깔끔하지 않았다. 믿지 않는 사람들과 믿는 사람들이 별반 다르지 않았다. 배워온 교회 교육이 바른 삶으로 적용되지 않고, 머리에 지식으로만 머물기 때문이 아닌가 싶다. 하나님께서 교회에만 계시고, 실제 삶에 대하여는 관심없으신 것인양 착각하는 크리스천들이 있다. 기성세대 크리스천이 되어버린 나 자신부터 반성, 회개할 일이다. 크리스천은 위임받은 백지수표처럼 진실로 신뢰받는 사람이어야 한다. 그런 사람이 복음을 전해야 한다.

도서 제작 출판은 '자비 출판' 위주로 운영했다. 교회나 개인이 자기 돈을 내면 책을 만들어 주는 것이다.

출판사가 기획하고 제작, 홍보까지 하는 '기획 출판'은 뜻있는 작업이다. 하지만 많은 노력과 위험 부담이 따르고, 성공도 장담할 수 없다.

이에 비하여 자비 출판은 교회 역사, 성공한 인생들의 자서전과 회고록, 간증도서 집필·제작이므로 위험하지 않았다. 가장 큰 단점은 생명력이 길지 않으므로 끊임없이 거래처를 확보해야 한다는 것이다. 하지만 이렇다 할 배경이 없는 입장에서는 순간마다 매일매일 최선을 다하는 수밖에 없었다. 하나님의 은혜에 의지하는 방법 외엔 지름길이 없다. 조심조심 일하다 보니 알음알음으로 알려졌다. 고구마 덩굴, 줄기가 뿌리 내려 고구마들을 수확하듯 했다. 정말 주님의 인도하심 덕분이었다.

사람은 살아가며 '자식'과 '책'을 남긴다. 교회를 들어 쓰시는 하나님의 역사, 구원 섭리들을 공부하는 의미 있고 소중한 날들이었다. 한국교회 선진신앙들의 순수한 하나님 사랑을 깨닫는 영적훈련의 세월에 감사드린다.

지금까지 『서울 광림교회 50년사』, 『대구 성명교회 30년사』, 『기독교대한수도원 50년사』 등 오십여 교회, 시설, 기관들의 역사책, 다양한 교단 목회자들의 설교집, 시설의 상황을 후원자들에게 알려주는 공익도서 『작은 나눔 큰사랑』, 『병원목회와 치유』를 비롯한 사회복지시설 설립자들의 간증집, 『성경과 예술의 하모니』(구약·신약편), 『교회음악사』, 『꽃을 그리다』와 같은 문화예술 서적 등 270여 종을 발행했다. 전적으로 하나님께서 지혜주시고 만남을 주선해 주셨으며 인도, 보호해 주신 덕분이었다.

하나님 은총으로 생존하는 출판도서 270여 종

돌이켜 보면 현실적으로 가난한 삼십대 후반의 청년이 나름대로 독립된 사역을 시작하며 믿을 것은 하나님을 향한 간구의 기도, 삶에서의 진실한 언행뿐이었다. 하나님의 심기를 편안하게 해드리는 삶, 거래처 분들에게 만족할 만한 결과물을 만들어 드리는 일을 최우선 과제로 삼았다. 목표한 대로 살지는 못했지만, 크신 은혜 안에 휴일 없이 밤샘 원고 작업을 할 만큼 일이 많았다. 한 기간에 세 교회의 교회사를 집필, 제작하던 시기도 있었다. 어쩔 수 없이 가족에게 충실하지 못했고, 자녀 양육에 정성을 다하지도 못했다. 집안의 대소사에 거의 참석하지 않아서 비난도 받았다. 외로웠던 아픈 기억이다. 조화롭고 덕스러운 삶을 가꾸지 못한 삶을 뉘우친다.

일정 기간이 지나면서 수익이 늘어났다. 취재 편집, 디자인, 선교 나눔 팀으로 업무를 분장했다. 자립 선교와 구제 사역! 전부터 원하던 사역의 방향이었다. 어렵게 물색한 후원자들에게 모금을 요청하고, 유지를 위해 노력하고, 그들의 눈치를 봐야 하는 삶은 얼마나 불편한 일인

가. 사도 바울처럼 천막을 짓는 기술은 없지만, 주신 달란트로 은혜 안에서 기쁨으로 살아가면 될 일이었다. 허락하시는 능력의 범위에서 성의껏 자립으로 사역을 펼치면 된다.

사회복지시설의 선진 모델인 '그룹 홈'을 운영하고 싶었으나 능력 부족이었다. 우선은 도서출판 사업이 내실 있게 운영되도록 노력했다. 그 자체가 목적 사역인 문서선교였고, 현실 생활을 위해 수익도 창출해야 했기 때문이다. 출판업이 부자가 되는 일은 아니지만, 의미 있고 사역비도 발생되었다. 조부모, 부모 세대의 신앙을 후대에 전승시키는 '책의 종교'로서 기독교출판은 매우 의미있고 보람 있다.

"거류민이 너희의 땅에 거류하여 함께 있거든 너희는 그를 학대하지 말고 너희와 함께 있는 거류민을 너희 중에서 낳은 자 같이 여기며 자기 같이 사랑하라 너희도 애굽 땅에서 거류민이 되었었느니라 나는 너희의 하나님 여호와이니라."(레 19:33-34)

조금씩 생기는 자금으로 난민 돕기 사역을 시작했다. 법무부 출입국사무소, UNHCR(United Nations, High Commissioner for Refugees, 유엔난민고등판무관사무소/유엔난민기구)의 도움으로 국내에 들어와 있는 난민 신청자들을 돕기 시작했다.

주택을 임대하여 난민보호시설 '주 날개 밑'의 문을 열었다. 처음에는 아프리카 콩고 정보국 출신의 난민 신청자 한 사람으로 출발했다. 인종 간의 갈등, 내전, 민주화운동 등으로 국가의 정세가 불안한 아프리카 사람들이었다. 콩고, 코트디부아르, 라이베리아, 우간다, 남아공, 모로코 등에서 천신만고 끝에 한국으로 들어온 이십대 후반 이후의 사람들이었다. 숙소와 침식 제공, 직장 알선, 한글교실, 문화 체험, 교회 데려가기, 병원 소개, 난민의 모국에 송금해 주는 일이 주된 사역이었다. 정기적인 자원봉사자들도 필요했다. 형편에 따라서 처음의 장충동에서 신당동으로, 정릉으로 시설을 옮겼다.

많을 때 인원은 열두 명까지 되었다. 기본으로 세 달을 머물게 하고 취업되면 퇴소시키는 기준을 세웠지만, 숙소생활은 더 길어졌다. 난민 인정이 안 되면 출국하는 것이었고, '주 날개 밑'에 살면서 취업이 안 되면 그냥 머물 수밖에 없었다. 이 년 넘게 생활한 친구들도 있고 입소와 퇴소를 반복하는 경우도 있었다. 기도와 사랑, 인내가 요구되는 사역이었지만, 부족한 나는 그렇게 하지를 못했다. 밤에는 아쉬움의 회개기도가 반복되었다. 그들의 입장과 처지에서 생각하고 벌어지는 일들을 수용해야 되는데, 그러지를 못했다. "허리를 굽혀 섬기는 자는 위를 보지 않는다."라는 테레사 수녀 말씀처럼 전적인 헌신을 하지 못했다. 나도 모르게 높아져 있는 '갑' 입장에서 난민 친구들을 대한 것을 회개하는 밤이었다.

많은 난민 친구들이 거쳐 갔다. 제대로 잘 정착하여 한국에 귀화해 한국 이름을 취득한 친구, 겸임교수가 된 친구, 고국의 가족을 불러들여 안산에 살고 있는 친구, 이태원, 시화공단이나 포천 송우리에 살고 있는 친구들도 있다. 이들의 정착과정은 지난했고 우리 역시 힘이 모자랐다.

언어가 안 되는 외지인인데다, 흑인으로 인종차별을 겪으며 소외당하고 무시받으며 살아가는 한국생활이어서 신경이 날카로웠다. 난민 친구들 간에 싸움과 폭행도 잦았다. 경찰서, 화성보호소, 청주교도소까지 면

회하는 일도 있었다. 시간과 정성, 재정이 끝없이 들어가는 일인데다, 이 사역에 동행하지 못하는 사람들, 어려워지는 살림살이 등으로 지치게 되었다. 그렇게 12년 6개월 정도 난민보호시설 '주 날개 밑'을 운영하다가 부끄럽게도 임시적으로 문을 닫았다. 이들을 돕는 민간단체들도 생겼고, 정부에서 운영하는 난민시설이 인천 영종도에 건립되기도 해서 조금은 마음의 부담을 줄일 수 있었다.

그동안 퇴근 이후에 시간을 내어 한글교실 봉사로 동역해 준 마음 좋은 직원 분들, 퇴사 후에도 많은 액수를 나눔 사역 빵 박스 제작비로 후원해 준 분, 물심양면 자원봉사로 협력해 준 선생님들과 가족친지들, 지인들, 교포들에게 진심으로 감사드린다. 세상 떠나도록 이분들에게 진 사랑의 빚을 잊지 못할 것이다.

'주 날개 밑'을 거쳐 간 많은 난민 친구들은 가끔 안부 전화를 하고 찾아오기도 한다. 이백여 명을 만나고 헤어졌으니, 난민 사역이 끊어진 것은 아니다. 가까운 친구로, 지인으로 지낸다. 푸드 뱅크 빵을 택배로 보내주고, 병원비를 지원한다. 명절 때 함께 반가운 식사모임도 갖는다.

특별히 감사한 것은 일산에 난민 가족들을 돕는 교회가 생겼다. 일주일에 두 번씩 코람데오에 와서 많은 빵을 가져간다. 난민 친구들과의 또 다른 동행인 셈이다. 형편과 여건이 좋아지면, 다시 이 사역을 시대에 맞게 알차고 의미 있게, 이번에는 더 즐겁게 해볼 계획이다.

국내 아프리카 난민 돕는 사역의 은혜

난민 친구들을 돕는 사역이 소문이 나면서 사랑의교회 이웃사랑선교부 고 강동주 집사(1955~2019) 소개로 파리크라상 제과점과 연결이 되었다. 하나님의 은혜였다. 처음에는 강남역점에서 빵을 가져가라고 연락이 왔다. 2004년 11월의 일이었다. 이후 기부해 주는 제과점들이 늘어나면서 2020년 12월 중순에는 분당 지역, 강남 지역, 이태원 지역의 지점 열한 곳으로 늘어났다.

빵 수거하는 일은 매일 새벽에 시작된다. 4시 30분에 일어나 분당 지역, 강남 지역 제과점들을 향해 운전하기 시작한다. 기도드리며 시동을 걸고 오라토리오 시디를 넣는다. 프란츠 요제프 하이든의 〈천지창조〉 중 '하늘은 주의 영광을 나타내고'다. 피조물 된 자리를 확인하며 하루 일과에 발을 내딛는다. 이어서 주님의 사역에 동행하는 마음으로 요한 제바스티안 바흐의 〈칸타타 BMV 147〉 '예수는 인간의 소망과 기쁨 되시니'를 듣는다. 경부고속도로를 달리지만, 평안해지고 다시금 신앙을 점검하는 삼 분여다. 이어 요한 슈트라우스 1세의 〈라데츠키 행진곡〉을 감상하며 새 힘을 얻는다. 씩씩하고 보무당당하게 살아보자는 다짐도 한다.

힘들고 낙심될 때는 하이든의 〈십자가 위의 일곱 말씀〉을 감상하며, 힘에 부치는 현실의 문제들을 잠시 후면 지나가는 일, 하찮은 문제로 여기며 회복을 꾀한다. '이것 또한 지나가리라.' 새벽 이른 시간의 빵 수거 두세 시간은 나에게 새벽기도다. 오래전 신앙 선배들의 명곡을 통해 하나님과 가까워지는 시간이며, 설교 말씀을 듣는 혼자만의 공간을 누리는 즐거움이다.

시설에서 생활한 난민 친구들에게는 고급 빵들이 넘쳤다. 빵 나눔 사역이 새롭게 시작되었다. 범위를 넓혀서 빵이 필요한 은퇴 교역자, 안식년 중인 선교사들, 선교훈련기관, 맹인교회, 개척교회들, 노인무료급식소, 장애인시설, 봉사기관, 어린이 공부방, 미혼모시설, 소외이웃들을 섬기는 고시원, 길거리 노숙자 분들에게 전도 소책자와 빵을 드리거나 택배로 보낸다.

빵 나눔 사역은 전혀 예상치 못한 일이었고 사역의 지경이 확장되었다. 빵과 함께 코람데오에서 제작되는 신간도서와 전도지, 말씀지들을 세 종류 규격의 박스들에 넣어 날마다 두 박스에서 많게는 서른 한 박스를 택배로 발송한다. 목적지에는 다음날 도착된다. 육적인 양식과 영혼의 양식을 나누는 보람되고 기쁜 사역이다.

도로 주차원, 고속도로 톨게이트의 요금징수원, 도심 건물의 환경미화원들에게도 함께 나눈다. 부를 축적하지 못한 무명의 출판사가 이렇게 나눔 사역을 할 수 있는 것은 하나님께서 베푸시는 특별한 은총이다. 빵에 관하여는 부러울 것이 없는 입장이 되었으니, 옛날에는 상상 못할 일이다.

사랑의 빵·복음 전도지 나눔 사역지는 사십여 곳이다. 차량 운행 주유비, 톨게이트 요금, 박스 구입 및 빵 포장재 비용, 아르바이트 비용, 택배비 등을 합하면 월 일백 사십여 만 원이 소요된다. 하나님께서 이 사역을 많이 도우심으로 가능한 일이다. 빵을 받는 분들이 감사기도를 드리고, 힘을 얻으며, 동지애를 갖게 된다. 빵과 전도지를 접촉점으로 전도·선교가 이루어지고 공동체 의식이 형성된다. 정말 감사한 사역이다!

후원해 주는 파리크라상 그룹에 깊이 감사드린다! 매일 빵을 분류하고 정성스레 박스 포장하여 건물 앞에 내려다 놓는 직원들의 노고에도 늘 고맙다. 하나님께서 이 모든 분들에게 복 주시길 기도드린다.

빵을 받는 교회들, 선교회들, 사회복지시설들은 연말에 제과점 앞으로 기부금 영수증과 고유번호증을 발급한다. 2020년 분으로 발행한 기부금 영수증 액수가 9억여 원이다. 제과점들은 기부 빵 액수 비율에 따라 면세 혜택을 받는다. 이만한 산업 발전과 세제 제도가 운용되는 선진국 대열의 우리나라다. 자랑스럽고 감사드리는 일이다.

육의 양식, 영혼 양식 나누는 푸드 뱅크

눈에 밟히는 것은 선교사들이다. 주님의 복음에 헌신하는 복음의 전령들 노고가 놀랍다. 이분들은 잘나가는 무역회사 과장, 어린이교재 회사, 은행 중역, 의대 교수, 성악가 등의 인재들로 세상살이를 내려놓고 하나님 선교 사역에 헌신하는 분들이다. 생활수준은 물론이고 만나는 사람들에 따라 그들의 눈높이에 맞추어 살아가는 사람들, 대단한 용기와 결단의 영적 전사들이다. 이분들이 개인의 이익과 영달을 포기하고 어려운 선교훈련과정을 거쳐 제3 세계, 아프리카 등의 사역지에서 전력투구하고 있다. 목숨을 걸고 하는 일이다. 이들을 위한 선교관을 양재동에서 운영하다가 사정상, 지금은 쉬고 있다. 틈틈이 여건이 될 때마다 신촌 연세대학교 동문 앞의 원룸촌 집을 물색, 선금을 내고 한두 달 임대하거나 사무실 방을 한시적으로 선교실로 사용한다.

일반 크리스천들이 나가서 선교하진 못해도 보내는 선교사의 입장이 되어 살아갈 수는 있다. 예수님께서 원하시는 복음전파 사역에 앞장서는 선교사들의 현실 생활은 궁핍하다. 건강도 좋지 않다. 열악한 환경의 필드에서 살다보니 의료혜택을 받기도 어렵고 비용 또한 감당되지 않는 경우가 많다. 신촌세브란스병원 등 몇몇 기독교 의료기관에 선교사 우대제도가 있어 그나마 다행이다. 신촌 봉원동 원룸촌을 이용하는 이유도 세브란스병원이 가깝기 때문이다.

이들의 숙식문제, 문화 체험을 돕는 일이 코람데오 사역의 일부분이다. 선교사 부부의 건강문제, 자녀의 진학문제 등으로 한국에 들어올 때에 숙소 걱정은 없어야 되는데, 육친의 형제자매들 집에 오래 머물기도 눈치 보이고 부담되어, 수도권에 있는 기도원들을 전전하는 선교사 가족들도 많다.

교회가 교단 교파의 벽을 초월, 연합하여 선교사들을 적극 도울 수 있어야 한다. 부유한 장로, 권사들이 몇 채씩 보유하는 집들을 선교관으로 빌려주기라도 하면 좋겠다. 많은 부를 축적한 분들이 청지기 신앙을 갖기를 바란다. '노블레스 오블리주'의 삶으로 전환한다면, 선교사 가족들의 고생을 훨씬 줄일 수 있다. 힘들고 지쳐서 선교직을 접고 관광 가이드가 되는 분도 있고, 일반 무역회사원으로 전직하기도 한다. 물론, 그 자리에서 생활 선교사 역할을 할 것으로 믿는다. 뜨거운 소명으로 일생을 선교지에서 지내며 그곳에 뼈를 묻으려는 각오로 험지에 뛰어든 선교사들이 중도 포기하지 않도록 물질로, 기도로 돕는 일은 후방에서 살아가는 크리스천의 의무다.

그들에게 안식년과 노후의 주거공간을 제공하는 일은, 소속교회의 공원묘지를 만드는 일보다 우선되어야 한다. 천국에서도 내 교회, 내 교파를 따지며 살 일은 아니지 않은가. 하나님 나라에 들어가서도 교회를 주식회사처럼 운영할 수는 없을 것이고, 하나님의 자녀들로 살아갈 것이다.

최소한 주기도문을 암송하며 사도신경을 고백하는 크리스천이라면, 삶의 목표를 하나님 나라에 두어야 한다. 공생공존, 복음전파 선교 사역, 구제 사역에 초점을 맞추어야 할 때다. 복음전파 사역자들이 더 필요한 시기인데, 선교 지망생들이 줄어들고 있다. 파송되어 한 세대 이상 사역했던 연로한 선교사들은 은퇴할 시기가 되었다. 그분들이 마음 편안히 여생을 보낼 선교마을이 여러 곳에 준비되어야 한다.

여호와 하나님께서 허락하시고 온전한 만남의 복들과 재정 능력, 현장의 경영권 주심을 전제한, 코람데오의 비전은 아래와 같다. '코람데오 마을 길 열어가기!'란 명칭의 기도제목이기도 하다. 각 층 실평수로 일백 평을 기준하여 지하 3층에 지상 7층 건축공간을 마련하는 것이다.

- 7-0 옥상 텃밭, 화훼 정원, 운동기구
- 7층 교회, 악기 조율 연주실, 중보기도실,
  미종족을 위한 성경 번역실
- 6층 인문 · 기독교 · 음악미술 도서실
- 5층 선교관, 난민시설,
  한방차와 커피방,
  문화예술 감상실, 순회전시실
- 4층 출판국, 편집 디자인실, 인터뷰실
- 3층 양한방 병원, 세미나실, 회의실
- 2층 이미용 · 목욕실, 호스피스실
- 1층 자율식당(무료급식), 휴게실,

신앙상담실, 여행사, 개방화장실,

한글마당_계절별 유실수·화훼 정원

- 지하1 문화공연장, 소극장, 세탁실
- 지하2 주차장, 기사 휴게실, 책 창고
- 지하3 인쇄소, 제본소, 톰슨공장, 기계·공조실, 변압·발전실 등…….

'하나님의 때'에 이루어질 코람데오 마을

하나님 앞에서 헌신한 신실한 목회자, 선교사, 의료선교 지도자, 사회복지시설 대표들의 삶을 만나고 배우면서 나도 경험한 모든 것들을 집대성하고 싶었다. 신앙의 비전 이상을 형상화하는 종합 선교복지시설로서의 '코람데오 마을' 건물을 구상한 것이다. 인류에게 그리스도의 복음이 전해지면서 사람이 더 사람다운 삶을 영위하게 되었다. 인간의 생명 존중, 자연과의 상생, 언어발달, 윤리의식 고취, 생활문명의 발달, 의료시설의 발전, 문학과 예술문화 향상 등 삶의 질이 끊임없이 개선되고 좋아졌다. 이런 혜택을 누리지 못하는 소외된 이웃, 낙후된 세계는 아직도 많다. 눈길이 닿고 손길이 미치는 곳부터 우리의 봉사와 헌신이 시작되어야 한다. 노력봉사, 학습지도, 물질 후원, 재능 기부 등등 할 일은 많다. 곳곳의 사회복지기관이나 지방자치단체 봉사기관들의 프로그램에 참여할 수도 있다. 교회 안이나 선교단체 안에서 크리스천만의 잔치에 머물지 않고 지역사회와 세상을 향하여 관심을 넓혀야 한다. 기독교의 진리가 세상에 드러나는 방식은 복음선교 사역과 구제 사역(사회복지 봉사활동)으로 귀결된다. 그것이 성경이 말씀하는 경건이기도 하다.

"하나님 아버지 앞에서 정결하고 더러움이 없는 경건은 곧 고아와 과부를 그 환난 중에 돌보고 또 자기를 지켜 세속에 물들지 아니하는 그것이니라."(약 1:27)

그러나 삶에서 경건한 신앙을 지켜 살아가기란 쉽지 않은 현실이다. 하나님 앞에서 살아간다는 기준은 무엇인가 고민한다. 신앙 상태를 점검해 보는 항목은 각기 다를 것이다. 커다란 틀로 본다면, 성경에 하나님께서 인간들에게 질문하시고 초청하시는 말씀들에서 체크 리스트를 찾아볼 수 있다.

2021년 봄, 서울 소망교회 김경진 목사의 설교 두 편이 신앙 점검의 일부 항목이 될 수 있을 것이라 생각되어 요약해 본다.

이 땅을 건너가는 동안, 평생 스스로에게 끊임없이 묻고 삶으로 답해야 하는 10가지 질문사항들이다.

하나님께서 질문하신 다섯 가지

1. "아담아, 네가 어디 있느냐."(창 3:9)

하나님을 떠난 인간 존재를 찾으시는 질문이다.

선악과를 따먹고 하나님과 멀어진 아담에게, 하나님과의 관계를 깨뜨리고 떠난 인간을 향하여 물으시는 존재론적인 질문들이다.

네가 있는 그 자리는 어떤 자리인가?

지금 너는 있어야 할 자리에 있는가?

하나님은 그분을 떠난 사람을 찾으신다.

2. "가인아, 네 아우 아벨이 어디 있느냐."(창 4:9)

홀로 살아갈 수 없는 존재임을 깨닫게 하시는 질문이다.

아우 아벨을 죽인 후에 땅에 묻어버리고 숨어 있던 가인에게 하나님께서 물으셨다.

"너는 그에게 무슨 짓을 했느냐?"

너에게 주어 함께 살며 사랑하라고 보내주었던 그는 어디에 있는가?

이웃들, 가족들과 사이좋게 잘 지내는가?

그들을 어떻게 대하고 있는지를 물으시는 주님의 준엄한 질문이다.

3. "기브온에서 밤에 여호와께서 솔로몬의 꿈에 나타나시니라
   하나님이 이르시되 내가 네게 무엇을 줄꼬 너는 구하라."(왕상 3:5)

마음속 깊은 소원을 말해 보라고 하시는 질문이다.

솔로몬이 성전을 짓고 일천 번제를 드린 후, 하나님께서 솔로몬의 꿈에 나타나셨다. 솔로몬은 부, 장수, 힘과 능력이 아닌, 백성을 잘 다스리고 재판할 수 있는 지혜, 곧 듣는 마음을 허락해 주시길 말씀드렸다. 이것이 하나님의 마음에 들었다고 하셨다.

지금 너의 소원이 무엇인가?

단 한 가지 기도 제목은 무엇인가?

4. "네가 하늘의 궤도를 아느냐 네가 정말 모든 것을 다 아느냐."

(욥 38:4-5, 17, 29, 33, 36)

인간의 유한함을 깨닫게 하시는 질문이다.

고난 중에 있는 욥, 믿음이 흔들리는 욥에게, "욥, 네가 알면 얼마나

아느냐?"라고 묻고 계신다.

너는 정말로 모든 것을 알며, 믿고 산다고 생각하느냐?

인간의 유한성을 인정하라. 하나님만을 전적으로 의지하라.

하나님은 우리에게 믿음을 요구하신다.

5. "내가 누구를 보내며 누가 우리를 위하여 갈꼬."(사 6:8)

하나님 나라의 그루터기를 찾는 초청의 질문이다.

선지자 이사야에게 "누가 우리를 대신하여 갈 것인가?"라고 물으신다.

구원의 씨앗을 보존하여 세상 속에서 하나님 나라 소망을 만드는 일.

그분의 일을 함께할 수 있는 진실한 동역자를 찾으시는 하나님!

기도 올려드립니다.

"사랑이신 하나님, 오늘 주님의 음성을 듣습니다.

우리를 향하여 물어오시는 무거운 질문 앞에 말씀드릴 대답을 찾습니다.

'네가 어디에 있느냐?'

'네 아우가 어디 있느냐?'

'내가 너에게 무엇을 줄까?'

'너는 아느냐?'

'누가 나와 함께 일할까?'

물으시는 질문들 앞에서 겸허하고 솔직하게 응답하며, 주님의 초청에 겸허히 손 내밀길 원합니다. 용기를 주시어 주님께 응답 드리게 도와주시옵소서.

예수님의 이름으로 간절히 기도드리옵나이다. 아멘!"

- 2021. 4. 11. 소망교회 주일예배 시, 김경진 목사의 설교
'하나님께서 물으신 다섯 가지 질문' 중에서

예수님께서 질문하신 다섯 가지

1. "너희는 나를 누구라 하느냐."(눅 9:20)
구약과 신약을 잇는 연결고리 질문이자 예수님 자신에 대한 질문이다.
'나는 너에게 무엇이냐?'
'나 예수는 너에게 어떤 존재냐?'
살아계신 하나님의 아들. 우리 죄악들을 짊어지시고 십자가 지신 분.
돌아가신 후, 사흘 만에 부활하신 분. 우리에게 부활 소망을 주시며 길,
진리, 생명 되신 구주!
승천하신 후에 심판주로 재림하신다고 약속하신 분!

"그러므로 이제 그리스도 예수 안에 있는 자에게는 결코 정죄함이 없나니
이는 그리스도 예수 안에 있는 생명의 성령의 법이 죄와 사망의 법에서 너를
해방하였음이라."(롬 8:1-2)

2. "네가 낫고자 하느냐."(요 5:6)
우리 믿음을 보시는 질문이다.
예수님께서 베데스다 못 근처에서 38년째 누워 있는 병자에게 물으

셨다. "내가 네게 무엇하여 주기를 원하느냐?"

오늘날 연약한 자, 병든 자, 힘겨워하는 자들에게 동일하게 물으신다. "내가 능히 이 일을 할 줄 믿느냐?"

우리가 정말 주님의 도움을 간절히 원하는지, 주님께서 우리 문제를 해결해 주실 유일한 분이심을 믿고 있는지를 질문하신다.

"너를 돕고 싶다. 내가 너를 돕겠다!"

3. "너희에게 고기가 있느냐."(요 21:5)

그분을 다시 바라보도록 이끄시는 초청의 질문이다.

부활하신 예수님께서 디베랴 호수에 가셨다. 어부로 돌아가서 밤새도록 그물을 던졌지만, 노력한 만큼의 대가를 얻지 못한 제자들을 만나셨다.

"너희가 무얼 좀 잡았느냐?"

"못 잡았습니다."

"내가 너를 도우리라. 그물을 배 오른쪽에 던져라. 그리하면 잡을 것이다. 나의 음성을 들으라."

주님을 다시 바라보도록 이끄시는 질문이다.

4. "너희에게 떡이 몇 개나 있느냐."(마 15:32-34)

기적의 출발점이 된, 기적을 일으키기 위한 질문이다.

동시에 인간의 응답을 요구하시는 물음이다.

예수님을 따라 광야에 나온 무리들이 사흘 동안이나 먹지 못함을 보시고 불쌍히 여기셨다. 일곱 개의 떡과 작은 생선 두어 마리로 여자와 어린이 외에 사천여 명을 먹이셨다. 음식의 남은 조각이 일곱 광주리에 가득했다.

지금 나에게는 떡이 몇 개나 있는가?

그것을 주님께 기쁨으로 바치는 순간, 큰 기적이 일어날 것이다!

5. "네가 나를 사랑하느냐."(요 21:15-17)

우리를 살리시고 회복시키시는 질문이다.

부활하신 주님께서 디베랴 호수에서 고기 잡는 베드로를 찾아가셨다. 예수님을 모른다고 세 번이나 부인하고 돌아섰던 수제자인 그에게 '세 번'을 물으셨다.

베드로는 이제 이렇게 고백한다.

"주님, 내가 주님을 사랑하는 줄 주님께서 아십니다."

이 고백으로 베드로는 용서받고 회복되며 새로운 소명을 받게 된다.

주님은 오늘 다시 물으신다.

"네가 나를 사랑하느냐?"

기도 올려드립니다.

"사랑의 하나님! 주님의 자녀들이 주님께서 물으시는 질문 앞에 서 있습니다.

허망하게도 빈손이 되어 있는 우리 모습을 직시하게 하시고,

주님이 누구신지,

주님의 능력을 믿고 있는지,

주님을 진실하게 사랑하는지

돌아보는 시간 되게 도와주옵소서.

주님은 그리스도시요, 살아계신 하나님의 아들이십니다.

주님을 사랑합니다!

주님께서 생명이심을 믿습니다.

이 고백과 믿음으로 주님께서 행하실 일을 기대하며 우리가 가진 떡을 기쁨으로 내어놓는 귀한 종들이 되게 하여 주옵소서.

우리를 구원하실 유일한 이름,

예수 그리스도의 이름으로 기도드리옵나이다! 아멘!"

– 2021. 4. 18. 소망교회 주일예배 시, 김경진 목사의 설교
'예수님께서 물으신 다섯 가지 질문' 중에서

위의 말씀을 나침반으로 삼아 살아간다면 성경이 말씀하는 경건한 생활을 지켜나갈 수 있을 것이다. 깨어 있는 삶으로서의 사랑실천과 배려의 생활이야말로 기독교의 윤리·사회적 책임을 감당해 나아가는 삶이다. 실생활에서 "우리들이 생각하고 말하고 행동하는 데 있어 기준으로 삼아야 할 지침"으로는 로타리클럽의 네 가지 표준(Four Way Test)을 지키려 노력한다.

△ 진실한가?

△ 모두에게 공평한가?

△ 선의와 우정을 더하게 하는가?

△ 모두에게 유익한가?

꿈의 씨앗은 뿌렸지만, 사역 현장에서 돈이 모이거나 은행 잔고가 늘어날 수는 없었다. 가까운 사람들이 "그렇게 열심히 살아가는 것 같은데, 그 나이에 자기 건물 하나 없느냐?"며 핀잔을 주기도 했다. 그렇게 말할 수 있을 것이다. 한마디로 나의 기도 부족, 능력 부족이다.

신앙의 비전과 냉엄한 현실의 괴리감에 한숨도 깊었다. 인간적인 현시욕, 성취감으로 갖는 허세인가 반성도 한다. 세월이 흐르면서 양심을 거스르지 않고 순리대로 살아야겠다는 깨달음이 들었다. 주어진 상황을 정직하게 수용하며 평안함 유지를 일순위에 두었다.

살아가면서 예상치 않게 마주하는 상황 앞에서 주님의 뜻이 무엇인지, 하나님의 영광을 위한 삶이 무엇인지, 코람데오의 삶이 무엇인지 끊임없이 질문하고 고민한다. 하나님 앞에서 제대로 살고 있는지 되돌아보면 참회할 수밖에 없다.

나의 생명, 달란트, 소유가 주님께서 잠시 맡겨주신 것임을 늘 의식한다. 나와 타인, 자연과 함께 살고 있는 하나님의 자녀로 지구별에서 한순간을 살고 있다는 '영성'을 소유한 크리스천이라면, 자신의 소유물을 나눌 수 있어야 한다. 그것이 성숙한 그리스도인이고, 예수님의 제자이며, 영적인 '노블레스 오블리주'의 생활인 것이다. 궁극적으로 그것이 구원받은 우리가 영원에 합당한 삶을 영위하는 모습이다.

늘 떠올리는 〈오늘〉이라는 시 전문이다.

오늘

시인 구상(1919~2004)

오늘도 신비의 샘인 하루를 맞는다.

이 하루는 저 강물의 한 방울이
어느 산골짝 옹달샘에 이어져 있고
아득한 푸른 바다에 이어져 있듯
과거와 미래와 현재가 하나다.

이렇듯 나의 오늘은
영원 속에 이어져
바로 시방 나는
그 영원을 살고 있다.
그래서 나는
죽고 나서부터가 아니라
오늘서부터 영원을 살아야 하고
영원에 합당한 삶을 살아야 한다.

마음이 가난한 삶을 살아야 한다.
마음을 비운 삶을 살아야 한다.

온전히 자유한 영혼의 삶이란, 실생활의 불편함과 세속으로부터 소외됨을 기꺼이 감수함을 말한다. 그런 변두리의 일상을 힘들어 하거나 슬퍼해서도 안 된다. 그러려면 매일, 매 순간 말씀 안에서 기도드리며 성령 하나님의 동행하심을 간구해야 한다. 세상의 성공보다는, 성령의 아홉 가지 열매를 목표로 하며 섬김에 익숙해야 한다. 넉넉한 심령유지를 최고의 삶으로 목표해야 한다. 시편(18:1-2)의 기도와 신앙고백을 드리게 된다.

"나의 힘이신 여호와여 내가 주를 사랑하나이다 여호와는 나의 반석이시요 나의 요새시요 나를 건지시는 이시요 나의 하나님이시요 내가 그 안에 피할 나의 바위시요 나의 방패시요 나의 구원의 뿔이시요 나의 산성이시로다."(시 18:1-2) 아멘!

부록

완전한 길로 나아가기 위하여

– 구약 성경에서 살펴본 코람데오

최지훈 목사(대구 시편교회)

서론

얼굴은 우리 신체에서 가장 많이 노출되어 있는 부위로 많은 외부의 감각을 받아들이는 부분이다. 두 눈은 사물을 보며, 두 귀는 소리를 듣고, 코로는 냄새를 맡기도 하고 숨을 쉬기도 하며, 입으로는 말을 하고, 음식을 먹으며 숨을 쉰다. 특별히 코와 입은 숨을 쉬는, 생명과 직결되는 활동을 하고, 또 특별히 입은 감각을 받아들이기도 하지만 소리를 냄으로써 외부 감각에 반응하여 응답하고, 내 생각과 의사를 전달한다.

또 얼굴은 이렇게 기능적으로만 중요할 뿐 아니라, 사람의 첫인상을 결정하는 중요한 역할을 한다. 얼굴에 있는 수많은 미세한 근육들은 그 사람이 평소에 지어왔던 표정들에 의해 각자 자리를 잡아 그 사람의 고유한 얼굴을 만들어 낸다. 그 사람의 얼굴에는 그 사람의 사상과, 평소 활동의 흔적이 담겨있는 것이다.

서두에 얼굴에 대한 이야기를 하는 이유는 우리가 다룰 주제, '하나님 앞에서' 즉 라틴어인 '코람데오(Coram Deo)'가 구약성경의 언어인 히브리어로는 '리페네이 하엘로힘(!yhila>h; ynEp]li)'으로서 직역하면 '그 하나님의 얼굴에서'라는 뜻이기 때문이다. 구약성경(개역개정 기준)에는, 하나님 앞에서가 여러 형태로 나타나는데, '여호와 앞에서', '주 앞에서', '그 앞에서'(3인칭), '내 앞에서'(1인칭) 등 이다. 호칭이나 인칭에서 변화가 있기는 하지만 그 대상은 한 분 하나님을 가리킨다. 그리고 '리페네이 하엘로힘'에서 얼굴의 뜻을 가진 단어 '리페네이'는 히브리어 문법적으로 남성명사 복수, 연계형에 전치사 li 가 결합된 형태로 그 원형은 얼굴의 명사형인 '파님(!ynIP;)'이다. 얼굴이라는 하나의 신체부위를 복수형(!y I)어미로 표현한 것이 인상적이다. 아마도 한 얼굴 안에 여러 신체기관들이 밀집되어 있기에 그렇지 않나 생각해본다.

우리는 하나님 앞에서라고 할 때 '앞에서'를 방향의 의미로 이해한다. 그러나 그 근원이 되는 히브리어에서는 앞에서를 '얼굴'이라는 단어를 사용하여 표현하였다. 이것은 단순히 앞에서가 방향의 의미로만 해석되지 않고 - 얼굴이 전면을 향하기에 앞이라는 방향을 의미하기도 하지만 - 더 많은 의미를 함축하고 있다는 것을 뜻한다. 그러므로 여기서는 구약 성경에서 하나님 앞에서의 용례를 각각 살피고, 그 함축된 의미들에 대해서 파악해보며 하나님 앞에서라는 하나의 강령이 우리의 신앙에 어떻게 적용될 수 있는지 살펴보고자 한다.

본론1 - 하나님의 주도적인 행위로서의 심판과 은혜

성경에서 최초로 하나님 앞에서, 즉 리페네이 하엘로힘(!yhila〉h; ynEp] li)이 사용된 부분은 창세기 6장 11절인데 인간의 죄와 관련된다.

창세기 6장 11절(개역개정)

그 때에 온 땅이 하나님 앞에 부패하여 포악함이 땅에 가득한지라

하나님은 앞서 창조사역에서 항상 창조된 피조물들을 지켜보셨고(창 1:31), 타락한 인간의 죄악을 지켜보셨다(창 6:5). 그리고 하나님은 이윽고 그의 앞의 모든 죄악으로 인간과 자연을 함께 심판하시기로 작정하시는데 그 절정에서 하나님 앞에라는 문구가 등장한다. 이 구절을 기점으로 하나님은 심판을 실행에 옮기시는데, 먼저 하나님은 하나님께 은혜를 입은 노아에게 방주에 대한 지시 사항을 말씀하신다.

창세기 6장 13절(개역개정)

하나님이 노아에게 이르시되 모든 혈육 있는 자의 포악함이 땅에 가득하므로 그 끝 날이 내 앞에 이르렀으니 내가 그들을 땅과 함께 멸하리라

이 부분에서 하나님 앞에서라는 문구는 보신 것에 대하여 심판으로 응답하시는 하나님의 행위의 기점을 나타내고 있다. 그리고 이 문구가 인간의 죄악에 관하여 가장 먼저 적용된 것이 인상 깊다.

다음으로는 '여호와 앞에서(hw:hy] ynEp]li)'의 형태로 '니므롯'이라는 인물에 대하여 사용되었다.

창세기 10장 8-9절(개역개정)

구스가 또 니므롯을 낳았으니 그는 세상에 첫 용사라

그가 여호와 앞에서 용감한 사냥꾼이 되었으므로 속담에 이르기를

아무는 여호와 앞에 니므롯 같이 용감한 사냥꾼이로다 하더라

노아 홍수 이후 노아의 세 아들의 족보에서 이름들이 나열되다가 니므롯 부분에서 갑자기 긴 부연설명이 더해진다. 그 이름은 '반역'을 뜻하는 것으로 그는 후에 이스라엘과 유다를 멸망시킨 앗수르와 바벨의 조상이 된다.

창세기 10장 10-12절(개역개정)

그의 나라는 시날 땅의 바벨과 에렉과 악갓과 갈레에서 시작되었으며

그가 그 땅에서 앗수르로 나아가 니느웨와 르호보딜과 갈라와

및 니느웨와 갈라 사이의 레센을 건설하였으니 이는 큰 성읍이라

하나님에 대한 죄악과 반역의 부분에서 하나님의 지켜보심을 넘어 특별한 하나님의 반응하심과 행동하심의 의미가 하나님 앞에서 또는 여호와 앞에서로 나타나고 있음을 우리는 알 수 있다. 여기서 관계의 주도적 역할은 하나님께 있다. 사람은 하나님을 고려하며 행동하고 있지 않다. 사람들은 자기들이 원하는 대로 행동한다. 그러나 하나님은 철저히 관계 안에서 행동하고 계신다. 마치 갓난아기를 돌보는 부모와 같이 하나님은 인간 행동 하나 하나에 반응하고 계신 것이다. 이것은 철저히 관계

적인 행위이다.

다음으로 살펴볼 부분은 성경 전체를 관통하는 놀라운 구절과 관련된다.

창세기 17장 1절
아브람이 구십구 세 때에 여호와께서 아브람에게 나타나서 그에게 이르시되 나는 전능한 하나님이라 너는 내 앞에서 행하여 완전하라

여기서는 하나님이 직접 말씀하시는 부분으로 1인칭 형태인 '내 앞에서(yn"p;l])'로 되어 있다. 직역하면 '나의 얼굴에서'가 된다. 창세기 17장은 여러모로 중요한 부분인데, 하나님은 99세인 아브람에게 오셔서 다시 한 번 후손과 땅을 약속하시고 번성하게 하실 것을 말씀하신다(창 17:1-8). 그리고 그 표징으로 할례를 명하시고(창 17:9-14), 아브람의 이름을 아브람으로(창 17:5), 사래의 이름을 사라로(창 17:15) 바꾸도록 명하셨으며, 아들을 주실 것을 약속하시며 그 이름도 '이삭'이라 지어 주셨다(창 17:19). 이러한 명령을 포함한 중요한 약속에 앞서 하나님께서 아브라함에게 구하신 것은 "너는 내 앞에서 행하여 완전하라"였다.

이제껏 사람들은 하나님 앞에서 죄악을 행해왔고, 그 죄악은 하나님으로 하여금 심판을 행하시도록 해왔었다. 그러나 이제 하나님은 영원한 약속 앞에서 먼저 선택된 사람에게 완전하게 행할 것을 요구하신다. 이 구절은 신명기 18장 13절에서 모세의 입을 통하여 정확히 다시 한 번 반복된다.

신명기 18장 13절
너는 네 하나님 여호와 앞에서 완전하라

가나안 땅에서 행한 그 땅의 민족들의 죄악으로 인해 하나님은 그들을 쫓아내시며 이스라엘 백성들을 그 땅으로 인도하신다. 그런데 그 땅을 바로 앞에 두고 모세는 아브라함에게 요구하신 하나님의 말씀을 정확히 반복하고 있는 것이다. 심판에서 은혜와 구원으로 전환되는 기점에서 하나님은 그의 '얼굴'에서 완전하게 행할 것을 요구하고 계신 것이다.

이것은 이제 하나님께서 심판이 아닌 은혜를 베푸시겠다는 선언이다. 여기에 먼저 인간에게서 어떠한 변화가 있었다는 언급은 전혀 없다. 인간은 여전히 죄악 가운데 있으며 심판 가운데 있다. 그러나 하나님은 이제 심판이 아닌 구원을 베풀려 하신다. 그리고 이 은혜의 구원 속에서 명령이 함께 주어지고 있다. 인간은 하나님 앞에서 완전해야 하는 것이다. 이 완전을 위해서 하나님은 한 민족을 택하셔서 그들 가운데 친히 임재하시기 시작하신다.

먼저 여기까지 살펴 본 바에 의하면 하나님 앞에서가 함축하고 있는 의미는 인간의 죄악에 대한 심판으로 나타난 하나님의 반응과 은혜를 베푸시기로 작정하시는 하나님의 행위의 두 가지 측면이다. 모두다 행위의 주체는 하나님이시다. 하나님 앞에서 변함없이 죄악을 행하는 인간에게 하나님은 심판을 내리시는 가운데 은혜를 베푸신다.

본론2 - 예배는 하나님 앞에서 행하는 행위

다음으로 우리가 하나님 앞에서와 관련하여 살펴볼 부분은 구약의 제사, 절기, 재판과 관련한 부분들이다. 하나님은 자기 백성이 완전하길 바라시는데, 이제 직접 그들 가운데 거하시며 그들을 이끄시며 함께 하신다. 특히 제사, 절기, 재판과 관련해서 하나님 앞에서라는 표현들이 많이 발견되는데 다음 한 구절이 많은 부분을 포괄하고 있다.

출 18:12(개역개정)
모세의 장인 이드로가 번제물과 희생제물들을 하나님께 가져오매 아론과 이스라엘 모든 장로가 와서 모세의 장인과 함께 하나님 앞에서 떡을 먹으니라

하나님은 이스라엘 백성을 출애굽 시키셔서 시내산으로 인도하신다. 그리고 그곳에서 언약을 맺으시고, 율법을 수여하시며 정식으로 그들을 자기 백성 삼으시고, 하나님은 그들의 하나님이 되신다. 하나님은 약 1년간 백성들을 시내산에 머물게 하시며 제사, 절기, 재판, 사회정의 등을 위한 율법을 주신다. 그런데 여기서 여호와 앞에서 또는 '하나님 여호와 앞에서'의 형태로 무수히 나타나고 있는 것이다.

제사	봉헌	절기	재판(심판)	사회정의
출 28:12 출 28:30 출 28:11 레 1:5 레 1:11 레 4:4 레 4:15 레 6:7 레 9:24 레 14:18 레 14:29 레 15:15 레 15:30 레 16:13 레 24:4 신 12:7 신 12:12 신 27:7	출 30:16 신 14:26	레 23:40 신 15:20 신 16:8 신 16:11 신 16:15	레 10:2 민 3:4 민 10:35 민 14:37 민 16:7 민 20:3	신 24:13

이전까지 하나님은 인간과 다른 하늘의 영역에서 사람을 지켜보셨다면 이제 하나님은 성막이라고 하는 인간이 거하는 땅의 영역 한 부분에 임재하셔서 자기 백성들과 함께 하신다. 이러한 모습들은 여호와 앞에 서라는 단어가 성막과 제단에서 행하는 모든 행위에 대하여 적용되는 것을 통해 명확해진다. 곧 예배의 모든 행위는 하나님 앞에서 하는 행위이다. 하늘의 하나님께서 땅에 임하셔서 그 예배를 받으시는 그 첫 광경이 기록된 부분이 있다. 바로 레위기 9장 24절이다.

레위기 9장 24절

불이 여호와 앞에서 나와 제단 위의 번제물과 기름을 사른지라 온 백성이
이를 보고 소리 지르며 엎드렸더라

이스라엘 백성이 하나님께 성막에서 드리는 첫 제사의 광경이다. 여
호와 하나님은 이제 백성들 가운데 계시며 지성소 안 속죄소에 거하시
며(출 25:21-22), 거기서 불이 나와 제단의 제물들을 사르는데, 성경은 이
불이 '여호와 앞에서' 나왔다고 표현하고 있다. 하늘의 하나님이 지상의
성막에 거하시며, 그 앞에서 행하는 모든 예배의 행위는 여호와 앞, 즉
하나님 앞에서 행하는 행위가 되는 것이다.

본문3 - 하나님 앞에서 행한 전투

성막 가운데 거하시는 하나님은 이제 언약궤 가운데 거하시는 분으로
구체적으로 묘사 된다. 성막은 이스라엘 백성들이 광야를 행진하는 동
안 필히 해체되어 각 부분별로 따로 이동했는데 언약궤 역시 따로 구분
되어 운반되었다. 그리고 이동 중에 전투가 발생하기도 했는데 이러한
전투 가운데 언약궤가 함께 했으며, 언약궤 앞에서 행한 전투는 여호와
앞에서 행한 전투가 되었다.

여호수아 4장 13절(개역개정)

무장한 사만 명 가량이 여호와 앞에서 건너가 싸우려고 여리고 평지에 이르니라

여호수아 6장 7절(개역개정)

또 백성에게 이르되 나아가서 그 성을 돌되 무장한 자들이 여호와의 궤 앞에서 나아갈지니라 하니라

이스라엘 백성이 광야를 지나 약속의 땅 가나안으로 입성할 때 치른 '거룩한 전쟁'은 하나님 앞에서 행한 전쟁이었다. 하나님은 그들 가운데 계셨으며, 그들 앞서서 가셨으며, 그 전쟁을 승리로 이끄셨다. 예배 뿐 아니라 전투도 하나님 앞에서 행하는 인간의 행위 가운데 포함되는 것이다. 여기서도 주체는 철저히 하나님이시다. 하나님이 성막에 임재하셨기에 거기서 행하는 제사들이 하나님 앞에서 행한 제사가 되는 것이고, 하나님이 언약궤 가운데 거하시기에 그 앞에서 행한 전투가 하나님 앞에서 행한 전투가 되었다. 다만 여기서 인간의 순종이 중요하게 부각된다. 주체는 여전히 하나님이시지만, 인간은 하나님의 말씀에 순종하여 그 말씀대로 제사를 드리고, 그 말씀에 따라 전쟁을 수행한다. 또 그 과정 속에서 하나님이 땅의 성막과 언약궤에 거하시자 심판과 구원도 즉각적으로 나타난다. 하나님의 백성들은 말씀에 불순종하면 즉각적으로 형벌을 받고 전쟁에서 패함과 같은 심판을 받고, 순종하면 즉각적으

로 구원을 받는다(수 7:11). 하나님은 이러한 과정들을 통해서 하나님이 인간에게 무엇을 원하시는지 가르치시고 훈련시키시는 것이다. 이 일을 위해 하나님은 자기 백성을 택하셔서, 그들 가운데 거하신 것이다. 이러한 하나님의 함께 하심의 은혜가 없다면 인간은 계속해서 죄악을 행하고, 하나님으로부터 심판을 받아야 했을 것이다.

본문4 – 성전 너머 계신 하나님

광야 성막의 기간이 끝나고 가나안 땅에서 실로에 머문 하나님의 언약궤는 다윗과 솔로몬 시대에 성전으로 옮겨지게 된다. 이후 하나님은 이스라엘이라는 국가의 여러 왕들과 정책들에 대해 심판과 구원으로 반응하셨다. 하나님이 그들의 성전 가운데 거하셨고, 그 분의 얼굴이 그들을 향하고 있었기 때문이다. 그러나 이 부분에서 특이한 점이 있다. 솔로몬 이후 이스라엘이 남과 북으로 나뉘었고 성전은 남유다에 있었다. 그리고 북이스라엘에는 여로보암 왕이 벧엘과 단에 세운 금송아지 신상이 있었는데, 북이스라엘 왕들의 악한 행위도 "여호와 앞에서" 행한 악행으로 성경에 표현되어 있는 것이다.

열왕기상 21장 25절(개역성경)
예로부터 아합과 같이 그 자신을 팔아 여호와 앞에서 악을 행한 자가 없음은 그를 그의 아내 이세벨이 충동하였음이라

이러한 사실은 비록 하나님께서 성전에 거하실 지라도 그의 심판과 구원이 성전 밖의 모든 세상을 포함한다는 것을 의미한다. 여전히 성전 앞에서 행하는 일이 하나님 앞에서 행하는 일로 인정되었으나(왕하 23:3) 하나님의 심판과 구원의 범위는 여전이 온 우주에 미치고 있었다. 이것은 성전의 멸망을 통해서 명백해진다. 남유다의 백성들은 하나님이 계신 성전이 있는 자신들의 나라가 결코 멸망하지 않을 줄 믿었다. 그러나 그들이 간과한 것이 있는데 하나님이 가까이 거하신다는 것은, "하나님 앞에" 있다는 것은 은혜와 함께 심판도 가까이 있음을 의미한다는 것이다.

얼굴의 히브리어 '파님'은 "돌리다", "돌이키다", "향하게 하다", "쫓아 버리다"의 뜻을 가진 동사 "파나"(hn:P;)에서 유래한 것이다. 얼굴을 서로 마주 대하는 것은 가까이 하고 함께 함을 의미하기도 하지만, 경계하고 쫓아냄을 의미하기도 한다. 우리는 앞서 "하나님 앞에서"라는 표현이 하나님의 심판을 앞두고 사용된 것을 보았고 하나님의 은혜와 함께 사용된 것을 보았다. 하나님은 우리에게 완전함을 요구하신다. 왜냐하면 하나님이 완전하시기 때문이다. 이것을 간과한 남유다는 죄악을 행하는 중에도 하나님의 성전이 자신들 가운데 있다는 것 하나로 심판을 면할 것이라 믿었다. 하나님은 그러한 자기 백성들을 자신 앞에서 쫓아내실 것이라 선포하신다.

예레미야 7장 15절(개역개정)

내가 너희 모든 형제 곧 에브라임 온 자손을 쫓아낸 것 같이 내 앞에서 너희를 쫓아내리라 하셨다 할지니라

'내 앞에서(yn:P; I['m)', 즉 하나님은 자신의 얼굴에서 그들을 쫓아내실 것이라 선언하신 것이다. 그리고 결국 하나님은 그 성전을 떠나셨고, 성전은 멸망하고 말았다. 하나님의 백성들은 나라를 잃고, 포로 신분이 되었으며, 수 십 년이 지난 뒤 다시 돌아와 성전을 재건한다. 그리고 이 과정 속에서 "하나님 앞에서"의 의미는 마지막 종말의 때에 하나님의 심판과 구원의 의미로 확장되었다.

하나님 앞에서의 의미가 종말론적 표현으로 등장하는 첫 부분은 에스겔 38장 20절에서 이다.

에스겔 38장 20절(개역개정)

바다의 고기들과 공중의 새들과 들의 짐승들과 땅에 기는 모든 벌레와 지면에 있는 모든 사람이 내 앞에서 떨 것이며 모든 산이 무너지며 절벽이 떨어지며 모든 성벽이 땅에 무너지리라

내 앞에서(yn"P;mi), 즉 하나님 앞에서 마지막 날의 심판이 사람과 자연에게 임하고 있다. 하나님은 멸망한 성전 너머 온 세상을 통치하고 계

신다. 성전의 멸망 후 이방 땅의 통치자가 자기 백성들에게 하나님 앞에서 떨며 두려워하라고 명령한다.

다니엘 6장 25-26절(개역개정)
이에 다리오 왕이 온 땅에 있는 모든 백성과 나라들과
언어가 다른 모든 사람들에게 조서를 내려 이르되
원하건대 너희에게 큰 평강이 있을지어다
내가 이제 조서를 내리노라 내 나라 관할 아래에 있는 사람들은
다 다니엘의 하나님 앞에서 떨며 두려워할지니
그는 살아 계시는 하나님이시오 영원히 변하지 않으실 이시며
그의 나라는 멸망하지 아니할 것이요 그의 권세는 무궁할 것이며

성전 너머 계신 하나님은 종말의 때에 다시 성전에 임하실 것인데 하나님의 사자가 그 앞에서 곧, 하나님의 얼굴 앞에서 길을 준비할 것이다.

말라기 3장 1절
만군의 여호와가 이르노라 보라 내가 내 사자를 보내리니 그가 내 앞에서 길을 준비할 것이요 또 너희가 구하는 바 주가 갑자기 그의 성전에 임하시리니 곧 너희가 사모하는 바 언약의 사자가 임하실 것이라

결론

구약에서 '코람데오(Coram Deo)'는 그 주체가 사람이 아니라 하나님이시다. 이 단어는 구약에서 '인간은 하나님 앞에서 정직하고 바르게 행해야 한다'는 의미보다 하나님의 능동적인 행위에 초점이 맞춰져 있다. 하나님은 인간의 죄악에 얼굴을 향하시고 심판하신다. 그리고 또한 얼굴을 향하여 은혜를 베푸신다. 이것은 하나님이 지켜보실 뿐 아니라 인간의 행위에 대해서 반응하시고, 말씀하시고, 행동하심을 의미한다. 하나님은 죄악을 행하는 인간의 행위에 얼굴을 향하셔서 보시고, 말씀하시고, 심판을 행하신다. 그러나 또한 하나님은 인간에게 은혜를 베푸시기 위하여 그 얼굴을 향하신다. 여기서 하나님이 원하시는 것은 완전함이다(창 17:1, 신 18:13).

그 완전함을 위하여 하나님은 친히 자기 백성들 가운데 임하신다. 그리고 거기서 백성들이 드리는 예배는 모두 하나님의 얼굴 앞에서 드리는 예배이며, 그들의 삶 또한 하나님의 얼굴 앞에서의 삶이다. 그때부터 하나님은 백성들에게 그들의 행동에 대하여 즉각적인 상과 벌을 내리심으로써 그들을 완전한 길로 가도록 친히 가르치신다. 그리고 가르치실 뿐만 아니라 친히 그들 앞에 계셔서 거룩한 전쟁을 수행하신다.

그러나 하나님의 백성들은 큰 오류를 범하고 만다. 그들은 하나님 얼굴 앞에서 악을 행하면서도, 하나님이 언제나 자신들 가까이 계셔서 자신들을 지켜주실 것으로 생각하였다. 그러나 하나님의 얼굴의 향함은 심판과 은혜를 동시에 포함하고 있는 것이었다. 하나님의 얼굴 앞에서 행하는 그들의 죄악으로 하나님은 심판을 내리셔서 결국 그 성전은 그 나라와 함께 멸망하고 말았다. 그리고 하나님의 얼굴 앞에서 행하실 마지막 날의 심판과 구원에 대한 희미한 소리가 멀리서 들려오기 시작한다. 그리고 드디어 하나님은 그 아들 예수 그리스도를 통하여 실재적인 얼굴을 인간에게 보이신다. 이제 심판과 은혜는 더 즉각적인 것이 되었다.

요한복음 3장 18절
그를 믿는 자는 심판을 받지 아니하는 것이요 믿지 아니하는 자는 하나님의 독생자의 이름을 믿지 아니하므로 벌써 심판을 받은 것이니라

요한복음 14장 8-9절
빌립이 이르되 주여 아버지를 우리에게 보여 주옵소서 그리하면 족하겠나이다
예수께서 이르시되 빌립아 내가 이렇게 오래 너희와 함께 있으되 네가 나를 알지 못하느냐
나를 본 자는 아버지를 보았거늘 어찌하여 아버지를 보이라 하느냐

하나님 앞에서 행하는 인간의 모든 종교적 행위는 이스라엘의 모습에서와 같이 실패할 수밖에 없다. 오직 하나님 앞에서 완전하게 되는 길은 그의 얼굴 곧, 그리스도를 보고 믿는 것뿐이다. 그의 십자가와 부활을 믿는 믿음을 통해 우리의 행위도 완전한 길로 나아갈 수 있다.

루터의 십자가 신학 코람데오

유해무 박사(전 고려신학대학원 교수)

유해무 박사(전 고려신학대학원 교수)의 명저 『시편 51편을 통해서 본 루터의 십자가의 신학 코람데오』(그라티아 출판사, 2013)에서 몇몇 부분을 발췌, 소개한다. 유박사의 동의를 받아 '코람데오 사람들'과 그러한 자세로 살아가려는 독자분들에게 실제적인 도움이 되기를 바라는 마음에서다.

"루터(Luther, Martin, 1483-1546)의 고민은 '내가 의로운 하나님 앞에 어떻게 설까?'였다. "마치 이 거룩하신 하나님 여호와 앞에 누가 능히 서리요"(삼상 6:20)라는 벧세메스 사람들의 외침처럼 말이다. 루터는 종교심이 아주 예민한 사람이었다. 그는 주야로 하나님 앞에 있는 자신을 의식하고 있었다. 그것은 하나님 앞에 설 수 없는 자기 모습에 대한 고민이었다. 거룩하시고 의로우시며 준엄하신 하나님 앞에 루터는 감히 서 있을 수 없었다. 금식도 하고 철야도 하고 로마 순례 길에 베드로성당 앞 돌계단을 무릎으로 기어 올라가는 고통을 겪어봐도 그의 마음에는 평안이 없었다. 하나님 앞에 서 있는 인간은 죄인이다. 이처럼 코람데오란, '하나님 앞에' 있는 인간, 곧 죄인 됨을 뜻한다. 이 말의 가장 중요한 의미는 정직이 아니라, 하나님 앞에서 자신의 죄인 됨을 의식하고 몸 둘 바를 모르는 인간의 근본적인 태도이다."

–유해무, 『코람데오』(그라티아 출판사, 2013) PP. 12~13

"하나님 앞에 선 인간은 죄인이다. 하지만 그리스도를 옷 입고 서면 의인이다. 코람데오는 바로 이 의미이다. 하나님 앞에 설 수 없는 인간이 하나님 앞에 서게 됨. 이신칭의(以信稱義)의 원리가 이 코람데오에서 나온다. 윤리적 정직성으로서의 코람데오는 그 다음에 나와야 한다. 그러므로 이 코람데오는 '십자가 신학', '이신칭의'와 함께 루터 신학의 요체이다."

–위의 책 표지의 발문

"코람데오는 윤리적 정직만을 의미하지 않는다. '하나님 앞에서 죄인인 동시에 의인'이라는 원래의 의미를 먼저 생각해야 한다. 코람데오의 결실 중에 정직이라는 윤리적 결실도 있다. 어쨌든 우리 사회의 부정직을 윤리적 차원에서만 치유할 수는 없다. 사람을 바꾸어야 한다. 사람을 바꾸는 이 일은 사람이 할 수 없다. 오직 하나님만 하실 수 있다. 루터는 교회 개혁이라는 대업을 완수하였지만, 이것이 그의 일차적 목표는 아니었다. 그는 사람을 바꾸려고 하였다. 그것도 남이 아니라 자신이 바꾸려 하였다. 아니, 자신이 말씀과 성령으로 바꾸어졌다. 개혁은 제도개혁 이전에 '사람 개혁'이다.

우리를 개혁시킬 인간은 없다. 의로우신 삼위일체 하나님만이 우리를 개혁시키는 주체이시다. 아주 놀랍게도 칼뱅(Calvin, Jean 1509~64, 『기독교 강요』 등 저술)은 인간을 개혁의 주어로 말한 적이 없다. 그는 설교와 저서에서 성부, 성자, 성령 하나님을 각각 또는 함께 우리를 개혁시키는 주어로 삼고 있다.

우리를 개혁하실 분이 오직 코람데오의 하나님이시라면, 우리도 남을 개혁시킬 수 없다. 이것은 분명한 사실이며, 끔찍하다 할 결론이다. 다만 개혁의 하나님이 '파송'하시는 자들이 사람을 개혁시켜야 하는 책임을 지게 된다. 우리 모두는 이렇게 파송을 받은 자들이다. "너희는 세상의 소금과 빛"이라는 말씀은 파송 받아서 세상을 개혁해야 하는 우리의 사명감을 지칭한다. 그럼에도 우리가 아니라 하나님만이 개혁할 수 있다. 하루 아침에 솟아난 개혁 주체라고 자처할 수 없기에, 우리는 매일 말씀으로써 자신을 개혁시켜야 한다. 하나님 앞에서!"

–위의 책 PP. 26~28

"말씀을 깨닫기 위하여 기도하고 그 말씀을 묵상하는 자는 고난받아야 한다. 고난은 기도하고 묵상한 말씀을 실제로 우리의 구체적인 삶에서 경험하는 것이다. 이 고난은 하나님의 말씀을 용납하지 않는 영적이며 정치적인 세상성을 향한 투쟁이다.

하나님을 부르고 하나님에 대해서 말하는 것이 신학이지만, 삶에서 고난을 당하면서 하나님께서 우리 삶의 한 가운데서 우리 하나님이심을 확증함으로써 신학은 완성된다. "그리스도를 위하여 약한 것들과 능욕과 궁핍과 핍박과 곤란을 기뻐함"(고후 12:10)이 고난이다. 하나님을 머리로만 알거나 감정적으로만 경배하기는 쉽다. 기도와 묵상으로 말씀을 깨달은 자는 고난을 받으면서 말씀의 주인이신 하나님을 삶 가운데서 증거해야 한다.

"아브라함과 이삭의 이스라엘의 하나님 여호와여, 주께서 이스라엘 중에서 하나님이 되심과 내가 주의 종이 됨과 내가 주의 말씀대로 이 모든 일을 행하는 것을 오늘날 알게 하옵소서"(왕상 19:36). 이것은 엘리야의 기도였다. 말씀 묵상에서 나온 기도였다.

백성들의 반응은 어떠했는가?

"여호와 그는 하나님이시로다. 여호와 그는 하나님이시로다"(왕상 19:39).

우리는 말과 입으로만 하나님을 증거하지 않고 온 세상 앞에서 여호와 그분만이 참 하나님이심을 증거해야 한다. 그리고 그들의 입으로부터 이 고백을 이끌어 내어야 한다.

코람데오와 십자가의 신학은 사변이 아니라 예수 그리스도의 십자가에서 완성되었다. 루터가 이해한 신학은 이론이 아니라 기도와 삶의 고난에서 나타나는 경건이다. 우리 모두가 말씀을 깨닫기 위해 먼저 기도하고 말씀을 묵상하고 그리하여 깨달은 대로 고난 가운데서 항상 여호와께서 하나님이심을 스스로 증거하고 세상이 고백하도록 살아가야 한다. 이것이 루터가 깨달은 신학의 세 규칙, 곧 기도와 묵상과 고난의 삶이다. 우리 모두가 기도와 묵상과 고난을 통하여 신학자가 되자."

−위의 책 PP. 109∼111

공익법인 일부의 후원 봉사 참여 안내

이 땅에서 소외된 이웃과 연약한 분들을 돕는 신뢰성 있는 공익법인과 사회복지기관들의 주요 사업과 자원봉사 참여 범위를 소개한다.

사회복지기관·시설들은 ① 육아(보육) ② 아동 ③ 청소년 ④ 노인 ⑤ 장애인 ⑥ 노숙자 ⑦ 외국인 근로자(다문화) ⑧ 국내체류 난민 ⑨ 종합복지관 ⑩ 고용 ⑪ 자연보호 ⑫ 호스피스 분야로 소개한다.

개인적으로나 친구들 모임, 교회 단위로도 참여할 수 있는 프로그램들이다.

정기적으로 시간을 내서 노력 봉사할 수도 있고, 법인, 기관, 시설들이 필요로 하는 시간에 재능 기부나 일정 프로그램에 봉사할 수도 있다. 십시일반으로 매월 정기 후원하는 방법도 있고, 현물을 기부해도 된다. 신앙인들은 중보기도로 후원하는 길도 있다.

동시대를 살아가는 우리가 진정성 있게 배려와 나눔, 베풂을 즐길 수 있는 사회복지 인프라와 시스템이 운용되고 있음에 늘 깊이 감사드린다!

투명성 및 효율성 평가 우수 공익법인

한국가이드스타는 사업연도 국세청 공익법인 결산서류 등 공시자료 및 추가 요청 자료를 바탕으로 공익법인의 투명성 및 효율성, 재무안전성을 평가한다.

*한국가이드스타 제공

	법인명	지역	사업 분야	사업 대상
1	사단법인 더불어하나회 www.nanura.org 055-286-8031	국내	교육	아동, 청소년
2	재단법인 풀무원 재단 www.pulmuonefoundation.org 02-2040-4800	국내	교육	아동, 노인, 외국인(다문화), 일반 대중
3	재단법인 서울장학재단 www.hissf.or.kr/02-725-2257	국내	학술, 장학	청소년
4	(재)알오티씨장학재단 www.rotcsf.or.kr/02-599-7757	국내, 해외	학술, 장학	청소년, 기타
5	재단법인 우리다문화장학재단 www.woorifoundation.or.kr 02-2125-2123	국내	학술, 장학	외국인(다문화)
6	사회복지법인 굿네이버스 www.goodneighbors.kr 02-6424-1234	국내	사회복지	모두 해당
7	사단법인 굿피플인터내셔널 www.goodpeople.or.kr 02-783-2291	국내, 해외	사회복지	종합사회복지
8	사회복지법인 기아대책 www.kfhi.or.kr 02-544-9544	국내	사회복지	노인, 장애인, 외국인(다문화), 가족, 여성, 아동, 청소년
9	사단법인 다사랑공동체 www.dasaranghope.or.kr 031-476-3550	국내, 해외	사회복지	종합사회복지
10	재단법인 대전광역시유성구 행복누리재단 www.ys-happy.or.kr 042-824-7420	국내	사회복지	종합사회복지

	법인명	지역	사업 분야	사업 대상
11	대한적십자사 www.redcross.or.kr 02-3705-3519	국내, 해외	사회복지	종합사회복지
12	사회복지법인 동행 www.together63.kr 061-683-0678	국내	사회복지	종합사회복지
13	사회복지법인 밀알복지재단 www.miral.org 070-7462-9009	국내, 해외	사회복지	종합사회복지
14	재단법인 생명보험사회공헌재단 www.lif.or.kr 02-2261-2291	국내	사회복지	종합사회복지
15	사회복지법인 서울가톨릭사회복지회 www.caritasseoul.or.kr 02-727-2258	국내	사회복지	종합사회복지
16	사회복지법인 세이브더칠드런코리아 www.sc.or.kr 02-6900-4400	국내, 해외	사회복지	아동, 청소년, 장애인, 외국인(다문화), 가족, 여성
17	승일희망재단 www.sihope.or.kr 02-3453-6865	국내	사회복지	장애인, 가족, 여성, 기타
18	사회복지법인 씨제이나눔재단 www.donorscamp.org 02-6740-1495	국내	사회복지	종합사회복지
19	사회복지법인 아이들과미래재단 www.kidsfuture.or.kr 02-843-8478	국내, 해외	사회복지	아동, 청소년, 장애인, 외국인(다문화), 가족, 여성
20	사회복지법인 어린이재단 www.childfund.or.kr 02-775-9122	국내, 해외	사회복지	종합사회복지
21	사회복지법인 열매나눔재단 www.merryyear.org 02-2665-0047	국내	사회복지	종합사회복지

	법인명	지역	사업 분야	사업 대상
22	재단법인 케이알엑스국민행복재단 www.krxfoundation.or.kr 02-377-4886	국내, 해외	사회복지	종합사회복지
23	사회복지법인 하트-하트재단 www.heart-heart.org 02-430-2000	국내	사회복지	종합사회복지
24	사단법인 하트-하트재단인터내셔널 www.heart-heart.org 02-430-2000	국내, 해외	사회복지	종합사회복지
25	(사)한국국제기아대책기구 www.kfhi.or.kr 02-544-9544	국내, 해외	사회복지	종합사회복지
26	사회복지법인 한국노인복지회 www.helpage.or.kr 02-849-6588	국내, 해외	사회복지	노인
27	사단법인 함께만드는세상 www.bss.or.kr 02-2280-3343	국내	사회복지	일반 대중
28	사회복지법인 행복창조 happylog.naver.com 02-353-2963	국내	사회복지	아동, 청소년, 노인, 가족, 여성, 일반 대중
29	(재)씨제이문화재단 www.cjculturefoundation.org 02-6740-1496	국내, 해외	문화	종합사회복지
30	사단법인 굿네이버스인터내셔널 www.goodneighbors.kr 02-6424-1324	국내, 해외	기타	아동, 청소년, 장애인, 외국인(다문화), 가족, 여성, 일반 대중
31	사단법인 동물권행동 카라 www.ekara.org 02-3482-0999	국내	기타	종합사회복지
32	사단법인 동물자유연대 www.animals.or.kr 02-2292-6337	국내	기타	일반 대중

	법인명	지역	사업 분야	사업 대상
33	재단법인 바보의나눔 www.babo.or.kr 02-727-2507	국내, 해외	기타	종합사회복지
34	(사)사랑의달팽이 www.soree119.com 02-541-9555	국내	기타	장애인
35	재단법인 아름다운가게 www.beautifulstore.org 02-2115-7027	국내, 해외	기타	종합사회복지
36	재단법인 아산나눔재단 www.asan-nanum.org 02-741-8230	국내	기타	종합사회복지
37	사단법인 열매나눔인터내셔널 www.myi.or.kr 02-3789-9508	해외	기타	종합사회복지
38	사단법인 월드투게더 www.worldtogether.or.kr 02-429-4044	국내, 해외	기타	종합사회복지
39	(사)전국재해구호협회 www.relief.or.kr 02-6215-9595	국내, 해외	기타	종합사회복지
40	재단법인 케이에스디나눔재단 (KSD Foundation) nanum.ksd.or.kr 031-900-7247	국내, 해외	기타	종합사회복지
41	재단법인 푸르메 www.purme.org 02-720-7002	국내	기타	청소년, 장애인, 일반 대중
42	(사)한국해비타트 www.habitat.or.kr 02-1544-3396	국내, 해외	기타	종합사회복지
43	사단법인 휴먼인러브 www.hil.or.kr 02-6080-8654	국내, 해외	기타	종합사회복지

사회복지기관 및 시설

① 육아(보육)

	기관명	주요 사업	자원봉사
1	대한사회복지회 의정부영아원 kwskg.or.kr 031-878-0078	아동 양육 및 보호, 발달재활 및 치료 사업, 상담 사업, 프로그램 사업	아동 일상생활 보육, 놀이 및 일대일 상호 작용, 동화 구연, 사진 촬영.
2	마포클로버 www.holt.or.kr/mapo_clover 02-322-3325	육아 지원, 의료비, 자립교육 지원, 여가 지원, 퇴소자 자립 정착 지원	아기 돌봄, 재능 기부, 프로그램 진행 및 업무 보조
3	모성의 집 www.mosong.or.kr 031-321-7168	미혼모자 숙식보호 지원, 학업 지속 및 직업교육 연계, 심리상담 지원	실내외 청소 및 정리, 아이 돌봄, 재능 기부
4	바인센터 vinecenter.wixsite.com/0693 02-2671-0693	기본 생활보호, 의료 지원, 심리 및 정서 지원, 진로지도 및 자립 지원	정서 및 건강 지원 재능 기부, 멘토링, 아기 돌봄 봉사
5	새롱이새남이집 www.sshouse.or.kr 031-755-5453	보호의료 및 교육 서비스, 지역사회 연계서비스	프로그램 진행강사 및 보조, 아이 돌보미, 차량봉사, 건물청소 및 환경개선
6	성가정입양원 www.holyfcac.or.kr 02-764-4741	국내입양, 생부모 상담, 아동 일시보호소 운영, 사랑의 부모(위탁가정)	아기 돌보기, 차량봉사, 주방 보조, 음악 및 미술놀이 전문봉사, 사무 보조
7	세림주택 www.세림주택.com 031-881-0075	저소득층 모자 3년간 보호, 기본생계 지원, 취업상담	아동 학습지도, 차량 지원, 환경미화, 사무 보조, 도배 및 집수리
8	애란원 www.aeranwon.org 02-393-4723	미혼모자 생활시설, 위기임신 여성 상담, 미혼모부자 복지 상담 등	개별 학습지도, 의료봉사, 직업교육 강사, 운전봉사, 탁아 및 산후 돌보미 봉사 등

	기관명	주요 사업	자원봉사
9	열린집 www.openhousesws.or.kr 02-563-7420	일상생활, 아동양육 지원, 의료비 및 자립교육 지원, 프로그램 지원	아기 돌봄, 재능 기부, 프로그램 진행 및 업무보조
10	한국아동복지협회 www.adongbokji.or.kr 02-790-0818	경제교육 및 자립역량 제고, 꿈나무 체육대회, 치료 및 재활 지원 사업	홍보물 배포, 행사 보조, 번역 및 기타 문서 업무, 서류 및 도서정리

② 아동

	기관명	주요 사업	자원봉사
1	평택 나무와 숲 ptchild.or.kr/site/ 031-651-2075	지역 내 요보호 아동 발굴, 급식 및 간식 제공, 야간보호 프로그램	
2	라온지역 아동센터 02-469-1700	보호 프로그램, 교육 프로그램, 문화 프로그램, 정서 프로그램	홈페이지 게시판 통해 자원봉사 신청 가능
3	반곡복지재단 사회복지시설 혜심원 haesim.org/ 02-755-8459	아동양육 사업, 상담활동, 인지발달, 정서지도, 사회성 개발 및 자립훈련	영유아 돌보기, 학습지도, 체육관련 지도, 의료봉사, 시설유지보수, 재능 나눔 등
4	사회복지법인 남산원 www.namsanwon.or.kr 02-752-9836	학습지도, 특기적성지도, 자립교육, 경제교육, 진학지도, 직업탐색, 직업탐방 등	노력봉사, 사무 보조, 학습지도, 프로그램 보조, 결연봉사
5	서울 해바라기 센터 www.help0365.or.kr 02-3672-0365	성폭력, 가정폭력, 성매매 피해자에게 상담, 의료, 법률, 수사, 심리치료 서비스 지원	
6	서울특별시 동부 아동보호 전문기관 www.dbnawoori.seoul.kr 02-2247-1391	의료 서비스, 상담 서비스, 가족기능강화 서비스, 사건처리지원 서비스 등	홈페이지 통해 자원봉사 신청 가능

	기관명	주요 사업	자원봉사
7	아동권리보장원 실종아동 전문기관 www.missingchild.or.kr 02-777-0182	실종아동과 관련된 실태 조사, 예방을 위한 연구 및 홍보, 실종아동 상담 및 치료 서비스	정기후원
8	영락 보린원 www.borinwon.or.kr 02-754-6051	양육 서비스, 인지정서발달 지원, 자립 지원, 가족연계, 지역사회연계	영유아 돌보기, 의료봉사, 원내청소, 행사 지원, 교육 봉사, 심리치료 및 음악치료 봉사 등
9	인천 보라매 아동센터 brmc.boramae21.org 032-747-1102	일시 보호 아동 심리검사, 프로그램 사업, 건강관리 등	1:1 학습지도, 예체능 봉사, 미취학 놀이활동 지도, 업무 지원, 센터 환경미화 등
10	컴패션 www.compassion.or.kr 02-740-1000	1:1 어린이 양육, 양육을 돕는 후원	1:1 어린이 후원, 선물 지원, 편지 번역

③ 청소년

	기관명	주요 사업	자원봉사
1	강동구 청소년 상담복지센터 www.wagle.or.kr/sub7/ sub01.php 02-6252-1388	위기긴급 지원, 청소년 동반자, 학교 및 지역사회연계, 대인 관계 향상 집단 프로그램	
2	경기도 청소년 상담복지 센터 www.hi1318.or.kr 031-248-1318	부모 또래 상담 사업, 고위기 청소년 지원, 위기 청소년 상담	
3	만안청소년문화의집 ayf.or.kr/life/index.do 031-443-5774	청소년자치활동, 문화예술체험활동, 축제 및 캠프, 진로 및 인성활동 지원, 시설 무료 이용 등	홈페이지 통해 자원봉사 신청 가능

	기관명	주요 사업	자원봉사
4	서울가톨릭사회복지회 유락종합사회복지관 www.yurak.or.kr 02-2235-4000	위기상황 청소년 맞춤형 상담, 희망온돌(의료비, 주거비 지원), 방과 후 아카데미 등	경로식당 지원, 학습지도, 도시락 및 밑반찬 배달, 재능 기부, 각종 행사 참여 등
5	성남시 청소년재단 청소년 상담복지센터 www.snyouth.or.kr/ sn1388/index.do 031-756-1388	통합 지원, 상담 지원, 위기 지원학교연계 상담 지원, 학교 밖 청소년 지원, 온라인 상담	
6	수원시 청소년재단 www.syf.or.kr 031-218-0485	문화센터, 동아리 운영, 봉사 활동 및 스포츠 활동 진행, 청소년 예술단, 청소년 상담 등	
7	용인시 청소년미래재단 청소년 상담복지센터 www.yiyf.or.kr/ yongin1318/index.do 031-324-9300	심리상담, 놀이 및 미술상담, 찾아가는 '청소년동반자(YC)' 상담사 학교파견 사업 등	
8	태화기독교사회복지관 www.taiwha.or.kr 02-2040-1600	개별가족 프로그램, 공동체 활동, 보호자 집단 프로그램(부모 코칭)	복지관 환경미화, 간식제공, 현장학습 보조, 학습지도 등
9	한림청소년복지센터 1318center.hallym. ac.kr〉xe 033-256-6214	학교 안 청소년 지원 사업, 학교 밖 청소년 통합 지원 사업, 교육 및 연구 사업	정기후원, 물품 나눔
10	화성시 나래울종합사회복지관 www.narewul.or.kr 031-8015-7300	교육 지원, 급식 및 간식 지원, 취미 여가 프로그램 운영, 진로 프로그램 운영 등	주간보호, 방과 후 교실 교육, 운동 보조, 경로식당 배식 합창단 운영, 아동연극 보조 등

④ 노인

	기관명	주요 사업	자원봉사
1	고양 어르신 복지센터 blog.naver.com/ goyang0360 031-914-0360	일상생활 지원, 여가 지원, 건강증진 및 위생관리, 심리 및 사회 기능증진	
2	구립 영등포노인복지센터 www.helpagecare.or.kr 02-2631-3212	재가노인 지원, 주야간보호, 방문요양 및 목욕 사업, 노인 맞춤 돌봄, 어르신 일자리	안부 확인, 의료 및 상담 지원, 일상 및 여가생활 지원, 프로그램 진행, 사무 보조 등
3	사회복지법인 금성복지재단 www.true.or.kr 042-274-4700	재가노인 지원, 주야간보호, 노인 돌봄, 방문목욕 서비스	주변 환경 개선, 일상생활 보조, 건강관리(생활체조, 발마사지), 프로그램 진행 보조
4	사회복지법인 에덴원 www.edenwon.or.kr 054-373-7575	노인 돌봄, 방문요양	가사 지원, 이/미용 봉사, 노력봉사(잔디밭 제초, 물 주기), 의료봉사
5	사회복지법인 행복한 오늘 인창노인복지센터 center.inchangsilver.org 051-204-3472	일상생활 지원, 정서 지원, 주거환경개선, 여가활동, 상담 지원 등	차량봉사, 도시락 배달 사업, 가정봉사원(가사, 미용 등), 프로그램 지원
6	사회복지법인 혜원 www.bokhyewon.or.kr 051-868-0138	가정봉사원 파견, 상담 서비스, 가사 지원, 우애 서비스, 도시락배달 서비스 등	세탁 보조, 청소 보조, 말벗, 수발, 차량공유, 물건 나누기, 사무업무 보조
7	사회복지법인 활란복지재단 www.sgapa.or.kr 041-663-1900	가정봉사원 파견, 노인 돌보미, 장기요양보험 사업(신체 수발, 가사 지원)	프로그램 활동 참여, 가정봉사원 교육 및 행사 초대
8	사회복지법인 효성노인건강센터 www.ihyosung.org 051-727-5080	시설서비스, 케어복지, 의료 지원, 재활 지원, 영양 지원	홈페이지 게시판 통해 자원봉사 신청 가능

	기관명	주요 사업	자원봉사
9	사회복지법인 복음재단 가나안재가노인돌봄센터 www.silverhouse.or.kr>canaan 053-322-2660	재가노인 지원, 주야간보호, 방문요양, 노인 돌봄 맞춤 서비스	독거노인 안부전화, 반찬 배달, 여가 지원, 프로그램 진행, 어르신 케어, 환경미화 등
10	진명재가노인돌봄센터 www.jmwelfare.or.kr 053-939-8888	재가노인 지원, 방문요양, 노인 돌봄 맞춤 서비스	

⑤ 장애인

	기관명	주요 사업	자원봉사
1	(사)고려장애인부모회 진주 장애인복지센터 weltown.or.kr 055-762-1070	교육 지원(성교육, 안전교육), 자립 지원(경제교실, 인권교육), 사회심리 지원 사업, 직업 지원	시설환경미화 및 생활지도, 장애인 직업 재활 보조, 사회복지 서비스 활동 및 보조
2	경기도 농아인협회 www.ggdeaf.kr 031-252-6420	수어통역센터, 직업재활센터, 수어콜센터, 경기농아방송, 언어발달 지원 등	
3	대한불교조계종사회복지재단 홍천군장애인복지관 www.hcwelfare.org 033-435-7031	상담 지원, 의료재활, 지역복지 직업재활, 사회재활, 스포츠 및 여가활동, 교육재활	행정 관련 업무 보조, 방과 후 교실 및 계절학교 보조, 가족캠프 보조, 차량 지원 등
4	사단법인 서울특별시 지적발달장애인복지협회 kaidd.or.kr 02-592-5023	상담 사업, 교육 및 연수 사업, 자립지원센터 운영, 주간 보호시설 운영	홈페이지 통해 자원봉사 신청 가능
5	사회복지법인 보경복지재단 www.bokyung.org 053-965-4172	중증장애인 직업 재활, 발달장애인 자립 지원	일상생활 지원, 직업활동 지원, 사회활동 지원, 학습활동 지원

	기관명	주요 사업	자원봉사
6	사회복지법인 승가원 관악 구장애인종합복지관 sgwga.or.kr 02-877-0750	아동(방과 후 교실, 특수체육), 평생교육(하모니카, 재활운동), 직업 지원, 기능향상, 지역연계	복지관 프로그램 및 행사 지원, 식당운영 지원, 재능기부, 가사 지원, 주말 프로그램 보조
7	사회복지법인 한벗재단 www.hanbeot.org 02-393-0661	장애인 보조기구 지원, 단기 보호시설 운영, 빈곤국 장애인 지원, 여행 지원	홈페이지 통해 자원봉사 신청 가능
8	실로암시각장애인복지관 www.silwel.or.kr/v2 02-880-0500	학습 지원, 국제장애인 지원, 음악재활, 직업재활시설 지원	대체도서제작, 녹음도서 제작, 프로그램 보조봉사, 각종행사 및 캠프 보조 등
9	사회복지법인 한국재활재단 krfund.or.kr 02-365-7740	사랑의 카드 판매수익 사업, 저소득 장애인 가정 장학 사업, 문화예술 및 인식개선 사업	정기후원
10	사회복지법인 한사랑 www.hansarang1992. or.kr 053-943-0448	어린이집, 주간보호센터 운영, 발달장애인자립지원센터, 자립생활가정, 장애인활동지원	정기후원

⑥ 노숙자

	기관명	주요 사업	자원봉사
1	가나안쉼터 www.canaanhomeless. or.kr 02-964-1556	거리상담, 자체자활 사업, 공동작업장 운영, 취업 지원, 정서 지원, 의료 지원 등	이/미용, 주방봉사 및 정기후원
2	나눔과 미래 www.yesnanum.org 02-928-9064	주거복지센터 운영, 노숙인 일자리 연계 등	정기후원

	기관명	주요 사업	자원봉사
3	노숙인 일시보호시설 만나샘 https://www.mannasem.org/ 02-757-7595	상담지도, 생활 지원, 취업알선, 응급의료, 주거 지원, 공동작업장 운영 등	무료급식, 청소, 옷 정리, 행정업무, 재가노인 우애 지원 프로그램 진행 및 보조 등
4	다일 작은천국 www.dail.org＞m31_domestic3 02-2212-8004	노숙인 보호 회복쉼터 운영, 호스피스 노숙인 보호, 상담, 건강관리, 정서 및 신앙회복, 자립생활 지원	밥퍼(노숙인 점심식사 대접), 다일천사병원 봉사, 재능 기부 등
5	부산희망등대 종합지원센터 www.hopelight.or.kr 051-463-1127	일자리 참여 지원, 개인역량 강화, 치유 프로그램 등	주야간 아웃리치 활동 보조, 사회복귀 노숙인과의 결연 등
6	사단법인 서울 노숙인시설 협회 homeless-seoul.or.kr 02-713-3698	희망 옷 나눔(헌옷을 기부받아 노숙인, 취약계층 기관에 전달), 주택알선, 입주, 생필품 지원	
7	서울특별시립 24시간게스트하우스 www.homelessgh.org 02-2215-9251	주거 지원(임대주택 입주 알선), 자립 지원(일자리 공유 서비스), 급식 지원(기관 내 무료급식) 등	교육봉사, 기술봉사, 노숙인 멘토 형성 및 후원, 식당 배식 및 조리 등
8	서울특별시립 다시서기종합지원센터 www.homeless.or.kr 02-777-5217	임시주거 지원, 정신건강 상담, 상시적 의료 서비스 제공, 코레일 협력 일자리 사업 등	급식 봉사활동, 부속의원 활동, 거리 상담봉사, 청소, 명절봉사
9	열린복지 www.yeolin.net 02-466-0988	여성노숙인 보호 및 자활 지원, 노숙인 재활 프로그램 운영, 노숙인 주거 서비스 등	부업활동 보조, 밥상 나눔 활동 보조 등
10	행복나눔센터 www.happysc.kr/ 031-836-4984	무료급식, 결손가정 지원 등	무료급식 봉사

⑦ 외국인 근로자(다문화)

	기관명	주요 사업	자원봉사
1	AMC 안산이주민센터 www.migrant.or.kr 031-492-8785	인권, 한국문화적응교육, 성폭력 및 가정폭력 상담, 이주노동자자녀 보육 사업 등	홈페이지 통해 자원봉사 신청 가능
2	따뜻한 동행 www.walktogether.or.kr 070-7118-192	북한이탈 청(소)년 대상으로 통일인재 양성 아카데미 운영, 멘토링, 미술치료	정기후원
3	라파엘클리닉 raphael.or.kr 02-763-7595	다문화가족 이동클리닉 운영(이동진료차량), 이주노동자 무료 진료	의료봉사(의사, 간호사, 약사, 병리사 등), 일반봉사(안내 및 접수)
4	성북구 건강가정 다문화 가족지원센터 sbfc.familynet.or.kr 1577-9337	통번역 서비스, 한국어교육, 방문 서비스, 다문화 자녀 지원, 가족심리상담, 가족학교 등	
5	수원이주민센터 www.suwonmigrantscenter.com 070-8671-3111	이주민 인권 증진, 교육 및 의료, 법률 상담 지원, 한국 생활에 필요한 정보 제공	교육, 행사, 상담 등
6	양천외국인노동자센터 www.shinmok.or.kr/business/employee.php 02-2643-0808	교육문화 지원, 직업능력개발, 상담복지 지원, 사회통합 지원, 인권 및 사회적응 지원	외국인 근로자센터 통번역, 다문화가정아동 보육 지원 등
7	인천교구 외국인노동자 상담소 www.fwco.or.kr	무료 진료소 운영, 노동 상담, 임금체불 및 산재, 한글 교실 운영, 어린이집 운영	한글공부 지도, 어린이집 보조, 물리치료사 등
8	하나다문화센터 다린 www.hanadarin.com 02-743-6744	문화교류 및 돌봄 교실 운영, 교육 지원(금융교육, 한국어, 한국문화)	홈페이지 통해 자원봉사 신청 가능
9	한국이주여성인권센터 http://www.wmigrant.org/wp/ 02-3672-8988	서울이주여성 상담센터 운영, 이주여성 쉼터 운영, 정책 연구	정기후원

	기관명	주요 사업	자원봉사
10	한베문화교류센터 www.koviculture.net 02-561-8284	다문화가족 지원, 지역사회 개발, 장학 사업, 교육 사업, 문화교류 사업, 베트남어교실	홍보물, 영상 편집 및 디자인, 행정 지원, 승하차 지도, 베트남어교실 진행 및 활동 보조

⑧ 국내 체류 난민

	기관명	주요사업	자원봉사
1	남동구 북한이탈주민센터 www.namdong.go.kr 032-453-2230	경로당 항시 운영, 개인 독서 및 공부 공간, 생활영어 및 한국무용 운영	
2	남북하나재단 www.koreahana.or.kr 1577-6635	초기정착 및 생활안정 지원, 정착 지원금, 취/창업 지원, 교육 인재양성 지원 등	정기후원
3	지파운데이션 www.gfound.org 1566-6274	저소득가정아동 지원, 위기가정 지원, 빈곤아동교육 지원 사업 등	정기후원, 물품후원
4	북한 인권증진센터 www.inkhr.or.kr 070-4624-7997	북한 인권증진, 통일인식 개선, 인권침해 실태조사 및 접수, 북한 인권 고문피해자 지원 등	북한 인권자료 각국 언어 번역, 캠페인 및 컨퍼런스 진행, 국내외 활동 촬영 및 편집 기록
5	서울외국인노동자센터 www.smwc.kr 02-3672-9472	인권상담 및 노동 상담, 공동체구성 및 지원, 국내 및 국제적 연대강화	정기후원
6	세이브더칠드런 www.sc.or.kr 02-6900-4400	양육비, 보육비 및 교육비, 의료비 지원, 아동 및 가족 상담과 모니터링	정기후원
7	유엔난민기구 UNHCR한국 대표부 www.unhcr.or.kr 02-773-7011	난민 취업 권리, 법적 권리, 출입국관리법 개정 등	정기후원

	기관명	주요사업	자원봉사
8	통일부 남북통합문화센터 uniculture.unikorea.go.kr 02-2085-7306	마음숲(상담센터) 운영, 소모임 지원, 도서관 운영, 어린이 친화 공간 운영	핸즈온 정성 나눔 활동, 맛있는 남북통일 음식 나눔, 착한봉사단 공모 사업 등
9	피난처 http://www.pnan.org/ 02-871-5382	난민보호, 난민셀터 운영, 생활 지원, 멘토링, 개발협력, 탈북난민보호	정기후원
10	한국이민재단 www.kisf.org 02-2643-8791	한국 체류하는 외국인 유학생의 출입국 민원 대행업무 진행, 무사증 환승관광 프로그램 운영	

⑨ 종합복지관

	기관명	주요 사업	자원봉사
1	구립 동대문 장애인 종합복지관 www.ddm2016.or.kr 02-927-0063	상담, 언어진단, 작업활동, 장애아동치료바우처, 운동상담, 반찬 지원, 사회심리적 지원 등	행사 지원, 교육 지원, 식당 봉사, 사무 보조, 재능봉사, 재가장애인 지원 등
2	목동종합사회복지관 www.mokdongswc.org/ 02-2651-2332	결연후원금 및 후원품 지원, 긴급구호비, 50대 독거남 지원, 희망 두 배 청년통장 등	도시락배달, 경로식당 보조, 밑반찬 조리 및 포장, 배달, 도배, 청소년 자원봉사스쿨 등
3	사랑의전화복지재단 마포종합사회복지관 www.laf.or.kr 02-712-8600	아동교육문화 프로그램, 성인여가문화 프로그램, 예비 은퇴자 역량강화 사업 등	학습지도, 학교사회복지 보조, 독거어르신 도시락 배달, 도서관 대출 및 반납 관리 등
4	서대문종합사회복지관 sdmbokji.or.kr:58153 02-375-5040	사례관리, 지역조직, 글향기 교실, 어르신사회교육, 서대문 방과 후 교실 운영 등	점심 조리봉사, 도시락배달, 방과 후 교실, 아동학습지도, 홀몸어르신 가정방문 등

	기관명	주요 사업	자원봉사
5	서울특별시립 강북노인종합복지관 www.gswc.or.kr 02-999-9179	노인 일자리 및 사회활동 지원, 주거환경개선, 노년사회화교육, 시니어 지역종합상담 등	식사 지원, 행정업무 지원, 교육 지원, 전문상담, 주거관리, 실버문화재 지킴이 등
6	성남시한마음복지관 www.woorimaum.org 031-725-9500	지역연계, 통합체육, 평생교육, 주간보호센터, 점자도서관, 장애전담어린이집 등	지역사회 장애인 생활 지원, 도서관 업무 지원, 성인 장애인 재활 지원 등
7	약수노인종합복지관 www.yssenior.co.kr 02-2234-3515	노인맞춤 돌봄 서비스(건강생활 지원, 재가복지 사업), 노년사회화교육, 일자리 알선	홈페이지 통해 자원봉사 신청 가능
8	이화여자대학교 종합사회복지관 www.ewhawelfare.or.kr 02-3277-3190	공유경제마을 만들기, 도시재생연계 사업, 주민동아리 활동 지원 등	취약계층 아동 학습 멘토링, 전문상담센터 아동 귀가 지도, 거주 북한이탈주민 지원 등
9	종로장애인복지관 jpurme.org 02-6395-7070	발달장애인 지원, 건강문화 지원, 직업 지원, 지역연계 사업 운영 지원 등	교육봉사, 재능봉사, 일반(노력) 봉사 등
10	홍은종합사회복지관 www.hwelfare.or.kr 02-395-3959	경로식당, 식사배달, 생신잔치, 전문상담센터, 방문목욕 등	진로탐색 멘토, 집수리 봉사, 도시락 및 밑반찬 배달 서비스, 경로식당, 무료 급식봉사 등

⑩ 고용

	기관명	주요 사업	자원봉사
1	경기도일자리재단 www.gjf.or.kr 031-270-9600	청년일자리본부, 여성능력개발본부, 기술학교 등	
2	부천시근로자종합복지관 www.bccc.or.kr 032-661-3030	무료취업알선, 직업훈련교육, 조사연구 사업, 취업성공패키지	

	기관명	주요 사업	자원봉사
3	사단법인 한국고용복지센터 www.myjobcenter.or.kr 02-961-8888	취업성공패키지, 청년내일채움공제, 민간신임경비교육 등	
4	사회적협동조합 내일로 ncoop.kr 031-223-8219	취약계층취업 지원, 교육/컨설팅, 희망리본 사업(저소득층 개인별 지원),	
5	서울남부 고용복지센터 www.work.go.kr> seoulnambu 02-2639-2300	취업 지원, 고용안정 사업, 집단직업상담, 직업능력개발, 외국인채용 지원 등	
6	서울특별시립 서울노인복지센터 www.seoulnoin.or.kr 02-6220-8504	취업상담 지원, 시니어 인턴십, 노인재능 나눔 사업, 노인자원봉사 등	급식봉사, 찬 만들기 봉사, 안경세척 봉사, 재능 나눔, 휴대폰알림이 봉사 등
7	서초구립 양재노인종합복지관 www.seochosenior.org 02-578-1515	고령자 취업알선 및 취업준비교육(재취업교육)	경로식당, 돌봄 봉사, 전문봉사, 전문상담, 행정업무, 정기후원
8	여성새로일하기센터 saeil.mogef.go.kr 1544-1199	경력단절여성에게 맞춤형 취업 지원 서비스 제공, 취업상담, 직업교육훈련, 인턴십, 사후관리 등	
9	워크넷 www.work.go.kr 1577-7114	성공장년 프로그램, 경력단절여성 취업 지원, 결혼이민여성 취업 지원, 고졸청년 취업 지원 등	
10	장애인 고용포털 워크투게더 www.worktogether.or.kr 1588-1519	취업상담, 직업능력평가, 온라인 취업준비, 고용장려금 지원	

⑪ 자연보호

	기관명	주요 사업	자원봉사
1	WWF 세계자연기금 www.wwfkorea.or.kr 02-722-1601	담수 복원 사업, 해양보전, 도시 숲 조성 사업, 멸종위기종 보전, 기후 에너지 사업 등	정기후원
2	그린무브공작소 blog.naver.com/ greenmovestudio 070-7756-3141	업사이클링, 친환경 교육, 고장난 장난감을 기부받아 수리, 소독 후 재활용 기부	
3	그린피스 www.greenpeace.org/ korea 02-3144-1994	기후에너지, 해양보호, 산림보호, 독성물질 제거, 건강한 식품 및 농업 등	정기후원 및 홈페이지 통해 자원봉사 신청 가능
4	노원환경재단 www.nwgreen.or.kr>index 02-979-6568	찾아가는 학교환경교육, 주민참여 환경 프로그램, 환경교육해설사 양성, 환경교육 체험장 운영 등	
5	녹색연합 www.greenkorea.org 02-747-8500	생태계 보전, 야생동물 보호, 녹지순례, 다양한 캠페인 진행	정기후원
6	수원환경운동센터 www.ecosuwon.org 032-251-1831	환경교육 사업, 녹지보전운동, 환경교육 자료화, 하천 살리기, 기후보호운동 등	홈페이지 통해 자원봉사 신청 가능
7	초록생활 www.greenlive.or.kr 051-206-9800	환경보호에 관한 교육, 탐사, 연구 활동 및 캠페인 진행, 생태계보호 교육 진행, 생태계탐방(선박체험) 진행	
8	한국환경보호전국감시연합회 gamsi.org 02-2278-8225	환경보호 캠페인, 자연보호, 무단 방류되는 오/폐수 지도, 저수지 및 낚시터 폐기물 무단투기 감시 등	

	기관명	주요 사업	자원봉사
9	환경운동연합 kfem.or.kr 02-735-7000	시화호 살리기, 동강 살리기, 팔당 상수원 보호, 비무장지대 보호 등	정기후원
10	환경재단 www.greenfund.org 02-2011-4300	개발도상국 주거환경 개선, 환경인식 개선 및 기후변화 대응 역량 강화, 에코빌리지 조성 사업 등	정기후원

⑫ 호스피스

	기관명	주요 사업	자원봉사
1	가톨릭대학교 성빈센트병원 www.cmcvincent.or.kr/ practice.hospice.sp 031-249-7758	호스피스완화의료 팀 모임, 입원환자 가족교육, 사별가족모임 및 추모제 등	영적 상담과 종교적 돌봄, 신체적 돌봄 및 정서적 지지, 가정간호 등
2	각당복지재단 무지개호스피스 www.kakdang.or.kr 02-736-1928	재가암환자 및 사별가족을 보살피는 봉사자 파견, 가정호스피스 운영	방문 목욕, 발마사지, 말벗 등
3	마뗄암재단 www.mcancer.com 02-723-4706	암환자진료비 지원, 호스피스 상담, 쉼터 무료 지원	정기후원
4	중앙호스피스센터 hospice.go.kr 1577-8899	다양한 프로그램 운영, 증상 조절, 통증조절, 임종 돌봄, 사별 돌봄 등	
5	부산광역시 호스피스 완화 케어센터 www.hospicebusan.or.kr 051-510-0785	가정방문 및 전화방문, 다양한 요법 프로그램, 주간호스피스완화 케어 서비스, 사별 가족 관리 등	환자 직접 돌봄, 정서적 돌봄, 영적 돌봄, 가족 돌봄 등

	기관명	주요 사업	자원봉사
6	샘물호스피스병원 www.hospice.or.kr 031-329-2999	환우 가족 돌봄 서비스, 기금 마련 사랑의 나눔터 운영, 자원봉사자 교육, 문서출판 및 각종 행사 운영	정기후원 및 홈페이지 문의
7	성 바오로 가정호스피스센터 www.stphc.or.kr 031-575-9971	차량 2시간 이내 가정 방문, 원예요법, 미술요법, 목욕, 마사지 무료 제공	환자 돌봄, 가족 돌봄, 차량봉사, 신체간호, 영적 돌봄, 장례수행, 사무 보조, 홍보 사업
8	수원기독호스피스회 하나호스피스재단 www.hanahospice.org 031-254-6571	호스피스 봉사활동 및 의료 사업, 유가족 지지봉사, 홍보 및 출판, 장례봉사, 성례봉사	세탁 및 의복 정리, 환자 상담, 식당 및 주방 보조, 전화 안내, 가정방문호스피스 등
9	안양샘병원 anyang.samhospital.com>home 031-467-9259	환자 및 가족의 심리/사회/영적 문제 상담, 완화의료 도우미 운영, 사별가족 돌봄 서비스	목욕, 머리 감기기, 편지대필, 책 읽어주기, 사별가족 돕기, 함께 있어주기, 종교적 지원 등
10	연세메디람 호스피스 전문센터 medilam.co.kr 031-921-0111	미술치료, 음악치료, 다도 프로그램, 아로마테라피, 색채테라피, 영적 돌봄-기독교, 다양한 복지 프로그램 진행	입원환자 돌봄, 환우와 가족을 위한 행사 참여

원고 청탁서

앞으로 '코람데오' 명칭을 사용하시는 분들께 드리는 원고 청탁입니다.

아래는 이 책을 기획하게 된 동기와 소망을 담은 앙케트입니다.

기록과 자료의 의미도 있고, 앞으로 코람데오 명칭을 사용하시는 분들께 드리는 원고 청탁서기도 합니다.

미래의 독자분들이나 출판사 입장에서 제일 좋은 것은, 설문지에 응답하시는 것보다는 이 문항을 바탕으로 대표자님께서 직접 신앙 간증문을 집필해 주시는 것입니다.

하나님께는 감사와 찬양의 고백이요, 독자분들에게는 피부에 와 닿는 생활신앙의 기록일 것이기 때문입니다.

> "아무 것도 염려하지 말고 다만 모든 일에 기도와 간구로,
> 너희 구할 것을 감사함으로 하나님께 아뢰라
> 그리하면 모든 지각에 뛰어난 하나님의 평강이
> 그리스도 예수 안에서 너희 마음과 생각을 지키시리라."(빌 4:6-7)

2020년 가을 발송되었던 설문지 원문을 게재합니다.

주님의 은혜 안에 평안하시길 기도드립니다.

전국의 '코람데오' 대표님들께 인사 올립니다.

'하나님 앞에서' 진실된 모습으로 살기 위해 노력하시는
'코람데오' 대표자님, 안녕하세요?
주님 앞에 조심조심 살아가며 문서선교와 나눔 사역을 펼쳐가는 기독교
출판사 '코람데오' 인사 올립니다(ⓜ 010-5415-3650, 서울 종로구 세종대로
23길 54, 1006호).

맑은 하늘과 울긋불긋 물든 산, 따뜻한 빛깔을 자랑하는 가로수들······.
가을에서 겨울로 넘어가는 길목에 주님께서 우리에게 주신 선물입니
다. 창조주 하나님께서 허락하신 아름답고 넉넉한 풍경처럼, 대표님들의
일상도 찬란하고 풍요롭기를 바라는 마음으로 몇 가지 여쭈고자 합니다.
혹여나 '이러한 시도가 실례가 되지 않을까' 고민도 되었지만, '코람데
오'라는 명칭을 쓰시는 대표님들은 '주님의 사랑하심과 넓은 마음'을 지니
신 분들일 것이라는 바람으로 편지를 올리게 되었습니다.
실례가 되었다면 먼저 죄송하다는 말씀을 드립니다.

광화문에 자리한 저희 '코람데오'는, 1993년 시작된 출판사입니다. 주로
기독교, 문화, 사회복지 서적을 만들고 발생되는 수익금으로 문서선교, 선

교사 후원, 국내의 아프리카 난민지원 사역을 펼쳐 나갑니다. 2004년 가을부터는 은퇴 교역자분들 중 생활이 어려운 분들, 어려운 이웃을 위한 푸드뱅크를 운영하고 있습니다.

저의 지인 중에 고위 공직에 계시는 60대 후반의 김 관장님이 계셨습니다. 이분은 특이한 성함을 갖고 계신 덕에 이름에 관한 특별한 호기심이 생겨, 전국에 자신과 같은 이름을 가진 분들을 모두 찾아보셨답니다.

그리고 이분들과 연락하여 정기적인 만남도 갖고, 봉사하며 의미 있고 즐거운 시간을 보내십니다. 그 이야기를 듣고 저는, '그렇다면 전국에 우리와 같은 코람데오라는 명칭을 가지고 사업을 하시는 분들은 얼마나 계실까?'라는 생각을 했습니다.

또한 '코람데오'라는 이름으로 일하시는 귀한 분들이 '하나님 앞에서' 과연 어떠한 모습으로 살고 계실지도 궁금했습니다. 그분들의 '신앙과 삶의 현장 이야기'를 들어 보고 싶다는 작은 생각으로 시작된 프로젝트는, '이분들의 삶을 통해 주님을 더욱 알아가고, 삶도 풍성해지는 독자들이 생겨나면 참 좋을 것 같다.'라는 작은 바람으로 귀결되었습니다. 그리하여 '코람데오의 삶을 살고 계시는 분들의 이야기들을 모아 출판을 해보면 어떨까?'라는 주님이 주시는 값진 생각들로, 저희 출판사에서는 『코람데오 사람들』을 기획하게 되었습니다.

'코람데오'라는 흔하지 않은 특별한 명칭을 대표님 사업체의 명칭으로 사용하시게 된 계기, 생활 속에서 코람데오의 삶을 살기 위해 노력하시는 부분 등 신앙과 현실의 삶을 어떻게 조화시켜 살아가고 계시는지 무척 궁금합니다. 이러한 신앙 간증과 더불어 사업 속에서 주님을 만나시게 된 체험 등을 모아서 저희가 책으로 출판해 보고자 합니다.

사업을 하시면서 여러 가지 어려움이 많고 때로는 순탄치 않은 날들이 계속되지만, 그 어려움들을 주님의 이름을 붙들고 잘 이겨내 나아가시고 기쁨으로 살아내시는 모습을 글 속에 담아낸다면 독자들에게 큰 용기를 주고 얼마나 은혜가 될까 상상해 봅니다.

방법적인 부분들은 어렵게 생각지 마시고, 저희 출판사와 다양하게, 충분히 소통하시면서 준비해 주시길 간곡히 부탁 올립니다.

이러한 사역에 동참하고 싶으신 대표님들이 많이 계시기를 기도합니다.

위의 동기와 취지 아래 다음과 같은 몇 가지 질문을 드리오니 대표님께 적합한 문항이 있다면, 가급적 문장 형식으로 구체적으로 답해 주시면 감사하겠습니다.

설문지 회신 방법은 보내드린 회신용 봉투에 설문지를 넣어 보내시거나, 설문지 파일을 문자나 메일을 통해 요청하시고 작성 후 첨부하여 답신 메일을 주시면 됩니다. 위 문항을 기준으로 하여 보내드린 여분의 A4 용지에 종합적으로 신앙 간증문, 현장 체험담을 써 주셔도 좋습니다(사례별로 자세히 기록해 주시는 것도 환영입니다).

그 외에도 서면으로 질문에 답하기 어려운 사정이 있으시거나, 개인적으로 인터뷰 요청을 원하시거나, 크든 작든 궁금하신 것이 있으신 분들은 010-5415-3650(문자 메시지), soho3650@naver.com으로 연락을 주시면 감사하겠습니다. 성심성의껏 도와드리겠습니다.

이 모든 일이 하나님께서 기뻐하시는 것이 되도록 너그러이 협조 부탁 올립니다.

1. 대표님께서는 크리스천이신가요?

2. '코람데오'를 사업장 명칭으로 쓰시게 된 특별한 계기나 이유가 있으세요?

3. '코람데오'를 명칭으로 쓰시는 사업장이라면, 경험상으로 일반 사업자와는 어떤 부분이 구별되어야 할까요?

4. 이 사업의 목적과 방향은요?

5. 크리스천 삶의 목적과 현실적 사업 사이에서 어려운 점이 있다면 어떤 것일 지요? 그럴 때 어떻게 극복하시는지요?

6. 코람데오를 사업장 명칭으로 했을 때, 사업에 어떤 영향을 미칠 것이라 생각 하셨나요?

7. 삶 속에서 예수님을 닮고 싶은 부분이나, 신앙에 목표로 삼고 싶은 부분이 있으시다면요?

8. 다른 사업인들의 경영이나 봉사를 교훈 삼아 대표님의 사업에 적용하신 사 례가 있으시다면요?

9. 사업을 하시면서 주님의 말씀에 근거하여 나름대로 준행하는 원칙들이 있으신지요? 구체적으로 어떤 말씀에 의거해서인지요?

10. '코람데오' 사업을 하시면서 인상 깊었던 일, 특별히 '코람데오'라는 명칭을 걸고 사업을 하심으로 있었던 에피소드 있으세요? 사업을 하시는 중에 어려운 일을 신앙으로 극복했던 사례가 있으시다면요?

11. 일터에서 하나님의 임재가 느껴졌던 순간이 있으셨다면요?

12. 출근하시기 전(하루를 시작하기 전) 어떤 마음과 자세를 갖게 되시는지요?

13. 일을 마치시고 댁에서 하루를 생각해 보면 어떤 마음이 드시는지요?

14. 크리스천에게 사업과 사회생활의 바람직한 관계 설정(물질과의 관계, 이웃과의 관계, 그 밖의 여러 사회적 관계 등)은 어떤 것이라 생각하시는지요?

15. 사업체를 운영하시는 과정에서 신앙은 어떻게 성장되셨는지요?

긴 설문에 응해 주셔서 진심으로 감사합니다. 이 프로젝트를 통한 수익은 문서선교, 선교사 후원, 국내의 아프리카 난민지원 사역에 전액 쓰입니다.

더불어, 감사의 뜻으로 저희가 만든 책들을 선물로 보내드립니다. 이후 원고 취합, 보완 작업을 거쳐 책이 발간되면, 필자분들께 20권씩을 선물로 보내드릴 예정입니다.

고맙습니다.